Jerry Lewis ist Schauspieler, Drehbuchautor, Regisseur und Produzent in einer Person. Die einen sehen in ihm einen albernen Spaßmacher, die andern den einzig fortschrittlichen Regisseur Amerikas (Jean-Luc Godard). Zwischen totaler Ablehnung und begeisterter Zustimmung arbeitet der große Komödiant unbeirrt an seinen Filmen für Kino und Fernsehen; er arbeitet für ein ständig wachsendes Publikum in der ganzen Welt. Was keinem Komiker nach Chaplin bislang gelungen ist, gelingt Lewis scheinbar mühelos. Aber nur scheinbar: Denn in diesem Buch, hervorgegangen aus Vorlesungen an einer kalifornischen Universität, beschreibt Lewis, wie schwer es ist, überhaupt Filme zu machen, in Amerika Filme zu machen, und welcher anstrengenden Arbeit es bedarf, auch noch komische Filme zu machen.

Als Jerry Lewis im April 1973 zu Fernsehaufnahmen in der Bundesrepublik war, antwortete er auf die Frage nach seinem Ziel: »I want to be the best – ich möchte der beste sein, ich bin es noch nicht. Ich habe noch viel zu lernen, um – zum Beispiel – wie Frank Tashlin zu sein. Doch einmal werde ich es sein.«

W0179654

Jerry Lewis
Wie ich Filme mache
»The Total Film-Maker«

Aus dem Amerikanischen übersetzt
und mit einer Bio-Filmographie versehen
von Rainer Gansera

Mit 59 Abbildungen

Carl Hanser Verlag

Titel der Originalausgabe: *The Total Film-Maker*
Random House, New York, 1971

ISBN 3 446 11851 9

Alle Rechte vorbehalten
© 1971 Jerry Lewis
© 1974 Carl Hanser Verlag, München
Gesetzt aus der Times-Antiqua
Umschlagentwurf: Claus J. Seitz
Gesamtherstellung:
Graphische Werkstätten Kösel, Kempten
Printed in Germany

Für meine Frau Patti.
Mit niemals nachlassender Liebe, Geduld und Weisheit
wartete sie darauf,
daß ich erwachsen werden würde.

Danksagungen

Dr. Bernie Kantor, Professor Arthur Knight, Professor Irwin Blacket und Anne Kramer danke ich von Herzen für ihre Anregungen. Und ich danke meinen Studenten, bei denen ich so viel übers Lehren gelernt habe; besonders Peter Arnold, Dicil Walters und Alan Swyer. Dazu eine tiefe Verbeugung vor Rusty Wiles, meinem Cutter, der mir wie *alle Mitglieder* meiner Teams im Laufe der Jahre die Hilfe zuteil werden ließ und die Kenntnisse vermittelte, die es mir erlaubten, in einem Gefühl aufrichtiger Bescheidenheit diesen Posten an der Filmabteilung der Universität von Südkalifornien anzunehmen.

An den Leser

Als Kind wollte ich Schriftsteller werden. Aber mit fünfzehn entdeckte ich mit Schrecken, daß es Leute wie Saroyan und Hemingway gab, die dasselbe machten, und die, egal was ich machte, beim Schreiben blieben und vorwärtsgingen, ohne mich.

25 Jahre später fand ich mich als Lehrer an der Universität von Südkalifornien wieder – nein, nicht als Autor, sondern als Lehrer für alles übrige, was mit Filmemachen zu tun hat. Sie können sich meine Überraschung vorstellen, als der Verlag Random House ein Buch über den »Total Film-Maker« von mir wollte. Ich sagte, ich werds schreiben – sie sagten: »Auf keinen Fall.« Auf die Frage: »Wie kann ich ein Buch schreiben, ohne es zu schreiben?« antworteten sie: »Nehmen Sie jede Unterrichtsstunde auf Band auf, und Ihr Buch wird dann all das sein, was Sie gesagt haben, dazu *Ihre* Unterschrift.«
Die folgenden Seiten stellen also 15000 Meter Tonband dar, gesammelt, geprüft, abgehört, abgeschrieben und schließlich zu bestimmten Rubriken zusammengestellt.
Ich denke, daß ich den Film und all jene liebe, die ihn mehr als alles in der Welt lieben – und ich hoffe, daß Sie zu der bereits riesigen Zahl von Filmliebhabern gehören werden, wenn Sie dieses Buch gelesen haben.

J. L.

Prolog

Der absolute Filmemacher ist ein Mensch, der sich ganz an das Filmmaterial hingibt, das seinerseits wie ein Spiegel wirkt: Was der Filmemacher gibt, erhält er zurück.

Weil ich an das glaube, was auf diesem Erdball mit dem Film getan werden kann, wollte ich darüber schreiben. Damit die anderen, die neuen, die es dazu treibt, die sagen wollen, was sie zu sagen haben, vielleicht etwas davon lernen können, was ich gelernt habe. Ich lasse also die über Dreißigjährigen sich in ihrem eigenen Dreck suhlen und wende mich an die Jungen, Begeisterten, Lang- und Kurzhaarigen, die das Filmmaterial bezwingen wollen:

Den Film, mein Kleiner, dieses mächtige Werkzeug der Liebe und des Lachens, diese phantastische Waffe zur Schaffung oder Abwehr von Gewalt, du hast ihn in deinen Händen. Die einzige Möglichkeit, die du auf unserer Erdenkugel hast, besteht nicht darin, über Ungerechtigkeiten zu zetern oder Fenster einzuschmeißen, sie besteht in der entschiedenen Anstrengung, eine laute Stimme zu haben. Die lauteste Stimme, über die der Mensch verfügt, das sind die 300-Meter-Spulen. Die Campusgesänge über den Krieg werden keinem Bauern im Schlamm des Reisfelds am Dienstag helfen. Vielleicht könnte man aber mit einem Film etwas sagen, das einen Soldaten davon abhält, auf neun Kinder zu schießen, irgendwo, irgendwann. Heute, nächstes Jahr, in fünf Jahren. Wenn es um Rassenprobleme und Ökologie geht, dann versuch es mit Film und nicht mit Steinen. Darum und um Liebe und Lachen soll sich alles drehen. Dann wirst du überleben. Vielleicht werden wir alle überleben. Vielleicht.

Das Filmmaterial hat die eigentümlichsten Reaktionsfähigkeiten. Es ist fast wie ansteckende Hepatitis, der einzige Bazillus, den die Medizin kennt, der von einer Nadel nicht wegsterilisiert werden kann. Es nimmt Informationsbazillen auf. Mehr als das, ich glaube wirklich, daß Filmmaterial von der Arbeitseinstellung eines Filmemachers angesteckt wird. Es »spürt« tatsächlich das Unfaßbare.

Wenn man einen Film unter der einen oder anderen Art von Streß macht, einem emotionalen oder einem technischen Streß, oder ohne die notwendigen Kenntnisse, kann es trotzdem ein guter Film werden. Aber keiner kann genau sagen, warum es kein ausgezeichneter Film ist. Die Unfaßbarkeiten! Wenn er völlig danebengeht, kann man immer sagen, daß die schlechten Bedingungen daran schuld waren, – wenn es überhaupt jemand hören will.

Aber je mehr Kenntnisse du in einen Film einbringen kannst, desto leichter läßt es sich arbeiten, erfinden und planen. Das gilt auch für die Herstellung von Streuselkuchen. Aber da ist ein Unterschied. Wenn das Filmmaterial glücklich ist, fühlt und sieht man es; es wird dann aus kleinen Dingen Großartiges machen. Das gehört zum Geheimnis des Filmemachens; keiner konnte es bisher erklären. Es ist von Abenteuer, Aufregung und manchmal echter Genugtuung umgeben.

Ich muß ein Geständnis machen. Verrückt. Ich habe mich in einen Schneideraum gesetzt und am Filmmaterial geleckt. Vielleicht dachte ich, daß dann mehr von mir auf den Film kommen würde. Ich weiß nicht. Ich weiß, daß Klempner nicht an ihren Röhren lecken. Das Filmmaterial macht einen schnell high.

Daß der Filmemacher der Gesellschaft verpflichtet ist, entsteht allein aus seiner Hoffnung, daß die Gesellschaft seinen Film sehen wird. Wenn es ihm egal ist, was die Gesellschaft denkt, dann ist er auf einem Egotrip, und er ist nicht das, was ich Filmemacher nenne. Das Thema ist nicht so wichtig. Wichtig ist, *wie* der Film gemacht ist. Wenn die falsche Optik benutzt wird, die Schauspieler nicht richtig funktionieren, und wenn der Filmemacher selbst sich seiner Aufgabe nicht voll bewußt ist, dann geht der Film daneben – egal welches Thema.

Wenn man alle technischen Dinge beherrscht und weiß, wie man den Unfaßbarkeiten auf die Spur kommt, dann kann man die Geburt eines Menschensohnes drehen, auf die Welt gebracht von einer jüdischen Zigeunerin, die in einem Wagen in Fresno liegt, während eines Schneesturms, bevor die Weizenfelder abbrannten, während ein Priester einen Rabbi bittet, ihm die Füße warmzureiben.

Womit beginnen? Das ist nicht wie beim Monopoly-Spiel: *Stell dich auf Start, sechs Felder vorwärts.* Ich denke, daß man damit beginnt, einfach da zu sein, neugierig zu sein und unbedingt Filme machen zu wollen. Wichtiger ist: *einen Film machen, einen Film drehen, einen Film schneiden.* Etwas machen.

Einen Film machen. Irgend etwas drehen.

Ton muß nicht sein.

Titel müssen nicht sein.

Farbe muß nicht sein.

Es gibt kein *muß sein.* Es gibt nur *machen.*

Und ihn jemand zeigen. Ist da nur ein Zuschauer, wird es *gemacht* und der Film wird *gezeigt,* und dann kommt der nächste Versuch.

So gehts.

Es klingt einfach.

Ist es aber nicht. Und dann ist es doch wieder einfach.

Auf den folgenden Seiten will ich nicht anders erscheinen als ich bin. Bei mir gibt es keine *»ismen«*. Das ist, was ich übers Filmemachen zu sagen habe, mein Standpunkt.

Erster Teil

Produktion

1 Die menschliche Seite beim Filmemachen

Ich will Ihnen erzählen, was ich alles anstellte, um Filmemacher zu werden. Ich war scharf darauf und neugierig. Natürlich, ich war schon ein jüdischer Filmstar, und das half mir viel. Aber es half vor der Kamera, fürs Spielen, als Filmschauspieler. Nicht hinter der Kamera! Dann eines Tages, bei der Paramount, war ich verlorengegangen. Sie fanden mich, wie ich oben auf einer Laufkatze über dem Studio herumkrabbelte. Ich wollte unbedingt wissen, ob die Stege, auf denen die Beleuchter und Bühnenarbeiter rumhantieren und schlafen, aus bestimmten Eisen gemacht waren. Werden sie nur provisorisch aufgebaut? Wie sind sie aufgehängt?
Am nächsten Tag hatte ich um neun Uhr Drehbeginn. Um acht Uhr war ich in der Trickmodell-Abteilung (miniature department) und schaute zu, wie 30 cm große U-Boote für einen Cary-Grant-Film, *Destination Tokyo,* gefilmt wurden. Ich mußte herausbekommen, warum dieses U-Boot auf der Leinwand lebensgroß erschien. Man schickte mich zu Chuck Sutter in die Kamera-Abteilung. Ich verstand mich gut mit den ganzen Technikern.
Chuck zeigte mir ein 30-cm-Objektiv und wie man es im Becken benutzt. Ich verstand aber nicht, wie sie für den Himmel und die Seehintergründe um das Becken herum die richtigen Dimensionen herstellten. Die ließen alles so wirklich erscheinen.
Chuck schickte mich rüber in die entsprechende Abteilung (transparency department), damit ich mir die Hintergründe anschauen konnte.
»Wo kriegt man diese Hintergründe her?«
»Die werden gefilmt«, sagte irgendeiner.
Dann ging ich nach oben, um mir die Dekorarbeiten anzuschauen. Es war fast halb zehn, als mich der Regieassistent fand. Er bat mich höflich, ob ich nicht verdammt noch mal zurück vor die Kamera kommen wolle. Noch bevor der Tag rum war, hielt ich hinter den Aufnahmegebäuden nach Generatoren Ausschau. Ja, Generatoren! Ich hatte von ihnen gehört.
»Wie arbeiten die? Wo steckt man das rein? Wozu ist das? Wer hält die Apparate in Gang?«
Dann fand ich heraus, daß es so etwas wie einen Elektriker gibt. Ich schüttelte ihm die Hand und bot ihm Zigaretten an. »Erklär mir das!« Als ich herausfand, daß er nichts weiter machte, als einen Schalter anzuknipsen, nahm ich ihm die Zigaretten wieder weg.

Am Tag danach sah ich den Regieassistenten beim Telephonieren. »Morgen kommen dran...« Und ich sah die Papiere mit den Notizen drauf.

»Mit wem spricht er denn?«

»Ach, der telephoniert unten mit der Produktionsabteilung.« Ich war wochenlang in der Produktionsabteilung. Sie haben mich nie finden können. Oder ich war bei der Kamera. »Warum dreht sich das? Wie dreht sich das in welche Richtung? Wo wird der Film hingebracht, der hier gedreht wird? Warum sieht man in diesem Sektor Leute, wenn man aber rumdreht, seh ich keine Leute mehr? Ich seh was Schwarzes. Was bewegt sich? Dieses Teil hier vorn, was ist das? Ist das ein Stück Glas? Ein Prisma. Oh ja, ich seh es. Und warum geht dieser Ausleger in die Höhe? Warum kann ich erst heruntergehen, wenn man mir die Erlaubnis dazu gibt? Weil er sonst hochschwenkt. Also, warum macht er das?«

»Er ist ausbalanciert.«

»Mit was?«

»Quecksilber.«

»Oh, Quecksilber, ich sehs. Und warum drückt gerade *er* ihn hoch? Warum macht das nicht der andere Mann hier?«

»Der kann nicht. Der ist nicht in der entsprechenden Gewerkschaft.« Gelächter!

Beleuchtung? »Mußt du alle diese Lichter haben?«

»Ja.«

»Warum?«

»Weil man 400 Fußkerzen bringen muß.«

»Fußkerzen? Hast du Kerzen, die man mit den Füßen trägt?«

»Nein, Fußkerzen[1], das ist ein Lichtmaß.«

Er meinte das ernst und ich auch.

Nachdem ich auf diese Art ungefähr drei Jahre lang umhergesaust war, hatte ich *ein wenig gelernt.* Es ist ganz ähnlich wie bei der Medizin. Das Geheimnis der Medizin: versuchen zu heilen, in Ordnung zu bringen, die Ursachen herauszufinden, – das muß für die Ärzte das sein, was Film für Filmemacher ist. Sie werden erst dann damit beginnen können, in ihr Geheimnis einzudringen, wenn sie sich mehr technische Kenntnisse angeeignet haben, als sie jemals wirklich benötigen werden. Dieses Mehr-Wissen steht aber zur Verfügung.

Dann das Unfaßbare! Was ist das? Wieviel gibts davon? Kann ich die Unfaßbarkeiten des Filmemachens lehren? Nicht wirklich. Vielleicht

---

[1] Im Deutschen heißt das Lichtmaß offiziell »candela«, nicht »Fußkerze« (-footcandle). Damit das Wortspiel funktioniert, haben wir »Fußkerze« übersetzt. A. d. Ü.

J. L. auf einem Dolly(-fahrer) – bei den Dreharbeiten zu *My Friend Irma Goes West* (1950)

ist die einzige Antwort: wie rührst du an die Seele eines Menschen? Davon könnte man ausgehen. Setz dich hin und sage dir: du hast mit wunderbaren menschlichen Wesen zu tun. Jeder, mit dem du zu tun hast, ist ein Individuum, jeder ein würdevolles, wunderbares menschliches Wesen, das für jemanden wichtig ist. Einige von ihnen werden sich wie Schweine benehmen, aber du mußt es zu verstehen versuchen. Als Filmemacher wirst du sehen, wie sie dein Handeln beeinflussen. Der Schlüssel zu den Unfaßbarkeiten ist vielleicht die Intuition. Alter Instinkt. Für den Umgang mit Leuten ist aber die entscheidende Frage: wie kann ich wissen, wann *ich* mich wirklich menschlich verhalte?

Ich werde ein Wort falsch benutzen, weil ich es so benutzen will; sollen die Sprachpuristen ihr Geschrei erheben und sich überlegen fühlen. Das Wort von dem ich spreche ist *Menschlichkeiten*. Da gibt es eine ziemliche Konfusion zwischen *Humanismus*, was eine Geisteshaltung meint, und *Menschlichkeit*, was wirklich eine freundliche

1961, bei Dreharbeiten zu *Errand Boy*, hinter der Kamera

Grundhaltung dem Mitmenschen gegenüber meint. Für mich jetzt bezieht sich das Wort *Menschlichkeiten* auf die letztere Definition – auf diese wichtige Sache, dieses Gefühl der Wärme, Liebe und Freundlichkeit zum Mitmenschen, auf die Art, wie du ihn ansiehst, für ihn empfindest, ihn behandelst, respektierst, mit ihm eine Beziehung herstellst.

Wie immer man es auch wendet, der kritischste Aspekt beim Filmemachen ist der Umgang mit Leuten. Du magst den, der neben dir steht, für einen Helden oder gelegentlich für einen Angsthasen halten, du mußt immer ein tiefes Interesse an ihm haben; dich für die Gründe interessieren, warum er in diesem Studio ist. Er bildet den Zugang zu deinem technischen Apparat. Er kann dir dabei helfen, sehr gut zu sein oder er kann dich sabotieren.

Es gibt in der Branche viele technisch begabte Leute, einige außerordentlich begabte, die keinen Job kriegen können. Diejenigen, die am meisten beschäftigt werden, scheinen sehr freundlich und umgänglich zu sein. Sie mögen nicht so qualifiziert sein wie die Supertechniker, aber sie bringen eine große Einsicht in die Arbeit und ihre Gestaltung mit.

Deshalb behaupte ich, daß wir in einem Bereich der »Menschlichkeiten« arbeiten, der auf seine Weise genau so schwierig ist wie Herzchirurgie. Es kümmert mich nicht, wieviel technische Kenntnisse ein angehender Filmemacher gespeichert hat; wenn er kein humanes Ziel hat, taugt sein Film nichts. Alles mag für ihn klargehen – prima Bedingungen, hervorragende Besetzung, wunderbare Dekorationen, Crew, usw. Und dann sagt jemand: »Viel Glück. Das ist Ihr erster Tag. Es ist neun Uhr. Machen Sie Ihre erste Einstellung.«

»Wa-wa-wa-wa!«

Und hier sind sie: Hier ist Ray Milland und da ist Ann Sothern! »Ah, Miss Sothern, ich habe Sie im Fernsehen gesehen, Sie waren ziemlich beschissen. Also hier ist Ihre erste Einstellung...«

Vorbei. Ende. Du kannst die Dekoration verbrennen. Aus.

»Mr. Milland, für diese Rolle schauen Sie etwas alt aus, aber wir wollen sehen, was sich machen läßt.«

Aus! Vorbei.

Schauspieler werden für einen Pferde stehlen, wenn man sie wie menschliche Wesen behandelt. Du mußt sie wissen lassen, daß du sie haben willst und brauchst; zahl ihnen, was sie wollen, aber nicht überbezahlen; sei freundlich zu ihnen. Gibt man einer Schauspielerin was Hübsches zum Anziehen, schaut man darauf, daß sie jeden Morgen einen frischen Kaffee bekommt und verwöhnt man sie sonst noch ein bißchen, dann wird sie alles für einen tun.

Ich habe einmal für einen Regisseur gearbeitet, der hatte einen Charakter wie Eva Braun. In einer Szene mußte ich einen Sturz machen, und ich sagte ihm, daß er den Stuntman vergessen solle. »Ich fall runter. Du hast einen engen Aufnahmewinkel und stehst tief. Du wirst beim Schnitt Schwierigkeiten haben. Ich mache den Sturz selbst.«
»Okay, großartig!«
Ich machte das wirklich nicht für ihn. Ich wollte, daß es klappt. Letztlich habe ich es doch für ihn gemacht, weil er den Film würde schneiden müssen. Also fiel ich. »Perfekt«, sagte er, »Schnitt! Kopieren!«
Er ging weiter zur nächsten Einstellung, während ich dahockte und mir ein Bein hielt. Dieser Hundesohn sagte nicht »Danke schön«, er nickte nicht einmal mit dem Kopf, nur: »Perfekt«.
Mit dieser Szene hatte er mich verloren und bekam mich auch niemals wieder. Ich zog meine Grimassen ab und kassierte das Geld; wünschte ihm alles Gute, aber das war eine Lüge. Ich glaube, ich hatte mich ins eigene Fleisch geschnitten, denn der Komiker, der dann auf der Leinwand zu sehen war, war nicht sehr lustig.
Frank Tashlin andererseits konnte mit dem Komiker Jerry Lewis wunderbar umgehen. Er hat ein Gespür für Menschen. Sehr wahrscheinlich lernte ich von Frank mehr über die menschliche Seite beim Filmemachen als von allen anderen zusammengenommen. Er ist ein Regisseur voller Verständnis und Besorgtheit.
Mir ist klar, daß ich im Studio ein von Grund auf erbärmlicher Stümper bin. Das kommt von dem Versuch, ein Perfektionist zu sein. Wenn jemand den Klosettdeckel offengelassen hat, falle ich in Ohnmacht. So wie Queeg und: »Wer hat die Erdbeeren gegessen?«
»Wer hat den Klosettdeckel offengelassen?«
Um für so einen Wahnsinnigen wie mich zu arbeiten, muß man selbst etwas gestört sein. Aber ich bekomme die guten Gestörten, Film für Film, und die Ergebnisse sind phantastisch. Ich suche bewußt nach ihnen, spüre sie auf, das ist alles.
Die Beziehungen zur Crew sind nicht sehr verschieden von denen zu den Schauspielern. Die Crew hat ein genaues Gefühl dafür, was gut und was schlecht ist. Die Leute aus der Crew sind so erwachsen oder so kindisch wie ich. Sie wollen ein wenig umsorgt werden. Du stellst dich zu einem Bühnenarbeiter oder Beleuchter. Was zum Teufel soll falsch dran sein, wenn man von ihm Kenntnis nimmt? Ich habe das immer getan; nicht so sehr, um ihnen was Gutes anzutun, sondern ganz egoistisch für mich. Ich fühle mich besser, wenn ich meinen Kopf nicht wegdrehen muß. Wenn ich seinen Namen nicht kenne,

rede ich ihn lieb an, etwa so:»Mit welchem Recht stehen Sie hier rum, Sie dreckiger alter…«
Das ist ziemlich bescheuert, wird aber verstanden. Da macht einer gerade ein Schläfchen und plötzlich wendest du dich geradewegs an ihn:»Wie geht es denn? Der erste Tag ist ganz schön hart, nicht wahr?«
Er wird antworten:»Ja, und?«
Und plötzlich wird er wild:»Sagen Sie, soll ich Ihnen jetzt die Hand schütteln?«
Wenn ein Bühnenarbeiter vorbeikommt und nur»Hallo« sagt, nicht »Hallo, Jerry«, dann spiel ich beleidigt, aber es ist nicht nur gespielt: »He Sie, wie gibts das, daß ich Ihren Namen kenne, aber Sie nicht meinen. Ich bin hier der Filmstar.« Das funktioniert. Ich brauche diese persönlichen Beziehungen.
Seit Jahren schon wende ich ein Verfahren an, das ich *Angstaustreibung* nenne. Das erste, was ich mit einem neuen Mitglied der Crew mache, ist, daß ich versuche, ihm die Angst und Unsicherheit zu nehmen, die Gott und der Heilige Petrus der Welt hinterlassen haben. Ich versuchs ganz einfach. Ich sage, daß ich mich um ihn kümmere, ihn nicht verletzen will, daß ich möchte, daß er sich bei der Arbeit selbst übertrifft, daß er glücklich ist. Dann würde ich auch glücklich sein bei dem, was ich am meisten liebe: Filme zu machen. Auch das funktioniert.
Eines Abends bei den Dreharbeiten zu *The Ladies Man* mußte ich unbedingt noch eine Sequenz abdrehen, sonst hätte es zusätzliche hunderttausend Dollars gekostet. Um acht Uhr machte die Crew Feierabend, ging zum Abendessen; kam dann zurück, um bis drei Uhr in der Frühe die Arbeit zu Ende zu bringen. Nach zwei Tagen sagte mir der Produktionsleiter, daß die 116 Techniker alle um acht Uhr ihre Karte in die Stechuhr gesteckt hatten und in ihrer Freizeit zu Abend gegessen hatten. Zwischen 21 Uhr und 3 Uhr Morgens arbeiteten sie umsonst. Als Überstunden hätte das um die 50 000 Dollar gekostet.
Das ist ein ganz gutes Beispiel für menschliche Beziehungen und die »Menschlichkeiten«. In der Ortschaft, die man Hollywood nennt, passiert so etwas nicht oft. Aber heute, in dieser neuen Ära des Filmemachens, wird das vielleicht öfter vorkommen. Und es wird für jeden von Vorteil sein. Natürlich gibt es auch andere Beispiele. Rossellini verliebte sich in seine Darsteller und Techniker und sagte es ihnen. Er hatte abgedroschene Drehbücher, aber aus der Liebe und aus der Arbeit, die mit der Liebe entsteht, ergaben sich wunderbare Filme. Dieser Zauber der Liebe spielt da eine große Rolle.

Das lustigste bei schöpferischen Leuten, gerade bei Leuten, die den Film lieben, ist folgendes: kaum sind sie morgens aufgestanden, können sie es nicht erwarten und stürzen sich auf jemand, um ihn zu umarmen. Das muß nicht die Umarmung eines Mannes sein, deretwegen einen die Bullen einlochen. Die Umarmung ist in der Stimme, im Temperament, in der Haltung. Wenn man irgendjemand so belästigt oder geärgert hat, daß er eine Sekunde lang fertig ist, dann braucht es nur eine weitere Sekunde, ihn wissen zu lassen, daß es nicht böse gemeint war. Ohne menschliche Beziehungen, ohne Kommunikation, ohne diesen Liebeszauber des Films sind die besten technischen Kenntnisse einen Pfifferling wert.

Umarmungen, Küsse, freundliche Worte, das alles heißt nicht, daß für mich irgendwelche Drehorte zur Erholung dienen. Wenn da jemand ist, den ich nicht mag, muß ich ihm auch sagen warum; und dann finde ich heraus, wie gut ich mit ihm auf einer menschlichen Basis zusammenarbeiten kann. Andernfalls wird einer von uns beiden Sabotage betreiben.

Inmitten all dieser Umarmerei wird es immer Schwachköpfe geben, die das ausnutzen wollen. Es gibt immer einen, der mit der Ehrlichkeit nichts anzufangen weiß, wenn er sie nicht ausnutzen kann. Er wird versuchen, die Arbeit zu untergraben. Weg mit ihm! Man muß sich vor Sabotage bewahren. Aber man muß acht geben. So eine Erfahrung darf einen nicht falsch beginnen lassen mit demjenigen, der an die Stelle des anderen tritt. Das Vergangene muß vergessen werden, die Menschlichkeiten können wieder zur Anwendung kommen.

Ein Teil von dem, was bei der amerikanischen Filmindustrie falsch läuft, sind einige verdammt gierige Gewerkschaften und bestimmte Crewtypen, die von diesen Gewerkschaften protegiert werden.

Was aber junge und alte Filmemacher nie vergessen sollten: Es sind gewöhnlich 116 Leute um sie herum, die bereit sind, alles für sie zu tun, solange sie ein gutes Verhältnis zu ihnen haben.

Die »Menschlichkeiten« bleiben aber nicht auf die Beziehungen zur Crew und zu den Darstellern beschränkt. Alle, die mit ganzem Herzen Filmemacher sind, werden niemals hoffen, daß der Film eines anderen Produzenten ein Reinfall wird. Sam Goldwyn tat das nie. Louis B. Mayer, der geschäftlich der größte Killer aller Zeiten war, tat es nicht. Mr. Mayer sagte einmal zu mir: »Wenn Sie *nicht* wollen, daß der Film, den ich mache, ein Riesenerfolg wird, dann sind Sie dumm. Ihre zukünftigen Stars spielen möglicherweise in ihm mit.«

Jene, die dem Film eines anderen keinen Erfolg wünschen, haben nur Angst, daß ihr eigener danebengeht. Hätten sie aber dreißig andere Filmemacher um sich, würde ein Mißerfolg nicht so schlimm sein. Und hätten sie Vertrauen in ihre eigene Arbeit, würden sie als erstes für die Arbeit des Kollegen beten, weil der ja dafür sorgt, daß die Kinos nicht zumachen. Angenommen, ich bin in den Studios in der Vine Street bei Dreharbeiten, während in New York ein Film wie *Funny Girl* herauskommt. Soll ich mich um ihn sorgen? Auf jeden Fall. Das Kino kann eingehen, wenn *Funny Girl* ein Reinfall wird. Wo soll ich dann mit meinem eigenen Film hin? Das ist doch gesund, so zu denken. Außerdem klatsche ich gern Beifall.

Manchmal ist Hollywood allerdings ein ziemlich komischer Ort. Ich habe zum Beispiel einmal in einer Fachzeitschrift eine ganze Anzeigenseite bezahlt, um einem bestimmten Studio zu einem bestimmten Film zu gratulieren, einfach, weil ich meine Kinder in diesen Film mitnehmen konnte. Ich sagte:»Bravo, daß ihr so einen guten Film gemacht habt.« Weder vom Produzenten noch vom Studio hörte ich auch nur ein Wort. Ich mache Reklame für einen Film und die Antwort ist absolute Stille. Mein Beifall war umsonst. Seither mache ich mir die Mühe, genau auf das zu achten, was ich tue. Das ist nicht mehr so hübsch, aber vernünftiger.

Im Gegensatz zum Verhalten dieses Studios erinnere ich mich daran, wie ich einmal in Abe Schneiders Büro bei der Columbia gegangen bin. Abe Schneider ist Chef bei der Columbia, er ist ein würdevoller Mann und hat Geschmack. Ziemlich aufgekratzt sagte er:»Schauen Sie, was mit *Funny Girl* los ist!« Mit Recht konnte er freudig erregt sein über die Einspielergebnisse: es war ein Film der Columbia. Aber dann fügte er hinzu:»Das Geschäft blüht. *How the West Was Won,* Metro, Warner Seven Arts, *Bonnie and Clyde.* Haben Sie je solche Zahlen gesehen?«

Der Filmemacher, der diesen Namen wirklich verdient, verliert nichts von seiner Stärke oder Integrität, wenn er sich am Drehort oder in der Branche überhaupt von der menschlichen Seite zeigt. Er muß nichts davon verlieren. Wenn er sich in seinem Beruf auskennt, muß er nicht mit der Faust auf den Tisch hauen und herumschreien:»Verflucht noch mal, so wirds gemacht und nicht anders…« So weit wird es nie kommen, weil er sich selbst gegenüber und zu denen, die um ihn sind, freundlich ist, und weil er aufs Produkt achtet. Er wird jeden auf Händen tragen, der einen wichtigen Beitrag zur Arbeit leistet.

Ich denke, ich habe hier nur von einem einfachen, anständigen, menschlichen Verhalten gesprochen. Aber das ist die schwierigste Sache von der Welt. Das ist die geheimnisvolle oder offen zutageliegende Basis für alles, für die Beziehungen zu den Schauspielern, den Technikern, den Produktionsleitern und dem Publikum, und diese Beziehungen sind das wichtigste überhaupt.

Aus der Vorschau zu *Bellboy*

2 Der absolute Filmemacher

Es gibt einige Leute beim Film, die ich hasse: zum Beispiel den Schwachkopf, der beim Film arbeitet, aber im Grunde nichts dabei liebt; den Typ, den es nicht kümmert, wie er arbeitet. Der andere Typ, den ich hasse, ist der halbe Filmemacher, der, der großartig von sich behauptet, sich mit dem »menschlichen Zauber« der Filmspulen zu befassen, der dem Filmmaterial gebietet, wie es sich zu verhalten hat. Ich denke, so jemand nimmt nur Platz weg. Solche Filmemacher könnte man leicht durch Automaten ersetzen. Sie kommen aus einer Dose an der Seite eines Sperry-Rand-Automaten hervor, der sagt: »Ich mache Ihnen alles, was Sie wollen.«

Andererseits müssen wir uns nicht unbedingt den Anschein von Wichtigkeit geben, wenn wir Probleme bearbeiten, von denen man sagt, daß es die *echten* sind. Ich gehe davon aus, daß wir alle – im internationalen Maßstab gesehen – verantwortliche Filmemacher sind. Wir machen Filme wie *Advise and Consent* oder *Z*. Wir müssen mit derselben Sorgfalt und demselben Verantwortungsbewußtsein Komödien wie *Dagwood and Blondie* machen, im Glauben, daß das ein wichtiger Beitrag sein wird.

In diesem Sinn ist Bildung ein Fluch, eine Strafe. Im schöpferischen Bereich besteht dieser Fluch darin, daß man uns allzuoft gepredigt hat, nur bestimmte Sujets, bestimmte Themen seien der Behandlung würdig. Alles andere wird durch die intellektuelle Brille betrachtet und auf den Müll geworfen. Du lieber Himmel, wie können wir da engagierte und verantwortliche Filmemacher bleiben, wenn wir uns Themen vornehmen wollen, die nicht in diese Kategorien fallen?

Ich bin der lebende Beweis für die Auswirkungen eines solchen intellektuellen Snobismus. An bestimmte Tische der Regisseursgilde (Director's Guild) kann ich mich nicht setzen, weil ich etwas mache, was manche Leute als »Firlefanz« ansehen. John Frankenheimer winkt mir kurz zu und hofft, daß es keiner gesehen hat, nur weil ich Leute filme, die es auf den Arsch setzt, weil ich mit Wasser herumspritze und mit Torten schmeiße. Aber ich glaube, daß ich in meinen Filmen auf meine Weise etwas zu sagen habe. Mein Publikum besteht aus denen, die möglicherweise nicht verstehen konnten, was der Film *A Man for all Seasons* so alles hat aussagen wollen, und es besteht aus vielen, die das schon verstanden haben.

Ich bin weder beschämt noch verlegen wegen einiger Sachen in meinen Filmen, die abgedroschen oder schwülstig erscheinen mögen. Ich mache wirklich Filme für meine Ur-Ur-Urenkel und nicht für meine Kollegen von der Screen Director's Guild oder für die Kritiker. In den ungefähr 70 Jahren, die mir vielleicht gegeben sind, werde ich meinen Ur-Ur-Urenkeln niemals begegnen; aber wenn sie meine Filme sehen, werden sie auch sehen, was ich da sagen wollte. Und es werden keine vorsätzlich schlechten oder hingepfuschten Filme sein. Außerdem habe ich meinen Stolz und hoffe, daß sie sagen: das war ein prima Kerl.

Ob man zum *absoluten* Filmemacher taugt, findet man am schnellsten heraus, indem man feststellt, ob man mit dem Film was zu sagen hat oder nicht. Fällt die Antwort negativ aus, schlage ich vor, daß man – um sich Kummer zu ersparen – die Sache aufgibt. Absolutes Filmemachen verlangt, daß man einen Standpunkt hat. Natürlich gibt es in vielen Filmen – meine eingeschlossen – eine Menge Sachen, die man zu sagen *meint,* die aber nicht rüberkommen. Das ist kein Verbrechen. Das Verbrechen ist: damit anzufangen, ohne daß man was zu sagen hat.

Solange jemand ehrlich zu sich ist, werde ich ihn niemals verurteilen, wenn er sich damit begnügt, gegen Bezahlung zu schuften, wenn er also nur auf einer technischen Ebene arbeiten und Geld verdienen will. Daran ist nichts unrechtes; nur hat das nichts mit dem absoluten Filmemachen zu tun; und man sollte das auch so sehen.

Der Filmemacher schwankt beständig zwischen sich selbst und dem Publikum. Wer kommt zuerst? Beide, sagt er sich hoffnungsvoll. Die Grenzlinie ist jedoch so fein und ungreifbar, daß er, um überhaupt voranzukommen, zuerst einmal sich selbst zufriedenstellt. Die Kenntnis und Erwartung des Publikums stellt da eine Art Gleichgewicht her. Der Filmemacher kann nicht annehmen, daß das Publikum seinen Film mehr als einmal sehen wird. Und nach diesem ersten und einzigen Mal wird der Film beurteilt.

Die Sorgen, das Herzklopfen, Tränen und Hoffnungen kann man nicht auf einem Tisch ausbreiten, das kann man nicht mit einem Scheck einkaufen. Man kann diese Dinge auch nicht herbeizitieren, – ganz gleich ob man Anfänger ist oder schon 100 Filme auf dem Konto hat. »Auch ich werde so sein.« Du *bist* so oder bist es nicht. Das ist der Unterschied zwischen dem absoluten Filmemacher, der den Film liebt, und dem gewöhnlichen Filmemacher. Es ist besser, sich mit ganzem Herzen einem Film hinzugeben, als nur ein guter Techniker zu sein, auch wenn der Film völlig in die Hose geht.

Im Sinne dieser Totalität denke ich, daß ein Film, in dem ich nur spiele, bei dem ich nicht Regie führe, weniger Film ist – auch wenn das Publikum anders urteilt. Hingabe kann nicht mit dem Regiehonorar erkauft werden. Für Betroffensein kann kein Scheck ausgestellt werden; niemand kann zu einem Regisseur sagen: »Hier sind

100 000 $, dafür beten Sie, lieben Sie, machen sich Sorgen, bringen die ganze Nacht am Schneidetisch zu, dafür bringen Sie uns ein Meisterwerk zustande.« Das Honorar wird allein nach soundsoviel Arbeitswochen berechnet. Wenn man Glück hat, stellen sich Interesse und Hingabe ein, wenn nicht, dann bleibt nur technische Arbeit übrig.

Wenn man einen Film selbst macht, ihn schreibt, produziert, Regie führt, möglicherweise noch die Hauptrolle übernimmt, dann geht Herzblut in das Filmmaterial ein, und es bleibt dort für den Rest des Lebens – ob der Film gut ist oder schlecht. Also ist aus dieser ganz persönlichen Sicht der Film, bei dem ich spiele und die Regie führe, hundertmal besser als der Film, den ein anderer gedreht hat, bei dem ich nur die Hauptrolle habe, einfach weil der erste mehr Mühe gekostet hat. Gerade wegen dieser Hingabe an den Film sind die Chancen, daß er gelingt, auch viel größer.

Als absoluter Filmemacher bin ich auch davon überzeugt, daß die Unstimmigkeiten viel größer werden, wenn vier verschiedene Köpfe als Autor, Produzent, Regisseur und Schauspieler zusammenkommen. Ich weiß schon wie das ist, wenn man sich zu sehr aufspaltet – das ist seit Jahren mein Problem –; dagegen hilft nur die Mühe, die man sich mit einem solchen Projekt macht. Zeigen Sie mir eine »Mona Lisa«, eine schöne Skulptur, ein Kind, das von vier verschiedenen Männern gemacht wurde. Das antworte ich jedem, der mir damit kommt, daß Komitees, bestehend aus drei oder vier führenden Köpfen, die besten Filme machen würden. So entstehen oft gute Filme, selten die besten.

Ein Ein-Mann-Film ist zumindest potentiell eine »Mona Lisa«. Weder *Monsieur Verdoux* noch *Limelight* wurden als gute Filme anerkannt, aber beide hätten Chaplins »Mona Lisa« werden können. Sie wurden es nicht, auch wenn sie um vieles besser waren als die Mehrzahl der »Komitee-Filme«.

Jemand, der einen Film schreibt, produziert, Regie führt und spielt, liegt mehr im Streit mit sich, ficht härtere Kämpfe mit sich aus, als mit all den hellen Köpfen in den Komitees, die versuchen, ihn zu bremsen. Der Kampf in ihm selbst ist Teil und Baustein für das, was ihn zum absoluten Filmemacher macht. Der Kampf spielt sich in einem selbst ab. Die verschiedenen Rollen, die man hat, wenden sich gegeneinander. Oft kann der Schauspieler nicht ertragen, was der Regisseur sagt, der Produzent hält den Regisseur für einen Schwachkopf, und der Autor wird von den drei anderen durcheinandergebracht. Der absolute Filmemacher kann keinen seiner verschiedenen Teile, aus denen er sich zusammensetzt, belügen und dabei auch Erfolg haben. Er hat in sich eine starke Regierung, die sein Urteil streng überwacht.

In den Komitees heißt es immer:»Also, wer sagts ihm?«In den Komitees kann man den Regisseur einfach stehen lassen, oder, wenn man um sechs seine Sachen zusammenpackt, sagen:»Morgen diskutieren wir weiter, Herr Filmstar.«Macht man alles selbst, dann geht man mit dem Film essen und schlafen; und man gewinnt keine Auseinandersetzung nur aus dem Grund, sie zu gewinnen.

Einige Filmemacher können nie die verschiedenen Funktionen übernehmen, aus dem einfachen Grund: sie können nicht objektiv genug sein. Man kann das nicht im Geschäft um die Ecke kaufen:»Ich hätt gern drei Pfund von der Objektivität bitte.«Man hat sie oder hat sie nicht.

Zum Beispiel ist es für den Filmemacher, der alles machen will, nicht immer leicht, Autor-Regisseur zu sein. Das hängt ganz davon ab, was für ein Autor, was für ein Regisseur er ist. Als Autor wird er leicht der Gegner des Regisseurs. Umgekehrt kann der Regisseur zum Gegner werden, weil er dem Autor Fallen gestellt hat. Wie es auch sei, wenn man bei der Ausübung beider Funktionen objektiv genug ist, wird man nicht sich selbst, sondern»dem Autor«die Schuld geben –, so als ob er nicht in einem selbst existierte.

Arbeitet man zu einem bestimmten Zeitpunkt als Regisseur, dann braucht es eine mächtige Kraftanstrengung, Objektivität und Geschick, den Autor im Büro zurückzulassen, wenn man Autor-Regisseur ist, oder den Produzenten im Büro zurückzulassen, wenn man Produzent-Regisseur ist. Aber man kann es schaffen. Noch schwieriger ist es als Regisseur-Schauspieler, wenn man bei der Mustervorführung zum Cutter sagt:»Nimm die Type da raus, die ist überhaupt nicht komisch; mit der hab ich einen Fehler gemacht.«Die absoluten Filmemacher sind gewöhnlich objektiv genug, zu wissen, was sie wollen, was sie richtig gemacht haben, und zuzugeben, was falsch war. Ihre Objektivität zeigt es ihnen an, wann der Film beginnt, sich selbstständig zu machen, wann er ihnen entgleiten will.

Bei mir ist es so: finde ich den Typ auf der Leinwand komisch, muß ich lachen. Ist er es nicht, hindert mich keine Eitelkeit, kein Hochmut, das auch zu sehen. Eitelkeit und Hochmut habe ich in einer Schreibtischschublade weggesperrt, und sie kommen nur daraus hervor, wenn man sich als Filmstar herausputzt und auf der Leinwand betrachtet. Sitzt man dann in der kleinen Vorführung und sieht sein täglich Brot, wird man zum Pfuscher. So jemand wird wertlos. Da darf man sich durch keine falschen Gefühle in seiner Objektivität bestechen lassen.

Der absolute Filmemacher leidet manchmal auf sehr kostspielige Weise darunter, niemals ganz zufrieden zu sein. Ab und zu kommt er dem, was er will, recht nahe, aber er erreicht es nie ganz. Der Grund dafür liegt in der fast völligen Identifikation mit seinem Produkt. Er muß also versuchen, mit sich selbst zufrieden zu sein. Dieses Leiden hat mir einmal eine halbe Million Dollar Mehrkosten für einen Film verursacht. Dabei ist der Film um gar nicht so viel besser geworden; aber ich hatte Fehler entdeckt, von denen ich glaubte, daß sie ausgebessert werden müssen. Der Komiker, den ich engagiert und inszeniert hatte, war gar nicht komisch. Warum das so war, unter welchem Druck er stand, ist egal; er brachte es nicht. Ich drehte seine Rolle noch einmal neu, einfach weil ich nicht zufrieden war.

Natürlich entstehen oft andere Sachen, als es die ursprünglichen Entwürfe und Absichten des Regisseurs vorsehen. Wenn er seine Objektivität verliert, entgleitet ihm der Film. Der Film wird seinen eigenen Weg nehmen. Das ist gelegentlich sogar seine Rettung, meistens aber ist es der Zusammenbruch. Und doch werden alle Regisseure, die guten wie die schlechten, manchmal akzeptieren müssen, was der Film ihnen zeigt.

Ich selbst habe mich Dingen gegenübergesehen, die ich wirklich nicht beabsichtigt hatte, und ich habe sie akzeptiert. Ich konnte nicht herausfinden, wieviel davon von mir und wieviel Zauberei und Geheimnis des Filmmaterials war. So was kommt vor.

Ein anderer Aspekt der Objektivität des Filmemachers ist die praktische Anwendung seines »Ich mach das anders«. Plötzlich und auf wunderbare Weise kommt ihm der Gedanke, daß er etwas gänzlich Neues gemacht habe. Nach einiger Zeit hört er auf, sich zu belügen, wird objektiv und macht sich klar, daß einige fähige Leute diesen Pfad schon früher beschritten haben. Was er gemacht hat, behält seinen Wert, aber er sieht es jetzt im rechten Licht.

Es ist die Hölle mit der Objektivität. Mit Jerry Lewis mußte ich mehr Einstellungen wiederholen als mit irgendjemand sonst. Damit ich jede Szene sofort sehen kann, nehme ich sie gleichzeitig mit einer Video-Apparatur auf. Jede Einstellung wird also auch von einer Videokamera festgehalten. Diese Aufzeichnungen schaue ich mir aber nur an, wenn ich im Zweifel bin. Mein Vorteil ist, daß ich in Nachtclubs und Theatern aufgetreten bin und Konzerte gegeben habe. Bei meinen Auftritten in Las Vegas bring ich das Publikum 90 Minuten lang zum Lachen. Ich habe ein Gefühl für Timing, ein Gefühl für Zeit und Rhythmus also, das mir sagt, was ich und wie ich etwas tun muß. Wenn es funktioniert, brauch ich die Hilfe des Publikums nicht mehr; ich *fühle* dann, daß eine Sache richtig ist. So gehts auch im Studio. Das Videogerät zeigt mir die Fehler. In diesem Augenblick arbeiten dann alle verschiedenen in mir zusammengefaßten Personen objektiv. Und doch ist es oft eine Qual, wenn man alles allein überwacht. Man ist nur sich selbst Rechenschaft schuldig. Erträglich wird die Qual, wenn man dagegenhält, möglicherweise einem Haufen schwachsinniger Bürokraten verantwortlich zu sein. Man kann natürlich auch darum bitten, daß man keine Autonomie hat, daß die Schwachköpfe die Entscheidungen treffen. Dann kann man sich ins Eck verziehen und heulen: »Schaut, was sie mir angetan haben.«

Beim Filmemachen wie bei jeder anderen Tätigkeit stellt einen die Autonomie auf eine harte Probe, weil sie zutiefst mit der persönlichen Integrität zu tun hat. Man kann sie nicht umgehen; sie ist einem immer auf den Fersen, wie man es auch wendet. Das ist hart und manchmal schrecklich.

Ein guter Filmemacher muß den Mut haben, eine Sache aufzugeben. Wenn man an dem, was er sagt, zweifelt, wenn man ihm das Recht abspricht, zu glauben was er sagt, dann muß er zurückschlagen, sich Luft machen, und wenn nötig abtreten. Filmemachen in dem strikten Sinn, in dem wir es verstehen wollen, kann nicht auf Kompromisse gegründet sein.

Wenn man es geschafft hat, Produzent, Autor und Regisseur zu sein, nimmt einem die Autonomie schon eine Menge kleinerer Probleme weg, aber sie kostet Zeit.

Man wacht an einem trüben Morgen auf und fragt sich: »Wie will der Regisseur, der absolute Filmemacher, die 21 Stunden, die er für seine Arbeit braucht, in einem Arbeitstag unterbringen?«

Sagen wir, man ist von 9 bis 18 Uhr im Studio. Drei Stunden dauert das Einrichten der Kamera, bleiben sechs. Eine Stunde Mittag, bleiben fünf. Während dieser fünf Stunden spricht man zwei Stunden lang mit den Schauspielern – bei den Proben und während das Licht eingerichtet wird. Eine weitere Stunde redet man mit den Technikern. Ehe man sichs versieht, bleiben gerade zwei Stunden reine Drehzeit, in denen drei Minuten des Films abgedreht werden.

Was ist mit den übrigen zwölf Stunden? Die gleiten einem auch irgendwie durch die Finger. Während dieses 9-Stunden-Tages im Studio oder am Außendrehort beschäftigt man sich mit den Kostümen, dem Auf- und Abbau der Dekorationen, der Verteilung der Rollen, dem Drehbuch, den Mustern, der Werbung, dem Geld und dem Heuschnupfen eines Hauptdarstellers. Auch wenn man nur als Regisseur angeheuert ist, kein Produzent-Regisseur oder Autor-Regisseur ist, muß man sich um fast alle diese Bereiche kümmern.

Leider kann der Filmemacher nicht einfach eine Sequenz entwerfen und sich dann ganz auf die Schauspieler, das Buch und die Kameraeinstellung konzentrieren. Da gibt es Überraschungen. Die Dekoration, die am Nachmittag gebraucht wird, ist nicht aufzufinden. Der Produktionsleiter, der eigentliche Organisator des ganzen Unternehmens, kriegt einen Hustenanfall und flüstert:»Jaaa, die haben mir gerade gesagt, daß sie noch nicht fertig sind.« Alle Vorbereitungen des Vorabends umsonst. Eine andere Szene muß gedreht werden, die man vielleicht gar nicht vorbereitet hat. (Es ist schon so, daß die abendlichen Vorbereitungen zu Hause auf den monatelangen Vorbereitungen des ganzen Films beruhen, aber man paukt sich jeden Abend die Sachen für den nächsten Drehtag ein.) Der absolute Filmemacher kennt alle Bereiche seiner Arbeit und kann deshalb eine Elastizität entwickeln, die ihm in unerwarteten Situationen hilft.

Auch ohne die zusätzliche Funktion des Produzenten oder des Autors nimmt die Arbeit des Regisseurs manchmal beängstigende Ausmaße an.»Nur Regisseur sein«, das gibt es nicht in der heutigen Filmindustrie. Als vor vielen Jahren D. W. Griffith an den Drehort kam, war alles für ihn vorbereitet. Seit zehn Jahren gibt es sogar den Schlüsseldienst nicht mehr. Heute muß sich der Regisseur darum kümmern. Er muß sehr vielseitig sein, auch wenn er zusätzlich weder Produzent noch Autor ist.

Wie gut oder schlecht ich als Produzent-Autor auch sein mag, als Regisseur bin ich mit allen Wassern gewaschen. Otto Preminger war ein ausgekochter Regisseur lange bevor irgend jemand wußte, daß Preminger kein Hautausschlag ist. Seine Stärke gewinnt so ein Regisseur dadurch, daß er genau weiß, was er kann. Wenig kann ihn erschüttern, von daher kommt seine Kraft am Drehort.

Meine Erfahrung ist, daß man keine acht Stunden voll durchschlafen kann, wenn man seine Sache im Kopf hat. Man will arbeiten und kann es nicht erwarten, wieder Hand an den verdammten Film zu legen. Die Sicherheit hat man schon; sie beruht auf den Kenntnissen, die man besitzt. Es ist eigenartig aber verständlich: je umfassender und fundierter deine Kenntnisse und Fertigkeiten sind, um so behutsamer, menschlicher gehst du am Drehort mit den Schauspielern und Technikern um. Das ist Selbstsicherheit.

Von dieser Sicherheit abgesehen, kommt es auf den Regisseur als Individuum an, darauf, was *er* ist: was hat er zu sagen (egal ob er jetzt ausgekocht ist oder nicht). Karl Menninger sagte einmal:»Nicht das, was ein Psychiater aus Büchern weiß und gelernt hat, macht ihn zu einem guten Psychiater. Was er als Mensch ist, macht ihn dazu.«

Das gilt gleichermaßen fürs Regieführen.

Die Betrachter Hollywoods haben, glaube ich, immer mißverstanden, was mit dem ›absoluten Filmemachen‹ gemeint ist. Sie halten das für so etwas wie den reinsten Ichkult. Das nehme ich ihnen aber nicht ab. Ich will einfach nicht, daß sich irgendjemand in das einmischt, wovon ich überzeugt bin. *Ich will Mist machen. Wenn es Mist ist, dann ist es meiner. Da brauch ich niemand, der sich mir anschließt. Mein Mist und der Mist der anderen sollen sich nicht vermengen. Mein Mist soll ein guter sein, aber ganz für sich allein.* Und die einzige Möglichkeit, die Kontrolle über den eigenen Mist zu behalten, ist, die Zügel selbst in die Hand zu nehmen, das heißt ein absoluter Filmemacher zu sein.

3 Die Geldleute

Ich wollte einen Film über einen verrückten Hotelboy schreiben. Eine Zeitlang habe ich mit dem Vorhaben gespielt, habe es aber erst in Angriff genommen, als ich bei einem gerade fertiggestellten Film Probleme mit dem Zeitpunkt des Starts bekam. Es war unmöglich, ihn zum gewünschten Zeitpunkt anlaufen zu lassen.[2] Ich mußte aber einen Film in die Kinos bringen. Also nahm ich mir die Hotelgeschichte vor. Die Rolle des Hauptdarstellers sollte eine pantomimische, also eine stumme Rolle sein. Für einen Spielfilm war das ein abenteuerlicher Einfall, und ich wußte, daß das die Chefs der Gesellschaft ziemlich nervös machen würde. Es machte mich auch ganz schön nervös, weil es nur mit viel Glück funktionieren würde. Auf jeden Fall hatte ich genug Vertrauen in die Idee, um einemillionzweihundertfünfzigtausend Dollar aus eigener Tasche beizusteuern, was eine ganze Menge Vertrauen ist.

Ich schrieb *The Bellboy* in acht Tagen und war dann auch Produzent, Regisseur und Star des Films. Ich entschied, ihn in Schwarz-Weiß zu drehen, weil ich ihn ja in die Kinos bringen mußte und das die schnellste und billigste Methode war. Alles ging klar. Fünf Wochen lang drehte ich in Miami.

Bei der ersten Testvorführung (preview) des Films[3] fingen die Chefs dann an aufzuzählen, was alles falsch gemacht worden sei. Bei solchen Vorführungen werden sie zu Fachleuten. Sie waren natürlich wegen der Pantomime gegen den Film voreingenommen, und zudem saßen sie in einem Teil des Kinos, wo sie das Lachen der Zuschauer nicht richtig hören konnten. Sie schlossen daraus, daß ich hier ein faules Ei gelegt hätte und bombardierten mich wie verrückt mit allerlei guten Ratschlägen.

Ich hörte aufmerksam zu und machte mir Notizen, wie das ein guter

---

[2] Es handelt sich um den Film *Cinderfella* (Regie Frank Tashlin), der zwar im Frühjahr 1960 fertiggestellt war, aber, wie Lewis sagte, ein Film fürs Weihnachtsprogramm gewesen sei. *The Bellboy*, der dann stattdessen ins Sommerprogramm kam, war übrigens der erste Film, in dem Lewis auch Regie führte. A. d. Ü.

[3] Vor der endgültigen Fertigung werden die Filme bei diesen ›Previews‹ vor Publikum getestet. Fritz Lang: »In den USA haben wir ein System, das in Europa unbekannt ist: die Previews. Wenn die, die man Produzenten nennt, wirkliche Menschen wären und ehrlich, würden sie erkennen, daß man nur da feststellen kann, ob der Film gut ist oder nicht, ob die Leute ihn lieben oder nicht. Dann gäbe es vielleicht eine Art Übereinstimmung zwischen Produzenten und Regisseuren, und diese würden die Änderung bestimmter Stellen akzeptieren, die den Produzenten nicht gefallen. Aber wenn jene um jeden Preis recht haben wollen, ist Übereinstimmung nicht mehr möglich.« A. d. Ü.

Produzent tut. Dann nahm ich den Film wieder mit in den Schneideraum. Ich ließ sie im Glauben, daß wir uns eineinhalb Tage lang abschufteten. In Wirklichkeit öffneten wir keine einzige Büchse, um irgendetwas am Film zu schneiden. Drei Abende später gab es wieder eine Vorführung. Sie strahlten über das ganze Gesicht: »Na also, Jerry, das ist ein Film.« Wir hatten keinen einzigen Schnitt gemacht, nur eine kleine Szene vorn drangehängt.

Die Herren hatten sich Sorgen darüber gemacht, daß das Publikum nicht verstehen würde, warum es keine durchgehende Handlung gibt. Also drehte ich eine Szene mit einem angeblichen Studiochef, der den Film folgendermaßen einführt: »Der Film, den Sie jetzt sehen, hat keinerlei Beziehung zu irgendwas. Er besteht aus einer Folge verrückter Szenen. Er hat keine Handlung, keine Geschichte, er ist einfach verrückt.« Er fängt an zu lachen, wird immer hysterischer dabei, wirbelt sich in seinem ledernen Drehsessel herum und schreit zum Vorführer: »Fahr ab!«

Ich habe einen richtigen Irren aus ihm gemacht, das Stereotyp eines Studiodirektors. Die richtigen Chefs fanden es hinreißend, und es brachte den Film bei ihnen durch. Sie dachten auch, alle von ihnen vorgeschlagenen Schnitte wären gemacht worden. Einer sagte: »Das ist wunderbar. Welcher Unterschied!«

The Bellboy brachte 6 Millionen Dollar ein (und spielt immer noch was ein), die ich mit dem Studio teilte. Bis heute sind einige dieser Direktoren der ehrlichen Überzeugung, daß der Film neu geschnitten, also von ihnen »gerettet« wurde.

Dieses Beispiel zeigt gut die Aufgabe des Produzenten: er muß schnell einen Film zusammenstellen können, um einem bestimmten Bedarf gerecht zu werden, und er muß jede Veränderung des Films, die ihm fragwürdig erscheint, zu verhindern wissen. Auf die eine oder andere Weise muß man mit den Studiodirektoren schlafen, wenn man mit ihnen zusammenarbeitet.

Die ganze Sache mit den Previews oder geschlossenen Vorführungen der Filme ist ein einziger Zirkus. Dem Produzenten und Regisseur zeigen sie, was geht, was nicht, was stark, was schwach ist, was gestrafft, was rausgeschnitten werden muß. Man mag die Antworten im vorhinein kennen oder mag denken, daß man sie kennt, die Vorführung vor so einem eigentümlichen Publikum bringt immer Überraschungen.

Viele Besucher halten sich für sehr wichtig, weil sie etwas auf die Urteilskarten schreiben. Tatsächlich zeigen ihre spontanen Reaktionen – ob sie lachen, weinen, den Nachbarn anstoßen oder regungslos dasitzen –, ob der Film ankommt.

Einmal habe ich einen Film nur als Produzent gemacht, obwohl ich ihn später wegen kleiner Unstimmigkeiten beim Drehen als Co-Regisseur fertigstellen mußte. Es geht nicht immer alles glatt. Egal, mein Geld steckte drin, aber es ging mir noch um etwas mehr. Die Testvorführung sollte am 29. November sein, und das Studio gab mir eine Liste von 11 verfügbaren Kinos samt der Filme, die dort liefen: *The Brotherhood, Candy,* und alles, was es sonst noch gibt, von *Die Bekehrung des Rabbiners Magnin* bis *Die Teekanne meiner Großeltern hat Gebärmutterentzündung.* Da waren berühmte Filme drunter. Nur 11 Kinos in der Umgebung hatten eine Zweibandvorführung, wo man also getrennte Bild- und Tonspuren vorführen kann. Erst nach den Testvorführungen werden Bild und Ton auf einen Streifen kopiert, weil Umänderungen sonst zu kostspielig sind.

Zu Rusty Wiles, meinem langjährigen Chefcutter, sagte ich: »Streich den 29. November, mach mich für die nächste Woche frei. Gib mir die Kinoprogramme.«

Bei der Wahl des Kinos muß man aufpassen. Man sollte die Testvorführung eines Western nicht in einem Kino machen, in dem gerade eine schicke Schlafzimmerkomödie gespielt wird, oder die eines Krimis nicht dort, wo gerade ein Walt Disney läuft. Es wären dann die falschen Zuschauer im Kino. Auf der Programmliste, die mir Rusty gab, sah ich, daß *Brotherhood* weitere drei Wochen gespielt werden sollte. Nur mit so einer Regelung gibt der Verleih den Film ab: 70% für sich und 30% den Kinos. In solchen Kinos ist nichts zu holen, blieben noch 10. Das San Diego spielte *The Odd Couple,* ein guter Familienfilm. In Ordnung Rusty, da gehn wir hin. Dann sah ich plötzlich, daß er bereits in der dritten Woche gespielt wurde. Für so einen Film kriegt man das San Diego aber nur 10 Tage lang voll. Das einzige Publikum meines Films wären eine Katze und eine Eule gewesen. Dann gings in die nächste Woche. Und darauf folgte eine weitere Woche, Weihnachten ging vorüber, das neue Jahr wurde eingeläutet, und schließlich sagte ich Anfang Januar: »Wir gehen ins San Diego und es ist mir egal, welcher Film dort gerade läuft.«

Die Vorführung fand am 11. Januar statt und es war die beste von insgesamt 38, die ich je mitgemacht habe. Der Saal war gerammelt voll, das Publikum tobte, nicht nur Bananenschalen, ganze Bananen lagen am Boden. Es war sensationell.

Aber ich hatte die Zeit seit dem 29. November verloren. Um den Film noch zu Ostern herausbringen zu können, mußte ich unbedingt mit irgendwelchen Veränderungen beim Nachsynchronisieren oder bei der Kopie bis zum 13. Januar fertig sein. Würde ich das nicht

Aus der Vorschau zu *Bellboy*

schaffen, wäre ich für eine halbe Ewigkeit aus dem Verleih innerhalb der USA ausgeschlossen.

Zweimillionendreihunderttausend hatte ich in den Film gesteckt; außerdem war ich für andere Produktionen auf zwei Jahre ausgebucht. Würde der Film zu Ostern nicht in den Verleih kommen, hätte ich nicht mehr gewußt, was ich mit ihm anfangen sollte. Ja, natürlich, verkauf ihn ans Fernsehen; verliere einemillionachthunderttausend Dollar. Nicht, wenn ich Produzent bin!

Es gibt ein System, das »blind bidding« genannt wird. Wenn ein Produzent bekannt gibt, daß er einen Film macht, der zu einer bestimmten Zeit verfügbar sein wird, kann er ihn stillschweigend verkaufen und die Kinos buchen. Wenn er aber zum verabredeten Zeitpunkt nicht fertig ist, dann spielen die Kinos etwas anderes, und er sitzt auf Monate hinaus auf dem Trockenen. MGM, Warner-Seven Arts, United Artists oder Unabhängige wie Joe Levine belegen dann die Kinos. Termine sind also außerordentlich wichtig und der Produzent muß auf seinen Terminplan achten. Mit äußerster Anstrengung schafften wir dann doch den Ostertermin.

Dieses ganze Spiel nennt man GELD.

Die meiste Zeit über bringt der Produzent die finanziellen Angelegenheiten in Ordnung und übergibt dann die Verantwortung für den Film in die Hände des Regisseurs. Produzenten füllen ihre Tätigkeit verschieden aus, haben unterschiedliche Fähigkeiten und Ellenbogen; aber diejenigen unter ihnen, die diesen Namen verdienen, haben anderes zu tun als nur Golf zu spielen. Gute Produzenten kommen am Morgen früher durchs Studiotor als der Regisseur. In dem sich dauernd verändernden Hollywood jedoch trägt der Produzent, der nur diese eine Funktion hat, immer weniger schöpferische Verantwortung. Er wird zunehmend vom Regisseur von seinem Posten verdrängt.

Sicher gab es mal Zeiten, in denen die Produzenten die Götter waren. Schauspieler gingen vor ihnen in die Knie und Regisseure trugen ihnen die Golfbälle nach. Einer der ersten Produzenten, für den ich gearbeitet habe, war persönlich ein wunderbarer Mensch; hinter seinem Schreibtisch jedoch wurde er zu Jekyll und Hyde, wild, mit einer unglaublichen Begabung zur Unfreundlichkeit. Gewöhnlich war er so sehr damit beschäftigt, Leute, die bei ihm auf der Lohnliste standen, anzufahren, daß er darüber etwas den Überblick verlor.

Es dauerte einige Zeit, bis ich wußte, wie man mit ihm fertig werden konnte. Anfangs ging ich in sein Büro und sagte: »Diese Szene ist Mist. Ich weiß gar nicht, warum Sie sie im Film haben wollen.«

Antwort: »Schreiben Sie die Szene um.«

»Sie bezahlen mich nicht als Autor. Wollen Sie, daß ich umsonst schreibe?«

»Dann machen Sie den Mist.«

»Aber es ist schrecklich. Das wird Ihren Film kaputtmachen.«

»In Ordnung, schreiben Sie's neu.«

Ich schreie: »Aber Sie bezahlen mich doch gar nicht als Autor.«

»Dann machen Sie, was auf dem Papier steht.«

Also überarbeitete ich die Szene in der Nacht, bevor sie gedreht werden sollte, völlig neu, und das umsonst!

Beim selben Film kam ich mit einer Idee zu ihm. Ich sagte:

»Ich habe eine wunderbare Idee. Können wir nicht den Kleinen, der wie sein Vater sein will, vor den Spiegel stellen...?«

»Nein«, antwortete er, »ich mag das so wie es ist. Zisch ab.«

Ich zischte ab, begann aber zu kapieren.

Ich mochte den Film und wollte nicht, daß er irgendwie danebengeht. Drei Tage später ging ich wieder zu ihm ins Büro. »Wissen Sie, diese Idee mit dem Jungen und seinem Vater ... die Sache mit dem Spiegel, die *Sie* dem Regisseur vorgeschlagen haben, die ist wirklich das beste, was ich seit langem mitgekriegt habe.«

Er sagte: »Gefällt sie Ihnen?«

Wir drehten sie so, und dieser Hundesohn dachte tatsächlich, daß es seine Idee gewesen war. Ein Dutzend Mal noch habe ich diese Technik bei ihm angewendet.

»Erinnern Sie sich an den Abend, an dem wir im Lucy's was getrunken haben, da haben Sie gesagt, daß das Mädchen nicht tanzen sollte? Das war eine gute Idee.«

»Oh, ja?«

Sofort nahm er das Mädchen aus dem Film heraus, denn es war *seine* Idee.

Nachdem mein Vertrag abgelaufen war, schrieb ich ihm eine Notiz: »Vielen Dank dafür, daß Sie mich ins Filmgeschäft gebracht haben; aber verwechseln Sie bitte nicht meine Dankbarkeit mit meinen Prinzipien; Sie sind ein Scheißkerl.«[4]

Ein Filmproduzent steckt im großen Geschäft. Wenn er Geld und Ideen hat, kann er frei schalten und walten. Bringen seine Filme den Studios etwas ein und mag man dort seine Art, kann er – im Rahmen der jeweiligen gesamtökonomischen Situation – praktisch jeden Abschluß machen, den er will. Nach einem oder zwei nicht so erfolgreichen Filmen wird sich das jedoch ändern. Natürlich macht ihn

---

[4] Gemeint ist Hal B. Wallis. A. d. Ü.

sofortiger oder anderer Erfolg stark für künftige Verhandlungen. Andauernder Erfolg wird ihm Unterstützung von außen bringen: da werden sich Quellen außerhalb der Filmbranche auftun.

Das Ausmaß der Kontrolle, des Einflusses oder der Einmischung der Studios bei einem Projekt hängt allein vom Vertrag ab, der lange vor Beginn der Arbeiten am Film geschlossen wurde. Als ich früher mit der Paramount einen Vertrag hatte, mußte ich ihr während der Hälfte der Zeit nur Rechenschaft ablegen. Dann sagte ich mir, das ist die Sache nicht wert, wurde völlig unabhängig und verkaufe jetzt meine Produktionen einem »Verleih-Markenzeichen«; das kann Paramount, Columbia, Metro oder jede andere Verleihgesellschaft sein. Wenn der Filmemacher völlig unabhängig arbeitet, dann arbeitet in Wirklichkeit die Gesellschaft für ihn. Er kann ihr Markenzeichen kaufen, ob das der Löwe Leo oder der Paramountberg ist, wobei ihn der Verleih 33 1/3 % des Gewinns kostet. Er kann einen Gesellschaftervertrag abschließen, bei dem er 2/3 der Kontrolle über seinen Film behält. Es sind andere Abmachungen mit anderen Prozentanteilen möglich; aber solange die Gesellschaft nicht 51 % besitzt, hat er die Kontrolle.

Gewöhnlich übernimmt die Gesellschaft 32,5 % des Films für Allgemeinkosten, Benutzung der Studios und der verschiedenen anderen Einrichtungen. Auch diese Zahl schwankt. Wenn der Filmemacher einen Bestseller, etwa Marlon Brando und einen Starregisseur, einbringt, können die Allgemeinkosten auf 20 % heruntergehen. Die Verleihkosten ändern sich kaum. Aber wo soll der Unabhängige sonst hin? Die Gesellschaften verfügen über ein weltweites Verleihnetz, sie kümmern sich um die Werbung und verkaufen die Filme an die Kinos.

Sind die allgemeinen Bedingungen festgelegt – meine Produktionsgesellschaft wird für soundsoviel Dollar einen Film machen, der Verleih erhält soviel –, können die Rechtsanwälte beider Seiten die Feinheiten des Vertrags ausarbeiten, und ich kann an die Arbeit gehen.

Wie bei allen Geschäften ist die Finanzierung das Hauptproblem. 1970 ist es fast schon strafbar, überhaupt einen Film zu machen. Hauptfaktor des Problems sind die Gewerkschaften und die übermäßigen Ausweitungen der Personal- und Arbeitsaufwendungen, die sie betreiben. Ich habe Mitgliedsausweise von 13 Gewerkschaften und bin den Gewerkschaften sehr verbunden; aber was sie machen, ist reiner Selbstmord.

Ein Beispiel für die davongaloppierenden Kosten: bei den Dreharbeiten zu *Hook, Line and Sinker* verdiente einer meiner Techniker

401 Dollar pro 5-Tage-Woche. Zwei Jahre zuvor betrug sein Wochenlohn 201 Dollar, das heißt: eine Kostensteigerung von 100 % in 24 Monaten! Außerdem haben jene Praktiken, Personal- und Arbeitsaufwand übermäßig auszuweiten, seit Jahren schon in der Branche zugenommen. Einige Gewerkschaften wollen da etwas ändern. Wir werden sehen.

Ein Film, den man vor 5 Jahren für 1,8 Millionen Dollar machen konnte, kostet heute 2.7 Millionen Dollar. Unsere gesamte Wirtschaft ist in den Himmel gewachsen, aber nicht in dem Ausmaß. Vor zwei Jahren konnte ich einen guten Komponisten für 7500 Dollar engagieren; heute komme ich für weniger als 10000 Dollar mit gar keinem in Berührung. Wegen dieser gestiegenen Kosten gehen die Produzenten heute in kleinere Studios (60:40 anstelle 100:80). Die größeren würden den Filmen zwar einen höheren Wert verleihen, aber das kann sich keiner mehr leisten.

Vor kurzem hatte ich eine Sitzung mit meinem Produktionsstab, der einige Einsparungen vorzuschlagen hatte. Für den Bau einer Dekoration war ein Posten von 7700 $ angesetzt, und man versuchte mir klarzumachen, daß ich ganze 80 $ einsparen würde, wenn ich die Szene streiche, also auch die Dekoration nicht bauen würde. Ich sagte:»Das müssen Sie mir erklären. Wenn ich die Dekoration streiche, müßte ich doch 7700 $ einsparen, oder nicht?«

Drei Stunden lang versuchte ich eine plausible Erklärung zu erhalten. Ich hätte genausogut gegen eine Wand reden können. Sie sagten:»Ja, aber die Nebenkosten, die man hat…«

»Erzählen Sie mir mehr über den Herrn Nebenkosten. Ich möchte ihm mal begegnen. Ich möchte auch die Herren Rente und Versicherung kennenlernen!«

Diese drei Burschen werfen uns aus dem Geschäft. Herr Nebenkosten ist ein verfluchter Millionär. Der Herr Rente ein Billionär. Mit seinem vielen Geld sollte der Herr Versicherung Filme machen.

Und dann Fräulein V., Fräulein Verschiedenes! Dieses Mistweib! Sie hat mehr Geld im Film als ich. Die einzige Erklärung, die ich immer erhalte, lautet:»Ja, das gehört zu Verschiedenes.«

Ich habe sie in den Kalkulationen lange studiert, bis ich zur Entscheidung kam:»Ich schmeiße sie aus meinem Film hinaus! Wie finden Sie das? Machen Sie aus ihr etwas anderes: Holz, Handwerkszeug, Hammer, Nägel, Draht, aber nicht länger Fräulein V.!«

Sie muß wenigstens drei Millionen meines Geldes haben und lebt irgendwo in Südamerika mit Martin Bormann.

Gewöhnlich zahle ich etwa 100000 $ für ein Drehbuch. Für den Laien ist das vielleicht eine phantastische Summe; wenn der Film aber Erfolg hat, ist das der relativ niedrigste Posten der Produktionskosten. Wenn ich das Buch – wie bei *Bellboy* – selbst schreibe, arbeite ich für meine Gesellschaft und muß wie jeder andere bezahlt werden. Entweder nehme ich das Geld, wenn ich gerade auf dem Trockenen sitze, oder ich stecke es wieder in die Gesellschaft und habe es damit aufgegeben. Als Schauspieler jedoch nehme ich *zur Zeit* das Geld. Sie wollen, daß ich in Ihrem Film spiele, also bezahlen Sie mich! Zu einem anderen Zeitpunkt kann ich darauf verzichten, weil ich mir Jerry Lewis selbst nicht leisten kann, auch wenn das verrückt klingt. Das hängt jeweils von den Steuern ab. Auf alle diese Dinge muß ein Produzent achten.

Ein eng damit verknüpftes, aber noch breiteres Problem ist das von Gewinn und Verlust. Vor Jahren war das Verhältnis von Selbstkostenpreis zu Gewinn 2:1, dann stieg es auf 2,5:1; heute ist es 3:1. Das heißt: ein Film, der 3 Millionen Dollar gekostet hat, muß 9 Millionen Dollar einspielen, bevor der erste Dollar Gewinn abfällt. Es sind nicht die Produktionskosten allein. Da sind die Gewinne der Kinobesitzer, die Verleihkosten, die Kosten für Anzeigen und für das Frühstück der Werbeleute einbegriffen.

Und hinter dem Exekutionskommando steht der Henker mit seiner Schlinge. Steuern – bundesstaatliche, staatliche, zwischenstaatliche, regionale, städtische! Irgend jemand wird den Weltraum für sich beanspruchen und den Rückflug von Telstar besteuern! Der Staat Kalifornien schlägt eine Steuer von 50 000 $ auf das Negativ. Beginnt man im November 1970 mit den Dreharbeiten, die sich bis April 1971 hinziehen, gibts weitere 50 000 $ Zusatzsteuer. Bringt man das Negativ vor dem 15. März aus dem Staat heraus, spart man 50 000 $. Beginnt man jedoch mit den Dreharbeiten im April und beendet sie – das Negativ muß abtransportiert sein – noch vor dem Ende des Kalenderjahres, dann spart man sich auch die ersten 50 000 Dollar. Viele Studios bringen ihre Negative zum Schnitt nach New York, um dem Steuerzugriff zu entkommen.

Für den unabhängigen Filmemacher, der zugleich eine Rolle spielt und eine Gesellschaft leitet, ist das Verhältnis 10:1. In diesem System muß ich 10 Dollar reinkriegen, wenn ich einen ausgebe. Wenn ich also 50 000 einsparen kann, indem ich in New York schneide, habe ich tatsächlich eine halbe Million eingespart. Auch darauf muß ein Produzent achten.

Der Job des Produzenten ist es, die Kosten zu senken, aber er kann nicht zaubern. Wenn man Film für Film seinen eigenen Stab, seine eigene Crew hat, ist das eine ungeheure Hilfe. Mit Leuten, die regelmäßig mit dir und für dich arbeiten, und die ihre Arbeit gern haben, kann dich ein 2,2 Millionen-Dollar-Film nur 1,8 Millionen kosten. Damit sind wir wieder bei der menschlichen Seite des Filmemachens. Ein 8-Stunden-Tag kann bei ihnen 8 oder 4 Stunden lang sein. Wenn sie einen nicht mögen, das Verhältnis zu ihnen schlecht ist, werden sie für ihre acht Stunden auch acht Stunden brauchen.

Das Verhältnis zwischen Produzent und Regisseur ist heute wichtiger denn je; aber mit der Zeit, unter dem Druck der Geschäfte, übernehmen immer mehr Leute die Doppelfunktion Produzent-Regisseur. Früher mußte der Regisseur gewöhnlich die Fragen, die sich dem Produzenten stellten, irgendwie beantworten. Deshalb kombinierten schöpferische Leute ihren Job, wie Stanley Kramer, der Produzent-Regisseur wurde, nachdem er zuvor nur Produzent war. Er fand, daß er so Zeit und Kraft sparen könnte. Dasselbe gilt für Otto Preminger, Billy Wilder, Joe Mankiewicz – und für mich!

Nachdem Kramer die Doppelrolle übernommen hatte, sagte er, nun hätte er Schwierigkeiten, objektiv zu bleiben. Ich kann ihm das nachfühlen. Als Nur-Produzent sage ich zum Regisseur: »Ich stecke 2,4 Millionen in diesen Film, keinen Pfennig mehr. Mehr habe ich nicht. Wenn Sie das Budget überziehen, sind Sie für den entsprechenden Betrag verantwortlich.« Mitten bei den Dreharbeiten merke ich, daß etwas im Film Gestalt gewinnt; ich bin versucht, weitere 100 000 hineinzustecken, um dem Film ein Aussehen zu geben, ihn weiterzubringen. Als reiner Geldmann wäre ich verrückt, auch nur einen Pfennig mehr zu investieren. Als beides, Produzent und Regisseur, werde ich vielleicht anders denken.

Bei allen meinen Filmen arbeite ich mit einem Produktionsleiter. Er kümmert sich um die Handkasse und alle sonstigen Details. Er schaut mir über die Schulter, damit ich einen Schauspieler nicht für 12 Wochen engagiere, wenn ich ihn nur für 8 Wochen brauche.

Auch er bekommt es mit den »geistigen Konflikten« zu tun. Am Drehort sage ich: »Ich habe Sie um 500 Kälber, 3000 schwarze Mädchen und 14 Juden gebeten.« Er erwidert: »Um Gottes willen, diese 14 Juden kosten uns ein Vermögen. Geht es nicht mit 200 Kälbern weniger?«

Als Regisseur antworte ich: »Genau so viel wie ich gesagt habe, kein Stück weniger.«

Früh am nächsten Morgen, in meinem Produktionsbüro, eine Stunde vor Drehbeginn, frage ich ihn: »Wozu brauchen wir 500 Kälber? Streichen Sie 200.«

Das Verhältnis von Produzent zu Regisseur sollte das völliger gegenseitiger Anerkennung sein. Bei dem Film *One More Time* saß ich nur im Regiestuhl, glücklich darüber, nicht noch Produzent, Autor oder

Schauspieler zu sein. Der Produzent fühlte sich im wesentlichen für die finanziellen Dinge verantwortlich. Zu Beginn der Dreharbeiten kam er zu mir und sagte:»Beim Drehen werde ich Ihnen nicht dreinreden.« Ich erinnere mich, daß ich antwortete:»Einen Augenblick. Wenn Sie an meinen Drehort kommen, dann gehört der auch Ihnen... bis Sie versuchen, ihn mir zu nehmen; dann werde ich Sie dran erinnern, daß es meiner ist.« Ich sagte ihm, er solle uns auf jeden Fall mitteilen, wenn er bei der Mustervorführung glaubt, daß etwas fehlt – egal aus welchem Grund; eine zusätzliche Großaufnahme oder sonst was. Darauf antwortete er:»Das werde ich erst dann tun, wenn ich glaube, daß es absolut notwendig ist.« Damit war ich auch nicht einverstanden. In vielen Fällen sucht der Regisseur nach etwas, das der Produzent im Kopf hat. Zwischen beiden Funktionen sollte es keine strikte Trennung geben. Also antwortete ich:»Ich möchte gern, daß Sie es tun. Ich werde Ihnen die zusätzliche Aufnahme eigenhändig übergeben, aber ich drehe sie ganz so, wie Sie sie wollen.« Wenn man nur als Regisseur arbeitet, muß man sich anpassen. Man muß sich selbst so verhalten, wie man es von der Crew erwartet. In jedem Fall ist es für einen Regisseur schwer, sich gegen einen übermächtigen Produzenten durchzusetzen. Er wird mit so einem Elefanten am besten fertig, indem er die Schauspieler genau ihren Text abliefern läßt. Der Produzent hat mit dem Drehbuch gelebt, er weiß, was er hören will. Aber man kann sich immer optisch davonstehlen, wenn der Produzent von der Leinwand nur das hört, was er bereits hundertmal gelesen hat. Wir haben *One More Time* in England gedreht, ein weiteres Beispiel für die Arbeit eines Produzenten. Wo dreht man den Film am besten? Kann man die Produktionskosten senken, wenn man ihn im Ausland macht? In diesem Fall konnten wir es, indem wir den Eady-Plan ausnutzten. Aufgrund dieses Planes und weil wir – mit Ausnahme von drei Amerikanern – eine britische Crew und einen britischen Stab hatten, erzielten wir einen zusätzlichen Gewinn in England und seinen Dominions. Im allgemeinen jedoch ist die Zeit vorbei, in der man viel im Ausland drehte. Ein Film, der früher in Italien 90000 $ gekostet hat, kostet jetzt 1,7 Millionen. Oft überwiegen aber die Produktionsprobleme in Übersee bei weitem die finanziellen Vorteile. Meistens steigen die Produzenten ins Flugzeug, um den Gewerkschaften zu entkommen; aber ihr Drehbuch könnte genausogut in Fresno verfilmt werden.

In Amerika gibt es einen Trend zurück zu den Filmen mit geringem Budget. Ganz einfach deshalb, weil die Studios wegen der Kostenexplosion und in manchen Fällen wegen schlechten Managements finanziell mit dem Rücken zur Wand stehen. Die wirklich billigen Filme jedoch können nicht in den Studios gemacht werden. Dort werden sie wegen der hohen Allgemein- und Gewerkschaftskosten relativ teuer. Ein Ein-Millionen-Dollar-Projekt gilt heute als billig. Ein Produzent, der wirklich rentable Produktionen auf die Beine stellt, ist heute ein Genie. Wie gute Regisseure sind gute Produzenten selten, ja, sie sterben mit der Zeit aus.

4 Drehbuch und Autor

Im Laufe der Zeit hat Hollywood einige wunderbare Bücher gekauft und sie dann mit der Verfilmung kaputt gemacht. Warum, fragen Sie. Ein Grund, denke ich, liegt darin, daß wir eine Anzahl erfinderischer Betrüger haben, die die Vorlage zum Zweck der Selbstbestätigung soweit umstülpen, bis sie ihren eigenen Anschauungen entspricht. Was dann schließlich auf der Leinwand erscheint, hat nichts mehr mit dem Buch zu tun. Ihre Umänderungen verteidigen sie mit irgendwelchem Unsinn von »Verinnerlichung« oder »Unterbewußtsein«. Das meiste davon ist Freudscher Mist. Es ist also sehr selten, daß ein gutes Buch bei seiner Verfilmung noch besser wird. Das geschieht nur, wenn Regisseur und Drehbuchschreiber das, was der Autor zu sagen hatte, voll verstehen und respektieren. Ihre wirkliche Aufgabe ist es, den Gehalt des Originalstoffs in eine filmische Form zu bringen. Sie sollten fähig sein, über das Buch hinauszugehen, ohne es dabei umzubauen oder seinen Gehalt zu verändern. Ist der Film gelungen, dann hat er der Originalgeschichte neue Dimensionen hinzugefügt, weil er lebendig ist und wegen der vielen filmischen Mittel, deren sich der Regisseur bedienen kann.

Gute Ideen für einen Film findet man so schwer wie einen hundertkarätigen Diamanten. Sie laufen einem nicht über den Weg. Wenn sich die Gelegenheit bietet, muß man sofort einen hohen Preis bieten. Auch gute Originaldrehbücher sind vergleichsweise selten. Jedes Studio, jede unabhängige Gesellschaft ist auf einer dauernden Suche nach brauchbaren Stoffen, und trotz der vielen tausend Angebote jedes Jahr werden nur wenige gekauft. Von diesen sind nur ein oder zwei wirklich außerordentlich.

Seit langer Zeit schon versuche ich mit allen Mitteln *The Catcher in the Rye* zu kaufen. Wo liegt das Problem? Beim Autor, J. D. Salinger! Er verlangt nicht etwa mehr Geld, er will einfach nichts davon hören. Ich bin nicht der einzige Bewohner von Beverly Hills, der Salingers Roman gern kaufen würde; ein Dutzend andere haben es versucht. So etwas gibt es von Zeit zu Zeit. Autoren kehren Ruhm und Reichtum Hollywoods gewöhnlich nur deshalb den Rücken, weil es ihre Stoffe zerstören könnte. Dafür haben sie meinen Respekt. Warum will ich den Roman? Weil ich glaube, der Jude Holden Caulfield zu sein. Ich würde die Rolle schrecklich gern spielen! Deshalb kaufen Schauspieler Rechte. Produzenten und Regisseure kaufen Rechte, weil sie die Geschichte mögen, Schauspieler greifen zu, weil sie sich in einer Rolle sehen. Ich würde aus all diesen Gründen kaufen. Überdies haben Salinger und ich eine ähnliche Herkunft, deshalb ist ein tiefes Verständnis möglich. Ich bin mir jedoch nicht sicher, ob *Catcher in the Rye* mit einem älteren Schauspieler hinhaut. Wenn also mein Alter zum Hindernis wird, werde ich einen jüngeren finden.

Ein anderer Aspekt beim Kauf eines solchen Stoffes wäre die Möglichkeit, mit einem Autor von Salingers Fähigkeiten zusammenzuarbeiten. Mit jemand wie Salinger geht die Arbeit spielend voran, da wird man alles tun, um dem Originalstoff treu zu bleiben. Ich werde also weiterhin versuchen, seine Geschichte zu kaufen.

Aus *Nutty Professor*

Die Arbeit des Regisseurs und die des Autors sollten eine fruchtbare, wenn schon nicht allzeit glückliche Heirat eingehen. Die eine geht ohne die andere nicht voran. Ohne dem Regisseur gegenüber ungerecht zu werden, glaube ich, daß der Autor die schwierigere von beiden Rollen hat. Selbst wenn man Probleme mit der Produktion oder der Besetzung hat, ist es relativ einfach, eine Sache auf die Leinwand zu bringen, wenn das Drehbuch gut ist. Zugleich ist es selten, daß ein guter Regisseur ein schlechtes Drehbuch retten kann. Er kann es verbessern, aber nicht retten. Auf der anderen Seite kann er ein gutes Drehbuch völlig ruinieren, vielleicht weil er mit Gewalt seine eigenen Ideen einbringen will, oder weil er einige technische Dinge nicht beherrscht. Doch ein sehr gutes Skript ist wie ein gut gebautes Haus. Man kann es nur schwer völlig zerstören. Alles beginnt beim Autor. Der Regisseur muß den Stoff respektieren. Tut er es nicht, sollte er den Mut haben, den Film aus der Hand zu geben. Ohne diesen Respekt sind die Chancen, daß der Film gelingt, gering. Er sollte besser eine Zeitlang Hamburgers bei Bob's Big Boy essen, als ein Drehbuch zu verfilmen, das er zutiefst verabscheut.

Wenn ich an ein Drehbuch herangehe, das ich nicht selbst geschrieben habe, bereitet mir die Interpretation das meiste Kopfzerbrechen. Ich möchte sicher gehen, daß meine Interpretation einer Szene mit der Absicht des Autors übereinstimmt. Gewöhnlich liegt sie auf der Hand, oft aber werfen der Dialog oder die Stimmung einer Szene Fragen auf. Häufig setze ich mich mit meinen Drehbuchautoren zusammen, nur um solche Fragen zu besprechen: Ich sehe die Szene so und würde sie so anpacken. Ist das richtig? Habt ihr das im Auge gehabt?

Wieviel Veränderungen am Drehbuch gemacht werden, hängt vom Stoff ab und vom Zeitpunkt: ob man in den Produktionsvorbereitungen steckt, beim ersten oder zwölften Drehtag ist. Und es hängt davon ab, wie es läuft. Am ersten Drehtag, wenn man bereits die meisten Schwierigkeiten ausgeräumt hat, gibt es für Eingriffe oder Ausbesserungen wenig Gründe. Am zwölften Tag jedoch, wenn man bereits Stücke des Films im Zusammenhang gesehen hat, kann es schon Gründe für Drehbuchänderungen geben. Einige Szenen hat man breiter gemacht, einige gestrichen, an manchen Stellen ist man über das Drehbuch hinausgegangen, oder es klappt nicht so, wie man es bei den Vorbereitungen festgelegt hat.

Mir werden zum Beispiel oft Drehbücher vorgelegt, die wie Tagebuchnotizen abgefaßt sind. Das mag gut aussehen und ist wirklich lustig, sagt einem aber überhaupt nichts. Dann machen sich die Schreibkünstler an die Arbeit, lassen ihre Phantasie spielen und können so vom vorgezeichneten Weg abkommen. Ich halte sie dann zurück. Manchmal aber kommen dabei wunderbare Sachen raus. »Mensch, das ist ja viel besser!«

Selbst das Lesen eines Drehbuchs bereitet Schwierigkeiten. Von den Schauspielern und Technikern lesen es keine zwei auf dieselbe Weise.

Schauspieler lesen oft nur ihren Part und sonst nichts. Der Chefrequisiteur wird seine eigenen Vorstellungen hineinlesen. Die haben aber mit den Kostümen oder den Dekors nichts zu tun. Wenn man das durchgehen läßt, wenn es keinen Chef gibt, den Regisseur, findet man sich plötzlich bei der Herstellung von elf verschiedenen Filmen wieder und schreit:»He, was haben Sie denn gelesen?« Also muß der Regisseur den Ton angeben und seine Sehweise jedem einzelnen vermitteln.

Besonders von seiten der Autoren sind Regisseure schon immer beschuldigt worden, ohne Notwendigkeit Bücher umgeschrieben zu haben. Tatsächlich werden die meisten Streichungen deshalb gemacht, weil eine Szene nicht funktioniert. Im Originaldrehbuch fand man die Szene wunderbar, bei der Produktionsvorbereitung war man noch mit ihr einverstanden, aber wenn man beim Drehen auf der zweiten Seite der Szene angelangt ist, entdeckt man plötzlich, daß die Sache auseinanderfällt. Solange man es nicht vor die Kamera gebracht hatte, war es nicht klar. Weg mit der Szene! Natürlich gibt es keinen Grund, an bereits guten Sachen herumzupfuschen.

An den meisten meiner Drehbücher habe ich mitgearbeitet, neun habe ich selbst geschrieben. Wenn ich mit einem anderen Autor zusammenarbeite, ist mein wichtigster Beitrag, glaube ich, der, daß ich eine klarere technische Kenntnis von den Dreharbeiten habe. Dadurch werden auch meine Vorbereitungen, meine Heimarbeiten etwas weniger schwierig. Ich bin sehr bemüht, mich an den Stoff meines Mitarbeiters zu halten, mich zurückzuhalten; nur wenn es nötig ist, werde ich anderes dazuerfinden.

Die meisten Regisseure wollen das Drehbuch gar nicht umschreiben. Sie haben andere, wichtigere Aufgaben beim Drehen. Wenn der Autor ein Verständnis für Regieprobleme hat, ist das seine beste Versicherung gegen Umarbeitungen seines Buches. Schreibt er unspielbare Szenen, ist das eine Aufforderung zur Umarbeitung, egal wie wunderschön Worte und Gedanken gesetzt sind.

Es gibt einige Autoren, die schreiben Szenen bereits in Einstellungen. Das Wort Kamera, oder Vorschläge, wie sie einzusetzen sei, tauchen dabei gar nicht im Buch auf; aber sie schreiben für die Leinwand. Andere überladen ihre Manuskripte mit endlosen Beschreibungen und Angaben zu Kameradispositionen, bis unter dem visuellen Aspekt die eigentliche Geschichte nicht mehr zu sehen ist. Mich interessiert mehr der Zweck einer Szene, die Kamera ist unwichtig.

Jungen Schreibern empfehle ich immer das Studium alter Drehbücher: nimm dir ein Exemplar von *On the Waterfront* vor, oder ein jüngeres, *In the Heat of the Night* oder *The Russians are Coming,*

The Russians are Coming. Das sind Bücher, die vom Regisseur kaum überarbeitet werden mußten.

Nach meiner Erfahrung wurden die besten Bücher mehrmals geschrieben, neu verfaßt und noch einmal neu geschrieben, bevor sie ins Studio kamen. Wenn die Dreharbeiten dann begannen, hatten sich Autor und Regisseur so weit zusammengerauft, daß Kürzungen oder Hinzufügungen nicht mehr an der Tagesordnung waren.

Es gibt Regisseure, die unfähig sind, ein Buch durchzuarbeiten; einige können noch nicht mal eine Szene lesen und sie verstehen. Wenn die sich an eine Überarbeitung heranmachen, endet es gewöhnlich mit einer kleinen Bekanntmachung in einer Fachzeitschrift, der Autor möchte seinen Namen aus dem Vorspann herausnehmen. Man wird ihm das kaum verdenken können.

Der verstorbene Ben Hecht, Abby Mann, Sterling Silliphant, Reginald Rose und Isobel Lennart, das sind für mich die größten Drehbuchautoren. Aber es gibt viele andere mit derselben Erfahrung und demselben Talent.

Bei meinen Filmen, die von jemand anders geschrieben wurden, ist der Autor so lange dabei, bis das Projekt abgeschlossen ist. Er wird dauernd um Vorschläge und Beiträge gebeten; er ist nicht kaltgestellt.

Titel? Man kann nie wissen. *The Catcher in the Rye* ist ein irrsinnig guter Titel, einfach weil er bereits sehr bekannt ist. Das Buch war ein Bestseller und fast eine Bibel an den Colleges. *West Side Story* war ein guter Filmtitel, weil das Musical bereits ein Hit war. *The Bellboy* – war vorher unbekannt, war ein guter Titel, weil er in einem Wort sagt, wovon der Film handelt.

Für die Fortsetzung von *Salt and Pepper* – bei der ich Regie geführt habe –, dem zweiten Lawford-Davis-Film, suchte der Verleih, United Artists, verzweifelt nach einem Titel. Schließlich machte ich den Vorschlag *The Second Salt and Pepper.*

»Das ist doch zu einfach«, sagten sie.

Ich sagte: »Ja, und? Wie wollt ihr ihn sonst nennen? Es ist der zweite.«

»Ja, also, nennen wir ihn so.«

»Okay, yeh.«

Aber wie das so ist mit den Titeln. In letzter Minute änderte der Verleih den Titel um in *One More Time.*

5 Schauspieler

Bevor das Geschäft abgeschlossen ist, noch während sich die Anwälte endlos herumstreiten, vielleicht noch bevor das erste Wort des Drehbuchs geschrieben ist, und lange bevor die Dekorationen stehen oder die Kostüme ausgewählt sind, denkt man an die Besetzung, an einen bestimmten Typ von Schauspieler für jede Hauptrolle – später kommen dann die Nebenrollen.

Ich nehme mir die Darstellerkartei vor und gehe sie Kapitel für Kapitel durch, suche eine Reihe von Gesichtern aus; und unter ihnen wähle ich dann nach Alter, Typ und Stil aus. Ich schaue mir selten Probestreifen von einem Schauspieler oder einer Schauspielerin an. Noch nie habe ich mir für die Besetzung ein Stück Film angeschaut, wenn nicht dabeistand, wann er gedreht wurde und wer Regie geführt hat. Ohne diese Hinweise sagt die Probe nicht viel.

Jeder Regisseur hat seine eigene Methode. Ich führe ein mindestens zehnminütiges Gespräch. Ich will nicht, daß sie vorspielen, ich will vielmehr wissen, *wie ich mich fühle,* wenn ich mit ihnen zusammen bin. Niemals bitte ich einen Darsteller, während des Gesprächs einen Text zu lesen. Was soll das? In einem Büro, vor einem Mann einen Text zu lesen, ist so, wie wenn man einen Komiker bittet, mit dem Zimmermädchen einen Sketch zu spielen. Diese Bürovorstellungen bringen nicht viel.

Ist mein Interesse groß genug, mache ich Probeaufnahmen. Sind die Schauspieler jung und unerfahren, will ich sehen, was passiert, wenn sie in der Arena sind. Auch für das Make-up, die Garderobe oder aus besonderen Gründen – zum Beispiel für die Optik – mache ich Probeaufnahmen. Gewöhnlich werden diese Proben jedoch erst gemacht, wenn ich meine Wahl bereits getroffen habe.

Kürzlich hatte ich eines dieser Gespräche mit einer jungen Schauspielerin. Nachdem sie sich gesetzt hatte, fragte ich:»Wissen Sie etwas über unsere Geschichte?« Die Besetzung mußte schnell vor sich gehen und wir hatten ihrem Agenten nichts über die Art des Films gesagt.

»Nein, aber ich brauche ja wirklich nichts davon zu wissen, wenn ich für die Rolle passe.«

Ich antwortete:»Sie passen nicht in diesen Film. Ich habe gerade beschlossen, überhaupt keine Frauen zu nehmen. Danke schön, auf Wiedersehen.«

So schnell ist das bei ihr gegangen. Sie war wie eine kalte Dusche für mich. Für sie war es offensichtlich nur ein Job.

Ein anderes Mädchen kam herein: Chissy, die Schwester von Jean Shrimpton. Ein Engelsgesicht mit Augen, die Eis zum Schmelzen bringen. Sie nahm meine Ohren, mein Herz, meine Augen gefangen! Sie scherte sich nicht um die Rolle, aber ich sah sie darin. Vielleicht ein wenig zu jung, dachte ich, aber mit einer anderen Kleidung? Das Gespräch sollte 10 Minuten dauern; 45 Minuten gingen vorüber. Währenddessen stauten sich die anderen Mädchen im Gang. Wir redeten über tausenderlei Dinge. Bei ihr hatte ich ein gutes Gefühl. Ich glaube, es läuft darauf hinaus, daß man sie persönlich gernhat. Das ist ein Fehler, aber es ist so. Wenn das Mädchen, das ich gerade als Hauptdarstellerin wählen will, den Satz daherredet: »Ich meine, daß man Pasadena bombardieren sollte...«, dann: Auf Wiedersehen. Es gibt Regisseure, die so jemand ertragen können. Ich kann es nicht. Es kommt vor, daß einem im Büro eine Shirley Temple begegnet, die dann im Studio zum Vampir wird. Auch von einer solchen Person wird man sich bei der nächstbesten Gelegenheit verabschieden.

In seiner Autobiographie erzählt Chaplin, daß er Schauspieler nie wirklich leiden konnte. Alfred Hitchcock sagte dasselbe, aber Hitch ist völlig verschieden von jedem anderen zeitgenössischen Filmemacher. Er ist teuflisch; um zu erreichen, was er will, ist ihm jedes Mittel recht. Ich wette, daß er das im wesentlichen nur deshalb gesagt hat, damit es zitiert wird, als Teil eines Planes, die Feindschaft eines Schauspielers anzustacheln. Chaplin hätte nie – so erfolgreich wie er war – mit Schauspielern arbeiten können, ohne sie gern zu haben.

Ich teile sie nach ihrer Größe und anderen physischen Merkmalen ein. Bei bestimmten Filmen ist die Größe außerordentlich wichtig. In *Salt and Pepper* Nr. 2 hatte ich das Problem mit dem Größenunterschied zwischen Sammy Davis Jr. und Peter Lawford. Seit 20 Jahren bete ich Sammy an, habe ihn aber niemals unter dem Gesichtspunkt seiner Größe angesehen. Sein Talent ist so gigantisch. Plötzlich bemerkte ich, daß Sammy ein winziges Männlein ist, zwischen 1,55 m und 1,60 m groß.

Läßt man ihn zusammen mit einem Mädchen spielen, findet man leicht eine Lösung. Selbst wenn sie einige Zentimeter größer ist als er, kann man das mit der Kamera, der Plazierung und durch Bewegungen ausgleichen. Aber für Peter Lawford, der über 1,80 m groß ist, hätte das gefährlich werden können; es hätte ihn auf der Leinwand völlig entstellen können. Auch über die Hauptdarstellerin mußte nachgedacht werden. Ich habe das Problem schließlich durch das Arrangement und mit Kamerabewegungen gelöst. Mit Größenunterschieden hat man immer viel Schwierigkeiten.

Fähigkeit, Persönlichkeit, insbesondere der Wert des Namens, Stil, Größe, Gewicht, Aussehen und die Wahrscheinlichkeit, mit dem Regisseur auszukommen, diese Faktoren sind bei der Besetzung einer Rolle ausschlaggebend. Das ist eine der faszinierendsten Aufgaben beim Filmemachen.

Schauspieler gehören zu einer sonderbaren Art Mensch. Alle sind sie neun Jahre alt; bei neun sind sie stehengeblieben. Damit man die Schauspieler besser versteht, hier ein Zitat aus *Act One* von Moss Hart: »Das Theater ist eine unumgängliche Zuflucht des unglücklichen Kindes. Die Launen und Kindereien der Theaterleute sind weder zufällig noch notwendige Ausrüstung für ihren Beruf, und haben nichts mit dem sogenannten ›künstlerischen Temperament‹ zu tun. Die Erklärung ist, denke ich, viel einfacher. In der Mehrzahl sind sie in ihrer Kindheit eingeschlossen wie die Fliegen im Bernstein.«

Wie die Fliegen, gefangen in ihrem Millionen von Jahren alten Bernstein, sind sie alle verschieden, tragen verschiedene Kostüme, haben zu verschiedener Zeit ein verschiedenes Aussehen, und sind sich doch alle zutiefst gleich – Kinder von neun Jahren.

Wenn ich jetzt als Schauspieler spreche: wir haben ein überentwickeltes Ich und neigen zur Ansicht, daß jede unserer Schwächen eine Rechtfertigung unserer Neurosen ist. So machen es Kinder. Wäre der Schauspieler wirklich erwachsen, im strengen Sinn des Wortes, könnte er nicht spielen. Er tritt auf, weil er es *braucht;* er muß sich ausdrücken, er muß gehört werden.

Ein Regisseur, ob ein Wyler oder ein Filmstudent, kann sich nicht in die Dekoration stellen und schreien: »He, schaut her, jetzt zeig ich euch, was ich kann.« Das tun die Schauspieler. Die sind so konstruiert, daß sie das brauchen.

Aber da ist auch ein Widerspruch. Steht der Schauspieler erst einmal in der Dekoration, wo er versucht, die Beachtung von allen auf sich zu ziehen, könnte er auch schreien: »Macht sofort das Studio dicht!« Jedermann soll ihnen seine Aufmerksamkeit schenken und zugleich soll es keinem gestattet sein, ihnen beim Spielen zuzusehen. Ziemlich komplizierte Leute. Manchmal lassen Schauspieler und Regisseure keine Leute an den Drehort, weil eine Szene sehr kompliziert ist. Viel öfter aber handeln sie nur aus einer Laune heraus und weil sie selbst so kompliziert sind.

So sind die Schauspieler ähnlich wie die Kinder. Bemerken sie etwa, daß der Regisseur gerade mit einem der Techniker spricht, sie für einen Augenblick nicht beachtet, dann schmollen sie. Und bei der nächsten Szene hören sie gar nicht zu. Haben sie sich einmal taub

Bei J. L. sind die Drehorte – egal ob im Studio oder draußen – für jedermann offen.
(Bei Dreharbeiten zu *One More Time*)

gestellt – egal aus welchem Grund –, wird der Regisseur sie lange Zeit nicht mehr zum Zuhören bewegen können. Plötzlich ist er drei Tage hinter dem Drehplan zurück. Ganz einfach und doch wie ein Alptraum steht vor ihm das Problem eines schmollenden Schauspielers.

Gewöhnlich warten Schauspieler auf jemand, *der sie nicht mag*. Läßt der Regisseur sie nicht wissen, was er denkt und fühlt, dann interpretieren sie das manchmal als Maske, hinter der sich mangelnde Zuneigung verbirgt. Die meisten sind nicht fähig zu sagen: »Er ist jung, unerfahren und hat Probleme.« Das Problem ist die Kommunikation. Aber für sie ist es mangelnde Zuneigung. Die meisten Schauspieler »durchschauen« alles. In Wirklichkeit sehen sie nur das, wovon sie glauben, daß sie der Anlaß waren.

Zu Beginn eines Films versuchte ich einmal, Jerry Lewis, dem Schauspieler, den Spiegel vorzuhalten. Der Regisseur war Jerry Paris und wir sprachen in meinem Büro miteinander. Er fragte: »Gibt es irgendwas, womit ich zum Gelingen des Films beitragen kann?«

Ich antwortete: »Wäre ich Regisseur, würde ich mir jeden Blödsinn, jede Laune von seiten der Schauspieler verbieten. Zugleich würde ich sie verhätscheln, alles nötige für sie tun. Aber meine Würde ließe ich mir nicht nehmen; ich würde mich nicht anscheißen lassen. So – und jetzt werden Sie es mit einem verflucht launischen Schauspieler zu tun haben.«

Ich begann, ihm den Unterschied zwischen dem Kleinen (the Kid), dem Idioten (the Idiot), meinen Charaktereigenschaften und mir selbst zu erklären.[5] Er hörte mir kaum zu. Eine Woche später kam er zu mir: »Sie sind der launischste und unerträglichste all der Hundesöhne, mit denen ich je arbeiten mußte.«

Ich erinnerte ihn: »Ich habe Ihnen gesagt, daß ich Schauspieler bin. Um 9 Uhr in der Frühe beginnen meine Dreharbeiten. Um halbzehn bin ich vielleicht da. Ich tu all das, was ich einem Schauspieler niemals erlauben würde.«

Als er dann sagte, das Zuspätkommen mache nichts aus, änderte ich meine Taktik. Am nächsten Morgen war ich eine Stunde vor ihm am Drehort. Als um 7 Uhr 30 die Techniker kamen und fragten, warum ich schon so früh da sei, antwortete ich: »Weil der Regisseur gesagt hat, daß ich ruhig zu spät kommen könnte.«

Paris wußte dann über Schauspieler Bescheid.

Einige Tage später wollte er etwas machen, das ich für falsch hielt.

---

5 »The Kid« und »The Idiot« sind die, oft ineinander übergehenden, zwei Grundfiguren, die Jerry Lewis in seinen Filmen darstellt. Beispiele folgen weiter hinten im Text. A. d. Ü.

Ich sagte: »Ich habe ein ungutes Gefühl.«

Paris sagte: »Bewegen Sie ihren Arsch und machen Sie, was ich gesagt habe!«

Ich machte es; und wenn ich darüber nachdenke, wird mir klar, daß ich nur die Standfestigkeit meines Regisseurs testen wollte. Daß er menschlich war, wußte ich bereits, und jetzt sah ich auch noch seine Festigkeit.

Seit einiger Zeit sind meine Bedürfnisse geringer geworden. Ob das die Reife ist oder die innere Ruhe, ich kann es nicht sagen. Ich brauche den Auftritt vor einem Publikum nicht mehr so wie früher: als Lebenselexier. Heute mache ich es, weil es mir viel Vergnügen bereitet und Spaß macht. Den Hunger, das dringende Bedürfnis jedoch gibt es nicht mehr. Trotzdem liebe ich es zu spielen. Warum? Es verschafft einem eine große Genugtuung, die Leute zum Lachen zu bringen. Man fühlt sich richtig gut.

Manchmal bringen die neurotischen Bedürfnisse eines Schauspielers Probleme mit sich. Es heißt, daß Marilyn Monroe bei den Dreharbeiten zu *Let's Make Love* der 20th Century-Fox 200 000$ gekostet hat, nur weil sie dauernd zu spät gekommen ist. Darüber wird viel gesprochen. Nur selten aber hört man von dem Verlust von 400 000$, den die Tonabteilung verursacht haben soll, weil sie kaputte Generatoren benutzt hat. Bei drei Einstellungen des Films waren sie a-synchron, deshalb mußte man sie noch einmal drehen. Jahr für Jahr verursachen die Schlampereien der Mitarbeiter und Techniker, dazu die antiquierte technische Ausrüstung der Industrie mehr Kosten, als das neurotische, unprofessionelle Verhalten der Schauspieler. Alle Schauspieler haben ihre schlechten Tage. Bei den Dreharbeiten zu einer Folge der *Ben Casey*-Serie – ich führte Regie – bat ich Vince Edwards darum, aus dem *off* einige Zeilen Text zu lesen, als Stichwort für einen Schauspieler. Er antwortete: »Ich bin jetzt in meinem Umkleideraum. Lassen Sie das Skriptgirl den Text lesen.« Ich sagte: »Wenn Sie das Studio verlassen, werden Sie es auch nie wieder betreten.« Obwohl Vince Anteile des Films gehörten, mußte ich als Regisseur die Kontrolle behalten, oder ich hätte den nächsten Tag nicht überstanden.

Edwards ging los in Richtung Ausgang.

Ich rief ihm hinterher: »Sie überraschen mich, Vince. Sie sind doch genausogut Regisseur wie Schauspieler. Wenn Sie meine Anordnungen nicht befolgen, können Sie auch dieses Studio nicht wieder betreten.«

Er ging weiter.

Meinem Regieassistenten sagte ich: »Ich möchte Vince hier nicht mehr sehen.« Dann rief ich die Studiowachen herbei und gab die Anordnung, daß ihm der Zutritt zum Studio verboten sei. Nach 15 Minuten wurde mir klar, daß das nicht genug war. Ich rief den Produzenten an und sagte:»Wenn man ihm erlaubt, hier hereinzukommen, werde ich Ihren Film nicht beenden. Es sind noch zwei Drehtage.« Sie hielten ihn draußen. Ich mußte ein Produkt fertigstellen und wollte keinem erlauben, mich dabei zu behindern, auch keinem der Eigentümer des Films.

Einen Monat später schrieb mir Vince einen Entschuldigungsbrief: er hätte falsch gehandelt. Wenn ich zurückdenke, weiß ich jetzt, daß Vince sich nicht unprofessionell benehmen wollte; aber nach 5 Jahren dieser geistigen und körperlichen Schinderei hatte er das Recht auf einen schlechten Tag. Er ist ein netter Kerl und ein ausgezeichneter Schauspieler.

Viele Schauspieler gehen nur ihren eigenen Part durch. In 9 von 10 Fällen ist das alles, was sie lesen. Sie wissen nicht, wer sonst noch im Film dabei ist und aus welchem Grund. Die wirklichen Profis gehen das ganze Buch durch, Rolle für Rolle, kennen fast alle Parts. Sie arbeiten ihren Text konstruktiv durch. Vor Jahren, im alten jüdischen Theater, machte man das auch so. Die Schauspieler, Vorreiter eines großen Theaters, kannten alle Rollen. Das half ihnen, ihre eigene besser zu verstehen.

Starschauspieler wie Burt Lancaster, Kirk Douglas, Sidney Poitier, Rod Steiger, Cary Grant und Jimmy Stewart lernen alle Rollen. Gute Charakterdarsteller wie Harold J. Stone kennen die Rolle der Stars so gut wie ihre eigene. Jimmy Cagney wollte immer über die anderen Bescheid wissen und versuchen, ihre Rollen zu verbessern. Am Ende wurde er selbst besser. Er wußte, daß ein guter Schauspieler gut reagieren muß (a good actor is a re-actor).

Wenn der eine Schauspieler gut ist, hat der andere in ihm eine solide Stütze. Ein schlechter Schauspieler macht ihn oft ebenso unfähig. Vor Jahren, beim alten Vaudeville-Variété, gab es unter Schauspielern ein Sprichwort:»Nach dem Jongleur, dem alles danebengegangen ist, möchte ich drankommen«, oder:»Stellt mich nach dem vierten Sänger auf, dem, der ›Rosen sind...‹ vorträgt.« Dann merkten sie, daß genau in diesen Momenten das Publikum auf die Toiletten ging. Also schien es ihnen besser, nach dem »Zweiten Weltkrieg« aufzutreten; das war der Akt, der das Theater in Fahrt brachte, der das Publikum in bester Stimmung hinterließ. Gregory Peck, ein weiterer sehr gewissenhafter Schauspieler, weigert sich, einen Film zusammen mit einem unfähigen Schauspieler zu machen. Er weiß, daß er fast gleichermaßen unfähig aussehen würde.

Viele Schauspieler haben nicht begriffen, daß man etwas können muß, um gut zu spielen, und nehmen zu irgendwelchen Techniken Zuflucht, haben ihre »Methoden«. Sie können kein Verhältnis zu den anderen Schauspielern herstellen und suchen deshalb nach Krücken. Lee Strasberg lehrt methodisches Schauspiel und hat Darstellern einfach dadurch weitergeholfen, daß er sie »außerhalb ihrer selbst« stellte. Er klebt ein Etikett darauf und läßt sich bezahlen. Die Schauspieler haben das Gefühl, neue Mittel erworben zu haben, aber es bleiben Krücken.

Sandy Dennis ist eine Schauspielerin mit Methode. Ich kenne sie nicht, aber sie wird nie bei mir arbeiten. Ich habe immer das Gefühl, daß die Strasbergschüler draußen bleiben. Sie nimmt einen nicht mit, sie läßt einen draußen, als Zuschauer. Man könnte dem Regisseur die Schuld geben, aber ich habe das Gefühl, daß sie von einem Regisseur nicht geführt werden kann. Möglicherweise kann sie gar nicht inszeniert werden, weil sie bei ihren schöpferischen Äußerungen einen so festen Willen hat. Wie dem auch sei, ich habe nicht das Gefühl, daß sie eine Beziehung zu den anderen Schauspielern herstellt.

Auf eigenartige Weise bekam ich Schwierigkeiten, mich selbst in *The Nutty Professor* zu kontrollieren. Die Schwierigkeiten ergaben sich aus der Figur des Buddy Love. Ich spielte da einen ekligen, schmierigen Drecskerl. Ich mochte ihn nicht. Ich mochte diesen Buddy Love schon beim Schreiben nicht; diese jämmerliche, unhöfliche, rücksichtslose Ratte, und dann mußte ich ihn auch noch spielen. Ich fragte mich: woher weißt du so genau über einen solchen Schuft Bescheid? Berührst du da eine Seite bei dir selbst, die es wirklich gibt? Sicher war es so. Viel an Buddy Love war echt und steckte auch

Buddy Love . . .

...und Professor Kelp, aus *Nutty Professor*

in mir. Deshalb haßte ich ihn und wartete ungeduldig darauf, die Gegenfigur zu spielen: den versponnenen Professor. Aber ich mußte ja zu beiden eine Beziehung herstellen, und versuchen, beide gleichermaßen gut zu spielen. Die Fliege im Bernstein!

Eine Menge Leute aus der Filmindustrie – Schauspieler, Schauspielerinnen und Techniker – haben keine eigentliche Ausbildung mitgemacht. Welche Schule hat Paul Muni besucht? Er war zehn, als er sich – einen dicken Bart im Gesicht – mit Rollschuhen auf den Weg zum Theater machte, wo er 20 Minuten später auf der Bühne stand. Edward G. Robinson ist etwa 6 Monate lang auf die American Academy gegangen. Dort wurden aber ganz andere, nämlich aufs Theater zugeschnittene Methoden gelehrt. Eddie Robinson, Pat O'Brien, Sam Levine, Spencer Tracy – alles große Namen – spielten Theater. Das war ihre Schule. Gary Cooper, Cary Grant und Jimmy Stewart spielten eine Rolle nach der anderen sich selbst und entwickelten so ihre Persönlichkeit. Sie waren zugleich ausgezeichnete Schauspieler und ausgezeichnete Techniker.

Man hat mich oft gefragt, warum die Filmindustrie nicht mehr Schauspielertalente hervorgebracht hat. Die Antwort ist einfach: die Leute an der Spitze kümmern sich nicht darum. Alles was sie kümmert, sind die Produkte, die gerade gemacht werden.

Es gibt in der Branche einen traurigen, aber wahren Spruch: »Taugt es was?«

»Nein, aber bis Freitag haben wirs im Kasten.«

Es wäre ungeheuer naiv zu glauben, daß die Filmindustrie einen neuen Laurence Olivier oder einen Richard Harris oder einen Marlon Brando sorgsam heranbilden würde. Das Talent wird 6, 8, 10 oder 12 Wochen unter Vertrag genommen. Ist der Film abgedreht, sagt man auf Wiedersehen. Es ist aus ihrer Sicht einfach nicht zweckmäßig, Geld für die Talentbildung auszugeben. Die haben ihre Chance gehabt.

Heute haben viele Darsteller Schauspielunterricht. An den College-Theatern wird einem leider oft die Vorstellung vermittelt, daß die Bühne *die* Welt der Künste sei. Film und Fernsehen stehen weit unterhalb der Bühne. Der Schauspielstudent wird vom Proszenium geprägt. Wenn er dann was werden will und vor einem anderen Publikum als den 300 Fakultätsfreunden zu spielen versucht, erstarrt er zur Salzsäule. Der akademische Weihrauch mit Shakespeare und Molière macht ihn befangen vor dem Kameraauge.

Schauspielstudenten sollte beigebracht werden, daß sie genausogut und erfolgreich wie mit Broadway-Regisseuren mit ausgezeichneten Filmregisseuren, Filmemachern und Fernsehregisseuren arbeiten können. Bei einem guten Filmregisseur findet der Schauspieler ein psychologisches Proszenium. Bei den Dreharbeiten ist der Schauspieler die Nummer 1. 1970 gibt es keinen Gegensatz zwischen Theater, Videoaufzeichnung, Film, einer Aufführung in einem Zimmer vor 4 Damen und einem fetten Mann oder einer vor den 300 Fakultätsangehörigen. 1970 muß ein Schauspieler in allen Medien Schauspieler sein. Seine Ausbildung sollte das berücksichtigen.

Der Professionalismus hat seine Nachteile, er reibt einen auf – entlohnt einen aber gleichermaßen. Milton Berle ist ein Schauspieler, der sich mit Vorliebe mit der Arbeit der anderen befaßt und dabei eine ganze Menge besser macht als die Mehrzahl der Leute. In 90 % der Fälle, in denen er etwas vorschlägt, hat er recht.

Die älteren Techniker haben einen Horror vor solchen Personen. Niemand will Ratschläge von jemand erhalten, von dem man annimmt, daß er nicht Bescheid weiß. Laßt ihnen ihren Horror! Sich bei einem Stierkampf auf die Tribüne zu setzen, das ist leicht; mörderisch wird es, wenn man in die Arena steigt. Und Berle stand lange Zeit in der Arena. Er weiß, was er für seine Verteidigung zu tun hat, und wie er es tun muß. Er weiß aus Erfahrung, was ein Bogenlicht ist, daß es einen nicht verbrennt. Er hat genug mitbekommen, um sagen zu können: »Das kann man nicht in einer Totalen spielen. Wenn du mich von Kopf bis Fuß nimmst, wirds Mist. Für diese Einstellung muß man nahe dran sein.«

Diejenigen, die die Berles hassen, wollen nur nicht zugeben, daß sie eine falsche Einstellung gewählt haben und daß der Schauspieler sein Handwerk versteht. Ich habe Respekt vor Berle – vor allen Berles. Sie haben den Mut, mit ihrer Meinung rauszurücken, und sie haben die Erfahrung, diese abzusichern.

Ob man im Regiesessel sitzt, in der Verwaltung oder im Stab, oder ob man der Mann für alles ist, der den Kaffee bringt – diese frühreifen, neunjährigen Kinder werden alles für einen tun, wenn man ihre Persönlichkeit und ihre Bedürfnisse respektiert.

Als Judith Anderson in *Cinderfella* die böse Stiefmutter für mich spielte, verliebte sie sich in ein Kleid, das ich für ihre Rolle hatte anfertigen lassen. Ich glaube, es war ein 900$-Kleid. Ich gab ihr das Kleid und steckte eine Karte dazu: »Für eine wunderbare Frau.« Man gibt den Schauspielern oft die Möglichkeit, ihre Kostüme zu kaufen. Hier war es ein Geschenk.

Kurz darauf ging sie mit *Medea* in 65 Städten auf Tournee. Während der 9 Monate dieser Tournee gab sie in jeder Stadt Fernsehinterviews, in denen sie nie vergaß, über *Cinderfella* zu sprechen. Für so eine Publizität hätte man etwa 600 000$ bezahlen müssen. Durch sie spielte der Film nach meinen Schätzungen noch zusätzlich eine halbe Million Dollar ein.

Ich habe noch keinen professionellen Schauspieler kennengelernt, der nicht auf eine freundliche und gerechte Behandlung – dazu ein wenig Verhätschelung – eingegangen wäre. Außer der Tatsache, daß Schauspieler Fliegen in Bernstein sind, sind sie sehr menschlich.

6 Die Umarmung für eine Million Dollar

Joe Mankiewicz sagte einmal: »Ein guter Regisseur ist jemand, der eine Arbeitsatmosphäre schaffen kann.« Das trifft, finde ich, genau die Sache. Es geht damit los, daß man die Schauspieler mit einer Million Dollar umarmt. Man benutzt sie nicht und wird sie erst später umschmeicheln.

Denn zu allererst umarmt man nicht den Schauspieler, sondern sich selbst. Man kann sich nicht um andere Leute und deren Probleme sorgen, wenn man sich nicht zuvor um sich selbst als Individuum gekümmert hat. Beim Versuch, sich selbst von der besten Seite zu zeigen, entsteht die Atmosphäre, die Mankiewicz meint.

Diese Übertragung bildet den Kern der menschlichen Beziehungen, die man zu den Schauspielern herstellt. Wärme, Zuneigung und Verstehen leiten sich daraus ab. Es entsteht eine gegenseitige Freundlichkeit, die sich möglicherweise in den wüstesten Beschimpfungen äußert; aber im Grunde ist da eine echte Sorge und Bemühung füreinander und um den Film.

Man lernt die Schauspieler kennen, wenn man sich bei den Dreharbeiten neben sie setzt oder in ihrer Garderobe einen Kaffee mit ihnen trinkt. Will man etwas über sie erfahren, muß man Fragen stellen. Es sind Schauspieler, also werden sie antworten. Neben dem Präsidenten der Vereinigten Staaten scheint keiner so viele Probleme zu haben wie die Schauspieler. Der Regisseur muß nicht nur »Cut« zum Kameramann sagen, er muß zu einer Beatrix Fairfax, zum Trostspender verwundeter Herzen werden.

Vor nicht allzulanger Zeit spielte bei mir eine junge, frischverheiratete Schauspielerin. Eines Morgens wurde mir beim Aufwachen klar, daß ich pro Tag eine halbe Stunde mit ihr in ihrer Garderobe über alles Mögliche quatsche, wobei aber kein einziges Wort über den Film fällt. Ich hatte einige Einstellungen vergessen, und hätte besser über einige technische Dinge nachdenken sollen. Aber sie spielte ganz ausgezeichnet, und ich werde nie wissen, wieviel die Diskussionen in der Garderobe dazu beigetragen haben, wahrscheinlich viel.

Es ist schon komisch. Ich habe herausgefunden, daß diese komplizierten Fliegen in Bernstein sich nur selten eingestehen, daß sie verhätschelt, getröstet und besänftigt werden, daß sich der Regisseur ihnen unterwirft. Sie mögen es wissen, es hassen, können es aber nicht zugeben. Also fängt man mit Blumen, Umarmungen und Küsserei an, sagt ihnen, daß sie überhaupt die Größten sind. Das ist egoistisch und zugleich selbstlos. *Sie spielen mit deinem Film.*

Die Litanei des Regisseurs:
»Lieben wir die Schauspieler?«
»Ja, wir lieben die Schauspieler!«
»Kriechen wir ihnen in den Arsch?«
»Ja, wir kriechen ihnen in den Arsch!«
Wir tun alles nur Erdenkliche, um den bestmöglichen Film in den Kasten zu bekommen.

Als Schauspieler weiß ich, was die kleinen Aufmerksamkeiten und die gelegentlichen Pausen im Drehplan bedeuten. Ich weiß, was es heißt, sich etwas Zeit lassen zu können.

Wenn ich eine der Figuren inszeniere, die von Jerry Lewis gespielt werden, muß ich dem Komiker die Zügel etwas locker lassen; ich kenne ihn. Wenn ich den Drehplan ausbreite und sehe, daß sie mich jeden Tag mit dem Komiker Jerry arbeiten lassen wollen, schreie ich: »Einen Augenblick. Laßt den Idioten doch einen Tag ausruhen, Ball spielen, tun was er will. Er ist doch erst neun Jahre alt.«

Ich weiß, was er mir als Komiker bringt. Er ist keine Maschine. Im Gegensatz zu mir braucht er etwas Zeit zum Spielen, damit er seine Spontaneität beibehält. »Morgen früh dreht er nicht. Laßt ihn ausschlafen.«

Also lassen wir Lewis den Komiker erst um 11 Uhr kommen, während Lewis der Regisseur um 6 Uhr 30 ins Studio geschickt wird.

Unnötig zu sagen, daß die Schauspieler schwer für einen schuften müssen, wenn es ein guter Film werden soll; und die kleinen Aufmerksamkeiten sind nur ein Teil der ganzen Angelegenheit.

Manchmal muß der Regisseur Schauspieler auf verschlungene, wunderbare, lügnerische Weise wissen lassen, daß er selbst völlig unfähig ist, sie hingegen brillant sind. Und wegen dieser seiner Unfähigkeit wollten sie doch bitte die Szene noch einmal machen, und dabei möchten sie doch die Freundlichkeit haben, nicht ihre Frisur zu zerzausen?

Es gibt Situationen, in denen man so tut, als würde man die Unfähigkeit eines Schauspielers, einen bestimmten Teil der Handlung zu spielen, einfach nicht sehen. Anstatt ihn fertig zu machen, hilft man ihm, indem man eingesteht, selbst nicht weiterzuwissen. Das ist etwa so, wie wenn man sich die Zunge abbeißt. Aber ich habe die Erfahrung gemacht, daß es nichts einbringt zu sagen, laß dein Ich aus dem Spiel – er, der Regisseur muß das tun.

Ist der Regisseur einmal nervös, dann gibt er es besser zu. Er muß es nicht unbedingt ausführlich tun, er braucht nur zu sagen: »Schätzchen, heute morgen bin ich ganz zerflattert. Ich steck voller Energie und Ungeduld. Wenn ich dir damit auf die Nerven gehe, sags mir, dann versuchen wirs anders.« In 9 von 10 Fällen wird der Schauspieler alles nur Erdenkliche tun, um zu helfen. Wenn man aber die eigne Nervosität unterdrückt, sie nicht erklärt, dann sucht der Schauspieler argwöhnisch nach einem Grund.

An dem Tag, an dem Judith Anderson zu den Dreharbeiten kam, hatte ich einen Krampf in den Kinnbacken. »Wo soll ich mich hinstellen?« fragte sie mich.

»Das ist mir völlig egal.«

Ich glaube aber, daß ich einen noch schlimmeren Tag hatte, als Everett Sloane – Gott sei seiner Seele gnädig – dastand und John Carradine neben ihm. Beide warteten darauf, daß ich ihnen ihre neuen Positionen geben würde. Ich starb vor Lampenfieber, obwohl es nicht mein erster Job als Regisseur war. Ich gab zu, daß ich eine Heidenangst hatte und hoffe, daß mich keiner aus der Crew gesehen hat, als ich die beiden bat, sich in mein Autogrammbuch einzutragen.

Jeder neue Regisseur stößt auf dieses Problem. Er muß seinen Schauspielern die Wahrheit sagen. »Ich bin von Ihnen sehr beeindruckt, Mr. Steiger, und ich habe schrecklich die Hosen voll, weil das mein erster Film ist. Aber ich bin ein guter Mann. Ich weiß was ich will, und ich weiß, was ich erreichen kann. Ich finde Sie wunderbar und halte Sie für den besten Schauspieler auf der Welt ... aber Sie sollten mir nicht auf den Füßen rumsteigen.«

Jeder gute professionelle Schauspieler wird darauf eine unerwartete Antwort geben. Er wird die Aufrichtigkeit des Anfängers bewundern und ihn respektieren, noch bevor der erste Meter gedreht ist. Ob es Rod Steiger oder sonst jemand ist, er wird sich auch darüber freuen, daß nicht nur er Lampenfieber hat. Auch er hat an diesem ersten Tag etwas Angst. So entsteht eine Gemeinsamkeit und Kameradschaft.

So etwas gibt es auch vor der Kamera. In diesem Film mit Everett Sloane und John Carradine hatte ich einen jungen Schauspieler, der neu war, also ängstlich und unsicher. Auch Peter Lorre, Phil Harris, Keenan Wynn und Ina Balin waren dabei. Bei soviel Erfahrung auf einem Haufen kriegt es jeder mit der Angst zu tun.

Nach der ersten Aufnahme sage ich zu dem jungen Schauspieler: »So geht das nicht. Das ist aber nicht dein Fehler, ich habe mich, glaube ich, nicht richtig ausgedrückt. Das geht auf mein Konto. Willst du es bitte noch einmal machen.«

Es ging wieder daneben. Jetzt brauchte ich Hilfe, weil ich nicht schon wieder dieselbe Methode anwenden konnte. Ohne es eigentlich zu meinen, mehr instinktiv, wandte ich mich an Sloane. Ich sagte:

Aus *Patsy;* J. L. zwischen John Carradine, Keenan Wynn, Phil Harris, Everett Sloane, Peter Lorre

»Everett, diesmal hat ers gut gemacht, aber du hast ihn rausgebracht. Du hast das Tempo vergessen, das ich dir angegeben hab. Also paß diesmal auf.«
Sloane wußte, daß er alles ganz richtig gemacht hatte, antwortete jedoch: »Ja, ist klar; ich weiß, ich war nicht drin. Okay.«
Dann war der Junge ausgezeichnet. Er hatte mitbekommen, daß der alte Profi einen Fehler gemacht hatte. Everett reagierte instinktiv; er mußte gar nicht aufgefordert werden mitzuspielen.
Samantha Eggar spielte in dem Film *The Collector.* Noch vor Ende des ersten Tages merkte Willy Wyler, der Regisseur, daß sie weit unter ihren Fähigkeiten spielte. Sie hatte Angst. Er holte Kathleen Freeman zu sich, eine alte Freundin von ihm und von mir. Sie ist eine ausgezeichnete Charakterdarstellerin, die ich in vielen Filmen eingesetzt habe.
Kathleen kümmerte sich um Samantha etwa vier Tage lang sehr intensiv, wobei sie immer wieder sagte: »Es ist kein Verbrechen, Angst zu haben. Dein Talent hat nichts dadurch verloren, daß du so schreckliche Angst hast.« Das außergewöhnliche Spiel von Samantha in *The Collector* ist, auf weite Strecken, der Hilfe Kathleen Freemans zu verdanken.
Einige Regisseure besitzen wunderbare Tricks und Erfindungen, um das beste aus einem Schauspieler herauszuholen. Norman Taurog ist darin ein Experte. Wenn er mich weinen machen wollte, nahm er

mich beiseite und bat mich, mir vorzustellen, was passieren würde, wenn mein kleiner Junge von einem Laster überfahren worden wäre. Ein junger, neuer Regisseur muß nicht unbedingt ganz unten anfangen. Schon seinen ersten Film kann er mit höchstdotierten Darstellern oder großen Schauspielerinnen drehen. Für das Talent gibt es kein Alter oder kein besonderes Niveau von Erfahrungen. Er muß nicht unbedingt erst drei oder vier kleinere Filme gemacht haben, bevor er gegen die Schwergewichte antreten kann. Man würde ihm keinen Regievertrag für die hochbezahlten Schauspieler geben, wenn man nicht auf ihn setzen würde. Von einem Schwergewicht lernt er mehr als von einem Schauspieler, der nicht über die vierte Zeile auf den Plakaten hinauskommt.

Mir ist aufgefallen, daß die jungen Filmemacher eine große Angst davor haben, sich vor einem Schauspieler bloßzustellen. Sie denken, der Schauspieler schlägt daraus Kapital, wenn sie Schwächen zugeben. Freilich kann er seinen Nutzen daraus ziehen, aber am Schluß wird nicht er der Gewinner sein. Das Risiko muß man eingehen. Zu zeigen, wie es in einem drin aussieht, was mit einem los ist, dazu braucht es viel Mut. Aber den braucht es schon, wenn man sich vornimmt, Filme zu machen. Der junge Filmemacher, der nicht begreift, was für ein unsicheres Geschäft das ist, gibt sich Illusionen hin. Von ihrer schlimmsten Seite her gesehen, zerquetscht die Filmindustrie die Leute zu Brei; zeigt sie sich von ihrer besten, kann es der wunderbarste, aufregendste Beruf auf Erden sein.

Die Schauspieler bringen ihr Handwerkszeug mit: Erfahrung, Wissen, Haltung, Körper und Drehbuch. Haben sie nicht die richtige Haltung oder eine ungenaue Vorstellung von der Figur, die sie verkörpern sollen, dann muß ihnen sofort geholfen werden. Dabei stellt sich immer die Frage, wieviel sie vom ganzen Film wissen sollen.

Ich kann selbstverständlich nicht für alle Regisseure sprechen, aber wenn ich einen Film in Angriff nehme, laß ich die Schauspieler wissen, daß *ich* ihn in die Welt setze und wünsche, daß sie mir folgen. Ich verlange von einem Schauspieler nicht, daß er mit meiner Sicht des Films sympathisiert oder unbedingt übereinstimmt. Ich weiß, daß er mehr daran interessiert ist, wie er selbst erscheinen wird; aber wenn er seine Rolle annimmt, akzeptiert er den ganzen Film.

Ich versuche soviel Informationen wie möglich zu geben. Gewöhnlich lesen wir die Hauptrollen vollständig durch, und vor Beginn der Dreharbeiten veranstalte ich eine Diskussion. So werden viele Mißverständnisse aus dem Weg geräumt. Während der Dreharbeiten halte ich am Drehort oder in den Garderoben Sitzungen ab. Manchmal jeden Tag vor Drehbeginn. Je größer der Star ist, desto eher ist er bereit, früh genug zu kommen.

Ein Problem habe ich mit den dramatischen Schauspielern. Man muß sie dahin bringen, daß sie ihr eigenes Spiel konsequent gegen die Komödie beibehalten. Sie tendieren immer dazu, die Haltung und Spielweise eines Komikers anzunehmen. Aber wenn jeder ein Komiker ist, kann man nichts mehr gescheit ausspielen.

Bei der Verfilmung eines Stückes wie *Death of a Salesman,* das zweieinhalb Jahre am Broadway gespielt wurde, ist es ganz richtig, vor den Dreharbeiten ausgedehnte Proben anzusetzen, vielleicht vier Wochen lang. Das Drehbuch ist fix und fertig, bevor es der Regisseur in die Hand bekommt, und es kann nur auf eine bestimmte Art und Weise abgedreht werden. Bei der Verfilmung eines Erfolgstücks sichert eine maximale Probenzeit eine minimale Drehzeit.

Die Proben können gefilmt werden. Ich mache das oft wegen der Spontaneität. Es ist aber schwierig, mit Film zu proben, wenn bei den Schauspielern die Dialoge, die Kamerabewegungen und alle technischen Details noch nicht sitzen. Einige Kilometer Film werden vertan, aber manchmal entsteht ein so spontanes Spiel, wie es nie inszeniert werden könnte. Die Schauspieler werden oft schlechter, wenn ihnen bewußt wird, daß die Kamera läuft.

Bei den Proben ist die Hauptsache, daß man die Spontaneität der Schauspieler nicht kaputt macht; nicht unterdrückt, was sie bringen können und sie nicht überfordert. In den meisten Fällen ist die beste Probe diejenige direkt vor der Aufnahme.

Immer aber muß der Regisseur die Inszenierung einer Szene festlegen. Er kann das nie den Schauspielern überlassen, weil er dann die Kontrolle verlieren würde. Ich hatte einen Regisseur, der mich fragte: »Wie sehen Sie das?«

»Vom Standpunkt des Schauspielers. Ich finde, es ist lustig«, antwortete ich.

»Nein, wie sehen Sie die Inszenierung?«

Ich mußte ihm sagen: »Ich bin nicht der Regisseur. Wenn Sie sehen wollen, wie ich das als Regisseur sehe, dann müssen Sie mein Clownskostüm anziehen und ich setze mich in Ihren Sessel. Jetzt sagen Sie mir, was ich tun soll.«

Judith Anderson, eine der großen Frauen des Theaters und des Films, rührt sich ohne Anweisung keinen Zentimeter von der Stelle. Ohne Aufforderung wird sie nie ihre Position verlassen. Sie hört zu. Kein Wunder, daß sie Weltformat erlangt hat.

Und doch glaube ich nicht, daß man zu den Schauspielern sagen sollte: »Mach das so und nicht anders!«

Der Regisseur sollte die Sache kurz skizzieren, inszenieren und dann die Schauspieler ihre individuellen Beiträge dazu bringen lassen. Solange sie nicht den vorgezeichneten Weg verlassen, sollte er sich auf die Rolle eines Monitors beschränken.

Es gibt viele verschiedene Typen von Schauspielern; aber ich glaube, man kann sie folgendermaßen einteilen: in die Techniker und in solche, die nur von Innen heraus spielen. Trevor Howard ist das männliche Gegenstück zu Loretta Young; er ist immer einsatzbereit. Marlon Brando ist es nicht. Bei den Proben muß man auf beide Typen Rücksicht nehmen.

Von allen Vorkenntnissen, die ein Regisseur überhaupt ins Studio mitbringen kann, ist die beste die des Standpunkts eines Darstellers. Dadurch wird Richard Brooks, der niemals gespielt hat, nicht zu einem schlechteren Regisseur. Er ist ein großer Regisseur, einer der weltbesten, aber er wird Launen niemals verstehen. Er wird nie die seelische Verfassung der Schauspieler verstehen: die Ausbrüche oder das Gefühl, der letzte Dreck zu sein. Ob es richtig ist oder falsch, Schauspieler fühlen sich oft so.

Schauspieler müssen wissen, wie eine Szene aufgenommen wird. Wissen sie es nicht, dann verausgaben sie sich möglicherweise schon völlig bei der Totalen, die man von der ganzen Szene macht. Sagt man dem Mädchen, man wolle zuerst eine Totale von ihr und dem Jungen machen, dann eine Einstellung vom Jungen allein, dann eine von ihr allein, dann eine enge Zweier, dann wird sie für die größeren Aufnahmen einiges in Reserve behalten. In der ersten Totalen wird sie die Tränen noch nicht vergießen; sie wird auch hier schon losweinen, damit der Zusammenhang stimmt, aber erst in den Großaufnahmen wird richtig geschluchzt.

Ich spreche aus eigener Erfahrung. Wenn ich im Gesicht verrückt spielen soll, so, daß man es auch sehen kann, dann werde ich das nicht in einer Einstellung machen, die vom Kopf bis zu den Füßen geht. Und wenn ich in einer Großaufnahme tanzen soll, werde ich nicht mein Letztes geben. Ein professioneller Schauspieler weiß aus Erfahrung, welchen Rhythmus er in seiner Darstellung für eine bestimmte Auflösung einer Szene finden muß – wenn man ihm erklärt hat, in welche Einstellungen die Szene aufgelöst werden soll.

Ich habe gehört, daß Fellini seinen Schauspielern nicht besonders viel sagt, was passiert oder passieren soll. Für ihn mag das so richtig sein. Möglicherweise hat er genug Erfahrung, daß er die Kamera plazieren, den Film durchlaufen lassen kann und dabei ohne große Erklärungen die gewünschten Resultate erhält. Bei mir haut das nicht hin, und ich bezweifle, daß das für die Mehrzahl der Regisseure hinhaut.

Ich meine, die Schauspieler sollen Bescheid wissen. Warum fängt ein Regisseur gewöhnlich mit einer Totalen an? Meine Antwort ist: weil er wissen will, wohin es läuft. Ohne diese Totaleinstellung, die von der ganzen Szene gemacht wird (master shot), hat er keinen Leitfaden für die verschiedenen Einzeleinstellungen oder andere Einstellungskombinationen. Ausgehend von dieser ersten Totaleinstellung entwickelt sich die Art und Weise, wie die gesamte Szene aufgelöst wird.

Beim Filmemachen gibt es viel Technik; und es stellt sich immer die Frage, wieviel der Schauspieler von den technischen Problemen der Auflösung einer Szene wissen sollte. Gewöhnlich ist es zuviel für den Schauspieler, wenn man über die Anweisung: »Das ist deine Markierung« hinausgeht. Die Probleme bei komplizierten Kamerabewegungen sollten zwischen dem Regisseur und den Technikern ausgehandelt werden.

Steht die Kamerabewegung, sollte sie das Spiel der Darsteller nicht beeinflussen. Die Techniker sollten die Proben mit den Schauspielern beobachten und umgekehrt.

Einige Schauspieler sind sich der technischen Schwierigkeiten bei einer komplizierten Kamerafahrt sehr bewußt. Nachdem sie mehrere technische Proben beobachtet haben, gehen und bewegen sie sich instinktiv immer präzis auf dieselbe Weise.

Wenn ich Regie führe, markiere ich haargenau den Gang für einen Schauspieler. Ich mache ihm klar, daß wir ihn nicht für einen geistig Behinderten halten, der sich nur mit Hilfe von Kreidemarkierungen fortbewegen kann, sondern daß diese komplizierten Kameraobjektive, die wir für die Aufnahme benutzen, seine exakte und methodische Mithilfe erfordern. Dann sage ich ihm, daß er die Markierungen vergessen und sich auf die wichtigen Dinge der Szene und ihre Darstellung konzentrieren soll. Kurz bevor die Aufnahme losgeht, wenn sein Spiel sitzt, erinnere ich ihn an die Markierungen. »Ach, diese da? Okay.«
Es funktioniert.

Wenn der Regisseur nur ein kleines Stück einer Szene für den Film braucht, tut er gut daran, es seinen Schauspielern nicht zu sagen; auch durch sein Verhalten sollte er es nicht zeigen. Schauspieler sind keine Motoren, die man auf Touren bringen und dann in vollem Lauf wieder abdrehen kann. Sie sollten über die ganze Distanz gehen, auch wenn der Regisseur genau weiß, daß er nicht das ganze Material benötigt.

Zwischen technischen Dingen, die ein Schauspieler wissen sollte, und solchen, die ihn nichts angehen, kann man keine genaue Trennungslinie ziehen. Im allgemeinen ist er um so besser, je mehr er davon weiß. Die technischen Dinge werden zu instinktiven »Verboten«. Einige Schauspieler wissen noch nicht einmal, wann sie nicht mehr im Bild sind. Die Grundregel ist: »Wenn du das Objektiv siehst, sieht das Objektiv dich.« Wenn es sich nicht um berühmte Schauspieler handelt, oder man mit ihnen nicht schon einmal gearbeitet hat, kann man nur schwer bestimmen, wieviel technische Kenntnisse ein Schauspieler mitbringt. Es ist schwer, das herauszufinden.

Das Beste, was ein Schauspieler ins Studio mitbringen kann, ist die Fähigkeit, zuhören zu können. Man hofft, daß er über mehr verfügt, aber diese Fähigkeit kommt zuallererst zum Einsatz. Hat er sie nicht, kann man keine einzige Szene drehen. Der Anführer im Regiesessel wird dann nicht mehr gebraucht.

Zwischen den Schauspielern gibt es fast immer Rivalitäten. Wir kommen wieder auf die Neunjährigen. Durch gleiche Behandlung versucht man, diese Rivalität in erträglichen Grenzen zu halten. Wenn man eine Szene dreimal gemacht hat, eine Aufnahme kopieren läßt und einem Schauspieler sagt, daß er wunderbar war, sollte man auch den anderen Schauspieler aufmuntern. Schaut dieser andere unzufrieden drein, dann macht man noch eine Aufnahme und bittet ihn, mit mehr Nachdruck zu spielen, auch wenn man genau weiß, daß man die vorige Aufnahme nehmen wird. Es hat eineinhalb Minuten gekostet, aber das gute gegenseitige Verhältnis ist aufrechterhalten. Ich habe manchmal sechs oder sieben Aufnahmen gemacht, nur um das Ich eines Schauspielers zu befriedigen.

Ich habe auch gemerkt, daß es klug ist, vor Schauspielern nur in allgemeinen Worten zu sprechen. Hat ein Schauspieler Schwierigkeiten, nehme ich ihn beiseite, vielleicht gehe ich mit ihm in die Garderobe. Möglicherweise erzähle ich ihm eine faule Lüge: »Der andere Schauspieler verursacht die Schwierigkeiten. Ich will von dir nur, daß du ihm hilfst, besser zu werden.« Im Grunde aber weiß er, wer der Schuldige ist.

Natürlich sind einige Schauspieler schwächer als andere, müssen anders behandelt werden; man muß ihnen oft ein wenig den Rücken stärken. Das kommt bei jedem Film vor. Andere, sogar sehr erfahrene Darsteller, haben an den ersten zwei oder drei Tagen das Muffensausen. Mit John Carradine habe ich drei Tage lang herumgedreht, bis sich seine Nerven beruhigt hatten.

Manchmal jedoch wird ein Schauspieler so nervös, daß er dem Regisseur die Übersicht nimmt. Jeder Regisseur, vermute ich, wird seine eigene Methode haben, damit fertig zu werden. Fünf Minuten Pause! Der Schauspieler soll aber nicht den Eindruck haben, er hätte die fünf Minuten Pause verursacht. Ich bin über eine Lampe gestolpert. Ich bin Weltmeister im Über-Lampen-Stolpern. »Du lieber Himmel, die habe ich gar nicht gesehen.« Die Spannung verfliegt und man hat fünf Minuten Zeit, neu einzurichten und noch einmal anzufangen.

Als Komiker habe ich einen Vorteil. Wenn ich ein ehrliches Gesicht mache, wird keiner wissen, ob ich nur so tue oder eine List anwende. Oft, wenn ich einen nervösen Schauspieler vor mir habe, sage ich zu ihm: »Komm mal hier her und überdenke die Sache einen Augenblick.« Mit einem Handzeichen zu einem Arbeiter im Studio werde ich plötzlich am Telephon verlangt: »Hey, Jerry, deine Frau ist am Telephon.« Ich entschuldige mich, und wenn ich nach 10 Minuten zurückkomme, finde ich einen ruhigen Schauspieler vor.

Aber gesetzt den Fall, man hat einen Schauspieler engagiert und merkt nun, daß er einfach grauenhaft ist. Wenn alles gut geht, kann man ihn feuern. Es gibt aber Situationen, in denen man sich diesen Luxus nicht leisten kann. Wenn einem das Unternehmen nicht gehört, wenn man für jemand anderen arbeitet, muß man vielleicht mit dem Hundesohn leben, auch wenn er jeden anderen gefährdet.

Man muß sehr vorsichtig und diplomatisch sein. Man läßt ihn im Glauben, daß er in jeder Einstellung drin ist, während er in Wirklichkeit nicht länger beim Film mitmacht. Wie das geht? Sagen wir, in einer bestimmten Szene kommen zwei Leute vor, ein Mann und ein Mädchen. Man dreht die Totale und macht einige Einzeleinstellungen; und zwar dreht man die Einzeleinstellungen von ihm – von ihr keine. Eine Aufnahme über seine Schulter hinweg auf sie, so bleibt er in der Szene, aber man kann ihm später eine andere Stimme unterlegen. Dann macht man eine Einzelaufnahme von ihr, ihm zugewandt, und dann einen Zwischenschnitt von ihm, dem Mädchen zugewandt, als ob er ihr zuhört. So spielt man die Szene fast völlig mit ihr und er merkt gar nicht, daß er aus dem Film draußen ist – bis er ihn im Kino sieht. Das ist nicht sehr witzig, aber so rettet man unter Umständen den ganzen Film.

Übrigens, wenn diese Fliegen in Bernstein eine verbale Tracht Prügel nötig haben, muß man sie ihnen in beleidigender Würde verabreichen. Ich erinnere mich, zu einem Schauspieler gesagt zu haben: »Verflucht noch mal, ich habe Ihnen jetzt viermal nachgegeben, und ich lasse mir nicht länger Ihren Mist andrehen. Jetzt wird es so gemacht, wie ich es sage!« Er war ein Star und spielte dann so, wie ich es wollte.

Die erste Tracht Prügel verabreiche ich immer in einem weit entfernten Eck. Wird eine zweite notwendig, vergewissere ich mich, daß sie mitten im Studio stattfindet, wo sie jedermann hören kann. Wie die

Kinder wollen die Schauspieler manchmal testen, wieweit sie gehen können. Gehen sie dabei zuweit, werden die übrigen Darsteller und die Techniker angesteckt. Plötzlich hat man die Kontrolle verloren. Im allgemeinen will ein Schauspieler, daß der Regisseur die völlige und sichere Kontrolle über den Film hat.

Es geht dabei nicht nur um die Disziplin bei den Dreharbeiten. Manchmal entschließen sich Schauspieler — aus Gott weiß was für Gründen —, auf sehr subtile Weise die Darstellung ihrer Figur zu verändern. Vier Wochen lang haben sie eine sympathische Figur gespielt und plötzlich, eines schönen Tages, entschließen sie sich, etwas Humphrey Bogart beizumischen. Es ist klar, daß man dagegen vorgehen muß. Sie können Humphrey Bogart im nächsten Film spielen!

Damit die Schauspieler bei einer einheitlichen Darstellung bleiben, kann man sie auch jeden Abend zu den Mustervorführungen einladen, wenn man sie ihnen nicht zur Pflicht macht. Regisseure, die nicht wollen, daß ihre Schauspieler die Muster sehen, sind im Grunde unsicher. Sie wollen nicht, daß ihnen ein Schauspieler sagt: »Können wir nicht diese Szene noch einmal machen?« Jeder, der bei der Herstellung eines Films mitarbeitet, sollte das Recht haben, zu sehen, was er gemacht hat.

Die Einsichten, die man gewinnt, wenn man sich selbst inszeniert, helfen einem in gewissem Maß bei der Inszenierung anderer Schauspieler. Zugleich gibt es da einen Widerspruch, weil man es nicht wirklich als Inszenierung der eigenen Person begreift. Man muß demzufolge mit diesem »anderen Wesen« in Beziehung treten. Das ist ein anderes Wesen. Man nennt es ›The Idiot‹ oder ›The Kid‹. Es ist eine andere Person.

Wenn ein Fremder Jerry Lewis inszeniert, gibt es für die Gesellschaft, das Studio, den Produzenten viel mehr Schwierigkeiten — das kann ich versichern —, als wenn ich ihn inszeniere. Er scheint sich zu vergessen, weil er dazu neigt, diesem Fremden zu mißtrauen.

Ich bewahre mir meine Objektivität, weil ›The Idiot‹ eine andere Person ist. Dick Powell meinte, er hätte sich diese Regisseur-Schauspieler-Objektivität bewahrt. Viele Jahre lang galt das auch für Chaplin. Ich glaube, daß der Mann mit den Sackhosen, Schlappschuhen und dem Spazierstock für Chaplin eine andere Person war. Mit einem Regisseur, vor dem ich Respekt habe, der sich genauso um den Film sorgt wie ich, ist es für uns beide ein Klacks. Wenn ich aber ›The Idiot‹ selbst inszeniere, dann macht mir das noch mehr Spaß.

7 Die üblichen Produktionsvorbereitungen

Zwischen den Routinearbeiten bei der Besetzung, dem Drehbuchschreiben oder dem Herumfeilen am Drehbuch, dem Nachdenken über die Zusammenstellung der Crew, dem Zuhören bei Nörgeleien über die Verträge oder der Beobachtung, wie das Budget anwächst, den Erwägungen über Außenaufnahmen, jongliert man noch mit dem Entwurf und der Herstellung der Dekorationen und Kostüme. In einigen Studios haben die Dekorations- und andere Abteilungen zuviel Einfluß und beschneiden den Regisseur in der Wahl seiner Kameraeinstellungen. Im Verlauf der letzten fünf Jahre hat dieser Einfluß bei den unabhängigen Filmproduzenten, die sich ihr Personal von vorne bis hinten selbst zusammengestellt haben und die nicht mehr in den Studiomenagerien, sondern von privaten Büros aus arbeiten, nachgelassen. Die Auswirkungen des alten Systems samt der Macht der Dekorationsabteilungen wie der Chefarchitekten werden noch über Jahre hinaus zu spüren sein. Also kennt man am besten deren Masche so gut wie die eigene.

Im allgemeinen haben es die Dekorabteilungen der Studios nicht gerne, wenn der Regisseur Einfälle hat, es sei denn, sie stimmen mit ihren überein. Man könnte annehmen: diese Haltung geht darauf zurück, daß man Kosten einsparen will. In Wirklichkeit aber ist das die Bürokratie der Dekorabteilung und ihr Kampf gegen die Persönlichkeit des Regisseurs. Was hier immer und immer wieder passiert, findet man auf der zweiten Seite der Szene im Gerichtssaal in *Fountainhead* von Ayn Rand. Diese Unterdrückung ist im Laufe der vielen Jahre entstanden, die dieses System schon existiert.

Ich bin der Ansicht, man muß die Fähigkeiten der Dekorabteilung ausbeuten und alle ihre guten Vorschläge benutzen; man muß aber um jeden Zentimeter kämpfen und verhindern, daß die Architekten den Film in Toiletten stellen, um ein paar Dollars zu sparen. Man nehme ihre Entwürfe, Skelette ihrer Vorstellungen davon, wie eine Szene in der Dekoration gespielt werden kann, und benutze dies als Ausgangspunkt, nicht als Bibel.

Man weiß, was man sehen will, was man photographieren will, wie man die Dekoration nutzen will, also setzt man sich die Konstruktion im Kopf zusammen. Man muß kein Architekt sein oder mit der Wasserwaage umgehen können. Das sind die eigentlichen Arbeiten für den Dekorationschef. Man muß nur eine genaue Vorstellung davon haben, was man für jede Szene des Films braucht.

Ich baue mir kleine Modelle von meinen Dekorationen. Aus einem

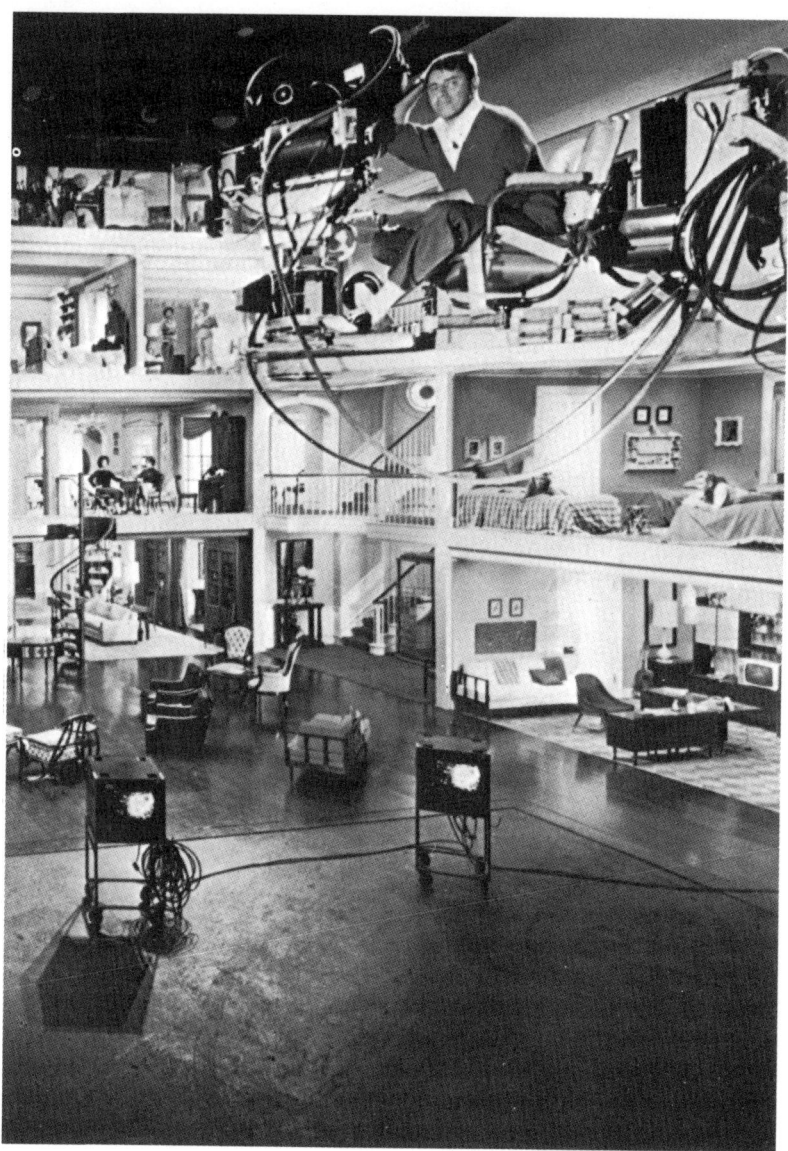

J. L. auf dem Kamerakran und ein Teil der Bauten für *Ladies Man*

Karton schneide ich Räume heraus: diese Küche geht gut mit jenem Eßzimmer zusammen; dieses Schlaf- und jenes Wohnzimmer könnten zueinander passen. Die Kartondekorationen sagen mir auch, daß zwei Zimmer umgeändert, neu hergerichtet, anderweitig verwendet werden können: so wird Geld gespart.

The Ladies Man wurde in einem einzigen Dekor gedreht, in einem vierstöckigen Gebäude ohne Fassade, das sich über zwei Paramount-Studios hinstreckte. Ich habe schon immer von einem Eine-Million-Dollar-Dekor geträumt; dieses hat 900 000 gekostet. Es gestattete mir Innen- und Außenaufnahmen bei allen Räumen. Für diese Aufnahmen ließ ich eine Spezialverlängerung für den Kamerakran bauen, vielleicht die größte, die je für einen Film gebaut wurde.

Um die Dekoration voll zu nutzen und die Ausstattungskosten von 900 000 auch zu rechtfertigen, baute ich ein Halbzoll-Modell der gesamten Dekoration, an dem ich dann alle Vorbereitungen treffen konnte. Die Kamerabewegungen wurden festgelegt, Gegenschüsse, Fahrten, Kraneinstellungen. Damit die Arbeit bis ins kleinste geplant werden konnte, nahm ich die Zwischenwände am Modell weg. Das rettete uns das Leben.

Für so eine Arbeit ist weniger ein Architektendiplom notwendig als Vorstellungskraft. Ich studiere die Ausgaben von *Better Homes and Gardens* und anderer Zeitschriften, um mir Ideen für Dekorationen zu holen, die ich eventuell verwenden kann.

Genau so kann man es auch für die Innenausstattung machen. Jeder beim Film hat seinen eigenen Geschmack, und manchmal geraten diese persönlichen Vorlieben in Konflikt zur Geschichte und zum Regisseur. Noch einmal: es geht um den Kampf für das, was für den Film richtig ist. Spielt eine Szene in einem Jagdhaus, Vater und Sohn am Arrowhead-See, wird man Tierfelle auf den Boden legen und ein Gemälde mit Washington nehmen, wie er den Delaware überquert, und nicht einen Cézanne und dicke Teppiche. Das ist ein einfaches, offensichtliches Beispiel. Es ist aber erstaunlich, wie oft persönliche Vorlieben die Entwürfe der Dekorationsabteilungen diktieren. Man fragt sich manchmal, ob es derselbe Film ist, an dem man arbeitet.

Für Ideen zu Kostümen der Männer kaufe ich *Esquire,* für die Frauen *Vogue* und andere ähnliche Zeitschriften. Die Zeit, die junge Filmemacher in den Wartezimmern der Zahnärzte verbringen, kann ihnen besser weiterhelfen als Unterrichtsstunden in Klassenzimmern. Vielleicht macht es mehr Eindruck, mit den *Cahiers du Cinéma* oder der Zeitschrift der *Society of Motion Picture and Television Engineers* unter dem Arm herumzuspazieren, aber aus jeder gewöhnlichen Zeitschrift kann man mehr praktisches Wissen gewinnen.

Besprechung über die Ausstattung von *Errand Boy*

Ob man außerhalb des Studios Aufnahmen macht oder nicht, das hängt vom Buch und vom Budget ab. Es ist ziemlich schwierig, 600 angreifende Indianer im Studio 2 der Gold Medal Studios in Bronx aufzunehmen. Man hätte des Problem mit dem Himmel, dem Horizont und den 600 Indianern, von den 500 Pferden gar nicht zu reden. Da wären 7000 Hektar Wüste draußen bei Phoenix schon besser geeignet.

Muß man zwei Leute in der Untergrundbahn drehen, dann macht man das im Studio, nicht in New York. Im Studio 8 kann man es billiger bauen und leichter arbeiten. Der einzige Grund, die Aufnahmen in New York zu machen, könnte darin bestehen, vier Außendrehtage zu nutzen, die schon im Drehplan für Manhattan vorgesehen waren. Wenn man natürlich den ganzen Film in New York dreht, dann gibt es keinen Grund, für eine Szene in der U-Bahn nach Hollywood zurückzugehen.

Für wenige Außendrehtage werden oft lokale Außendrehorte (»local locations«) benutzt, das heißt solche, die in Autonähe bei den Studios liegen. Entfernte Außendrehorte (»distant locations«) liegen zwischen San Diego und Helsinki. Welchen Ort man auswählt, hängt allein vom Buch, den Wünschen des Filmemachers und vom Geld ab. Meist ist es billiger, außen zu drehen und bereits existierende Gebäude als Dekoration zu benutzen, anstatt sie im Studio aufzubauen.

How the West Was Won hätte nie ganz im Studio oder an irgend einem nahegelegenen Plätzchen gedreht werden können. Für *Who's Afraid of Virginia Woolf* hingegen mußte man keinen Schritt vor die Tür setzen. Bei manchen Filmen dreht man bis zu 90 % draußen, 10 % im Studio; bei anderen ist man für 99 % des Films im Studio und nur für 1 % an Außendrehorten.

Einige Studios und Regisseure haben Irrsinnssummen für Filme ausgegeben, die genausogut im Studio oder in der näheren Umgebung hätten gedreht werden können. Man kann die Rue Pigalle bei der 20th Century-Fox aufbauen, und das schaut genauso gut aus wie in Paris. Aber dann können der Produzent und der Regisseur und auch die Studiodirektoren nicht nach Paris fahren.

Wenn man außerhalb dreht, bringt das eine bessere Atmosphäre, bessere Photographie und oftmals bessere Arbeitsbedingungen. Da sieht der Regisseur keine Abteilungschefs und Studiodirektoren mehr, die ihm gewöhnlich in den Ohren liegen.

Derzeit werden nur wenige Filme fürs Kino in Schwarz-Weiß gedreht. Das Publikum in aller Welt will Farbe. Egal was für einen Film ich produziere, er wird zusätzliche 200000$ auf dem asiatischen Markt einspielen, bloß weil er in Farbe ist. Ich glaube, daß nur für außergewöhnliche Filme in Zukunft noch Schwarz-Weiß verwendet wird.

Ich weiß nicht, wie man das Leben in Schwarz-Weiß zeigen kann. Von der Geburt bis zum Tod, vom Nasenbluten bis zum Autounfall mit einem blauen Mercedes-Benz und der Beerdigung in einem grünen Sarg – das Leben ist in Farbe. In gewisser Weise hat es nie einen Schwarz-Weiß-Film gegeben. Er besteht immer aus Grautönen. Einem wirklichen Schwarz-Weiß war ich am nächsten, als ich das schwarz-weiße Dekor in Farbe für *The Ladies Man* drehte.

Der Japaner Akira Kurosawa hat gesagt, er mag Farbe nicht und hat deshalb bis 1968 keinen Farbfilm gedreht. Fellini mag Farbe auch nicht. Er hat geäußert, daß man in Farbe keine so guten Filme machen kann wie in Schwarz-Weiß. Mehrere europäische Kritiker haben meine Verwendung der Farbe in *The Ladies Man* verglichen mit der von Fellini in *Julia und die Geister*. Was immer der Sinn dieser Äußerung sein mag, ich sehe nicht, wie irgendein Filmemacher dem Publikum die Farbe vorenthalten und bei Schwarz-Weiß bleiben kann. Leben ist Farbe. (Dokumentarfilme sind eine andere Geschichte!)

Bei den Kostümen, der Dekoration und der Innenausstattung wird die Farbe natürlich zu einem Tyrannen. Bei Schwarz-Weiß kümmerte man sich vor allem um Stil, Form und Oberfläche; bei Farbe geht es um Farbtöne und Farbabstufungen. Welche Farben beißen sich, welche nicht? Selbst von alten Regeln: bringe nie Punktmuster und Gestreiftes zusammen, wird abgegangen. Einem Filmemacher wird gesagt: »Grün und Blau zusammen, das geht nicht.« Er macht es trotzdem, es geht, und schon machen es alle. Ich habe eine billige Methode, auszuprobieren, wie Farben zueinanderpassen. Ich kaufe verschiedenfarbige Taschentücher, lege sie aufeinander und schaue, was mein Auge beleidigt. Auf der Leinwand kann es dann anders rauskommen, aber das ist das Risiko. Oft ist das Urteil des Regisseurs genauso gut wie das des Dekorchefs oder des Chefkameramanns.

Einige Leute in Hollywood stimmen mit Fellini überein und glauben immer noch, daß Farbe Verwirrung stiftet und man in Schwarz-Weiß bessere dramatische Effekte erzielen kann. Es zählt derzeit kaum, was sie denken. Die große Mehrzahl der Filme wird in Farbe gedreht, und das wird sich nicht ändern. Auf jeden Fall hat mich die Theorie nie überzeugt, wonach eine rote Couch die Aufmerksamkeit von den zwei Leuten, die darauf sitzen, ablenken würde. Die Zuschauer werden die rote Couch sehen und sich dann dem zuwenden, was zwischen den beiden auf der Couch vor sich geht. Interessiert es sie nicht, was die zu sagen haben, dann liegt die Schuld nicht bei der Farbe, sondern beim Buch und beim Regisseur.

Ich habe Dekorchefs gesehen, die haben Dekorationen entworfen, haben die Farben dafür ausgesucht und schließlich beim Anstrich geschrien:»Mehr Weiß dazu, das ist viel zu blau.« Am Schluß kommt ein blasses Pastellblau heraus. Fürchterlich! Das ist ein Überbleibsel aus den Schwarz-Weiß-Tagen Hollywoods, als alle Decken und Teppiche gelbbraun und alle Wände hellgrün waren.

Es gibt noch andere Regeln. Mordgeschichten sollten in düsteren Farben gedreht werden. Ich finde, daß sie mehr Farbe vertragen könnten als Komödien. Wenn man immer mehr wegnimmt, kommt man zu ausgewaschenen und Sepiafarben und zu Halbtönen. Die Farbe ist ein weiterer Bestandteil der Zauberei und Pracht des Filmemachens, und genau in diesem Sinn sollte sie benutzt werden.

Manchmal ist es ein Glücksspiel mit der Farbe, weil sie eine noch in sehr vielem unbekannte Größe ist, von vielen Faktoren abhängt. Einige Sicherheit ist jedoch durch die Möglichkeiten bei der Entwicklung der Kopien gegeben. Wenn die Muster heiß, das heißt überentwickelt, oder kalt, das heißt unterentwickelt sind, kann man die Einstellungen neu kopieren und dabei die Farbintensität verstärken bzw. verringern. Die meisten Farbprobleme können bei der Entwicklung reguliert werden.

Neben der Wahl des Drehbuchautors und der Darsteller ist die des Chefkameramannes eine der wichtigsten Aufgaben. Gewöhnlich wählt ihn der Regisseur aus, auch wenn der Star einen bestimmten **Chefkameramann verlangen kann. Ist der Star stark genug, wird nach seinem Wunsch entschieden. Das geschieht aber nicht allzuoft.** Ich bin zur Zeit der einzige Regisseur in Hollywood, der mit einem Chefkameramann einen Vertrag über 52 Wochen hat, auch wenn er von diesen 52 Wochen im Jahr nur 20 arbeitet. Er steht zur Verfügung, weiß, wie ich arbeite, was ich will. Ich richte die Einstellung ein, und er setzt das Licht. Er hat einige herrliche Sachen gemacht. Jeder Regisseur sollte seinen Film fest in der Hand haben, und jeder gute Regisseur setzt sich hinter die Kamera und richtet seine Einstellungen ein.

Die Geschichten, daß Alfred Hitchcock das nicht als notwendig erachtet, machen auf mich keinen Eindruck. Norman Taurog zieht es vor, dem Chefkameramann die Einrichtung der Einstellung zu überlassen. Er legt nur die Richtlinien fest und scheint die gewünschten Resultate zu erhalten – zumindest bei den Filmen, die ich mit ihm gemacht habe. Trotzdem kann ich seiner Methode nicht zustimmen.

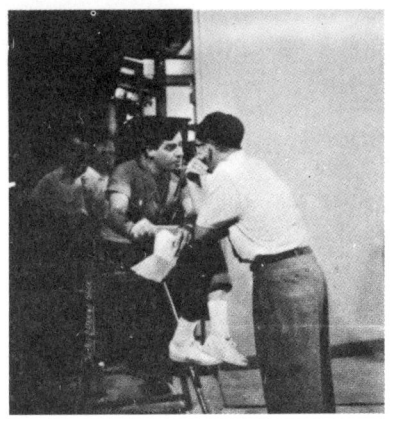 

J. L. mit Wallace Kelley, seinem Chefkameramann

Bei Filmen, bei denen ich die Regie führe, darf sich kein Kamera-mann hinter die Kamera setzen, bevor ich ihre Position bestimmt, das Objektiv ausgewählt, Markierungen gemacht, oben, unten, rechts und links die Begrenzungen festgelegt habe. Dann wird die Kamera fixiert und dann kann er Licht machen.

Egal wie es Hitchcock oder Taurog machen; ich bin nicht der einzige, der die Kontrolle über die Kamera haben will. Norman Jewison, Stanley Kubrick, Joe Mankiewicz und Billy Wilder richten auch jede Szene selber ein: jede Einstellung, jede Bewegung, jede Mar-kierung.

Ich habe das Gefühl, daß in dem Augenblick, in dem ein Regisseur zu seinem Chefkameramann lediglich sagt: »So will ich es haben«, er nicht mehr die Einstellung komponiert. Er gibt einen Teil seiner schöpferischen Verantwortung auf.

Jeder Regisseur geht auf seine Weise vor. Ich probe mit den Schau-spielern, wir spielen eine Szene durch; ich betrachte sie durch den Motivsucher, das wichtigste Arbeitsinstrument für den Regisseur, und markiere die Kamerapositionen, die ich brauche. Dann mache ich eine trockene Probe mit der Technik, gebe den Schauspielern ihre Positionen und markiere sie. Ich lasse die Szene anlaufen und mache die Kamerabewegungen; gehe die Aktion und die Bildbegren-zungen durch, lege sie fest und steige dann erst dem Chefkamera-mann von den Füßen. Die Lichtdoubles gehen auf die Positionen und er setzt das Licht.

Natürlich hängen die Proben vor und nach dem Einrichten der Ka-mera von der Szene und vom Stoff ab. Nur die Szene und der Stoff legen die Regeln fest. Für eine Komödie würde ich eine Szene nicht bis zum letzten durchproben. Die Aktionen und Dialoge werden geprobt, aber erst bei der Aufnahme kommt die Komik dazu.

Auch für die Kameraplazierung gibt es keine anderen Regeln als die, die der Raum setzt – in einem Klosett ist man beengt, in der Wüste hat man Bewegungsfreiheit. Der Entwurf jeder Position und Einrichtung der Kamera hängt von den gegebenen Bedingungen und dem gewünschten Resultat ab. Behält man die Auflösung der gesamten Szene im Kopf, wird man einen ebenso guten Kamerawinkel finden wie der Kameramann.

Das Geheimnis für alle Kameraoperationen kann man in einer Hand halten: den *Motivsucher*. Ohne ihn kann man nicht inszenieren, kann man sich dem Chefkameramann nicht verständlich machen. Ohne dieses Arbeitsinstrument bleibt alles Spekulation. Mit ihm kann man inszenieren, planen, entwerfen und zu Hause gut organisierte Vorbereitungen treffen. Das ist das allerwichtigste technische Instrument für einen Regisseur; die Sichtscheibe der Kamera ist Nebensache. Ein gebrauchter 35-mm-Motivsucher ist für einen jungen Regisseur wertvoller als ein Dutzend Handbücher.

Mehr als das, was einem der gesunde Menschenverstand und die eigenen Augen sagen, sollte der Regisseur vom Lichtmachen nicht wissen müssen. Der Chefkameramann, der mit seinem Spotmeter, seinem Spezialgeheimnis herumsteht, weiß im allgemeinen, wann ein Schauspieler »verbrennt«. Er weiß auch, wann die gesamte Szene zu »heiß« oder zu dunkel ist. Spätestens bei der Mustervorführung werden es beide, Regisseur und Chefkameramann, herausfinden.

Feste Angaben über die Zeit, die das Lichtmachen dauert, kann man nur schwer machen. Wenn man ein »A-picture« dreht, spricht man mit dem Kameramann nicht über die Zeit, die das Lichtmachen dauern darf. Man tut sich keinen Gefallen, wenn man sich einmischt oder versucht, ihn anzutreiben. Macht man eine A. C. Lyles Produktion mit Bruce Cabot und einem Budget von 110000$, sagt man zum Kameramann: »Heute drehen wir 64 Seiten.« Er weiß Bescheid, steht schon mit einer Taschenlampe unter der Achsel da und ruft herüber, daß das Licht steht.

Viele Chefkameramänner sind nicht nur erstklassige Techniker, sondern auch außerordentlich schöpferische Leute. Was z. B. Mike Nichols bei den Dreharbeiten zu *Who's Afraid of Virginia Woolf* von Haskell Wexler gelernt hat, trug viel mit dazu bei, daß aus *The Graduate* ein solcher Erfolg wurde. Zu Kameraleuten wie Wexler, der inzwischen selbst ein absoluter Filmemacher geworden ist, kann man völliges Vertrauen haben.

Jedenfalls muß der Regisseur über die Technik des Lichts und der

Mit Hilfe des Motivsuchers wird der Bildausschnitt bestimmt

Kamera auf dem laufenden sein. Auf diesem Gebiet werden viele Fehler gemacht, weil sich Kameramann und Regisseur nicht genug untereinander besprechen. In *Funny Girl* sieht man tausend diffuse, weiche Einstellungen von Barbra Streisand, denen harte, scharfe Einstellungen von Omar Sharif gegenüberstehen. Das stört die Aufmerksamkeit.

Sicher kann man einen Teil der Einstellung diffus machen, damit das Mädchen hübscher wird, aber man setzt den Gegenschuß auf den Mann nicht messerscharf dahinter. Durch eine Kamerabesprechung kann so etwas vermieden werden. Regisseur und Kameraleute hätten besser miteinander geredet, der eine des anderen Befähigung und Arbeit respektiert, und sich daran erinnert, wer der Boß ist.

Ein anderer technischer Bereich, den der Regisseur abstecken und für sich beanspruchen muß, ist die Wahl der Objektive. Dafür aber muß er ihre Möglichkeiten und Grenzen kennen. Der Motivsucher und der Sucher in der Kamera zeigen zwar den Bereich an, der von einem bestimmten Objektiv erfaßt wird, aber sie sagen nur die halbe Wahrheit. Da wird es verzwickt.

Man hat eine Schauspielerin, die in fünf, sechs Metern Entfernung aus dem Hintergrund kommt, will aber die Haltung des Mannes im Vordergrund nicht aus dem Bild verlieren. Welches Objektiv nehmen? Geht man auf die Frau, verliert man den Mann! Also nimmt man das Objektiv mit dem größten Aufnahmewinkel und hat beide im Bild.

Hier gibt es nur die Regel: das Objektiv reinsetzen und ausprobieren. Da gibt es keine Zufallswahl, kein Hin und Her mit dem Kameramann: »Achtundzwanziger? Nein, versuchen wir es mit einem Dreißiger!« Man weiß, daß man Weite braucht, also fängt man mit dem Dreißiger an. Man setzt sich an die Kamera, schaut durch den Sucher, sieht die Aktion, die Darsteller, alles bewegt sich und man ist zu nah drauf. Also nimmt man das Achtundzwanziger.

Die Auswahl der Objektive wird vom Winkel und von den Aufnahmeobjekten bestimmt. Ein Weitwinkel kann eine Frau schnell verzerren. Es ist schwer, sie aufzunehmen. Am besten nimmt man eine Frau groß und von weitem auf. Wenn man nicht gerade eine Totale mit 18 Leuten dreht, sollte man für Frauen keine geringere Brennweite als 40 benutzen. Eine hübsche Schauspielerin, aufgenommen mit einem 35er Objektiv, schaut aus wie eine aufgeblasene Oma. Aus unerfindlichen Gründen erscheinen Frauen eher verzerrt als Männer.

Visuelle Verzerrungen bringen gewöhnlich eine Verwirrung mit sich – wenn man sich ihrer nicht mit Phantasie bedient, oder etwas anderes als nur den Dialogtext verkaufen will.

Wenn ein Regisseur, der eine genaue Kenntnis seines Objektivsortiments hat, eine Einstellung einrichtet, ist das eine große Hilfe für viele Leute aus dem Team. Zum Beispiel für den Ton: Mit dem passenden Objektiv wird ihm das Mikrophon nicht im Bild hängen. Ferner spart der Regisseur Zeit, das heißt Geld ein, weil er die Konzeption der Szene nicht zu verändern braucht.

Einige junge Regisseure verlangen Unmögliches von Objektiven. Es ist wunderbar: im Vordergrund eine Aktion, man bleibt auf dem Gesicht des Mannes, während seine Augen sprechen; macht ihn etwas unscharf, geht ohne Schnitt von ihm weg und verharrt auf dem Mädchen, macht eine Großaufnahme und bringt sie dann beide gleichgroß ins Bild. Großartig! Aber diese jungen Regisseure setzen ein Objektiv mit 18 cm Brennweite ein und wundern sich dann, daß es nicht klappt. Der Schauspieler geht kilometerlang und man sieht ihn immer nur bis zur Taille. Jedes Objektiv hat seine besondere Funktion, und die einzige Möglichkeit, sie zu entdecken, besteht darin, seine Grenzen kennenzulernen.

Mit der Erfindung von Panavision, Cinemascope und Cinerama kam große Aufregung in die Filmindustrie. Das waren neue Verfahren für eine große Leinwand, die sich bald als ziemlicher Firlefanz herausstellten. Der Film ist in Panavision, na und?! Das sind genauso schlechte Filme, nur etwas größer. Wenn ich im Film einen Scherz mache, der nicht besonders lustig ist, will ich nicht, daß er so groß gezeigt wird. Ist er aber gut, kann er auch auf einer Briefmarke erscheinen. *How the West Was Won* oder *The Russians Are Coming, The Russians Are Coming* einmal ausgenommen, bin ich altmodisch genug zu glauben, daß ich niemals irgendwas mit diesen langen Objektiven machen werde. Sogar *Russians Are Coming,* ein nahezu fehlerfreier Film, litt in seinen intimen Szenen unter der Größe der Leinwand.

Für mich ist Cinerama ein Brechmittel. Ich schaue hin und frage mich wirklich, wozu das gut sein soll. Selbst nach 15 Minuten gibt es keine Struktur, keine klare Bedeutung – nur Größe und Firlefanz. Zufällig trifft man auf einen Film wie *2001: A Space Odyssey.* Aber sogar in der üblichen Größe, dem normalen 1,85, wäre das ein aufregender Film gewesen.

Paramount brachte Panavision heraus und ich machte einen der ersten Versuche damit. Für *The Ladies Man* mußte ich mit der Schauspielerin Pat Stanley in New York Probeaufnahmen machen. Ich war ungefähr 20 Meter von ihr entfernt, mit einem 5-cm-Panavision-Objektiv, und hatte die Dekoration gut im Bild. Ich wollte näher ran, eine Großaufnahme machen, und versuchte das bei der Probe.

Während ich die Kamera mit der Hand vorwärtsbewegte, hatte ich Pat Stanley im Sucher. Wenn mein Assistent nicht seine Hand zwischen die Kamera und Miß Stanley gehalten hätte, hätte ich sie verletzt. Im Sucher jedoch war sie noch einen Kilometer weit weg – viel zu weit. Ich konnte sie nicht groß kriegen! Nach dieser Erfahrung sagte ich der Panavision Goodbye; ich hatte meine Lektion erhalten. Mit einem Panavision-Objektiv von 7,5 oder 10 cm hätte ich das Problem nicht lösen können. Neben der Größe gibt es Probleme mit der Bewegung, mit den Schwenks.

Wenn diese hellen Köpfe ihre neuen Ideen und Größenverhältnisse in Umlauf bringen, denken sie selten an die Regieprobleme – wie bewegt man die Schauspieler korrekt zur Kamera hin. Sie haben das Grand Canyon vor Augen und sagen: stellt die Leute da rein. So findet sich ein junger Regisseur, der bisher beim Fernsehen mit dem kleinen Bildschirm gearbeitet hat, bei Dreharbeiten in Cinemascope wieder. Mein lieber Mann! Er wird dann auch entdecken, daß er nicht weiß, was er mit dem Gerät anfangen soll. Steht er damit auf einem Küstenboot, geht alles von selbst. Aber sonst und besonders wenn er Leute aufnehmen muß, hat er technische Probleme von der Größe des Grand Canyon und wird unfähig sein, die Leute anständig zu photographieren.

Ich juble dem technischen Fortschritt zu. Das erste technische Diplom, das einem Regisseur verliehen wurde, habe ich erhalten. Gleichzeitig glaube ich aber, daß man Firlefanz auch Firlefanz nennen sollte. Ein junger Regisseur sollte – um sich und seinen Film zu retten – zumindest vorsichtig sein, wenn er ihn in Panavision, Cinemascope oder Cinerama drehen soll.

Wenn einmal doppelt so große Bildverhältnisse wirklich benutzt werden können, wenn weite Landschaften in Panavision oder Cinemascope gedreht werden und für Innenaufnahmen die Verhältnisse auf Academy-Standard oder 1.85 zurückgebracht werden können, dann wird ein wirklicher Fortschritt erreicht sein. Das kann kommen.

Als Kind hatte ich so ein Ding mit acht Gläsern zum Durchschauen; wenn man die Gläser drehte, konnte man verschiedene Muster sehen. Alle in unserem Viertel hatten so ein Ding und schauten den ganzen Tag hindurch. Ich hab es schnell weggelegt, weil es mir überhaupt nichts brachte. So gehts mir auch beim Film mit den Trickaufnahmen, vor allem den beliebten zerteilten Bildern. Die menschliche, gottgegebene Optik zerteilt keine Bilder.

Manchmal sind solche Aufnahmen wirkungsvoll, aber sie bleiben Firlefanz. Der Gebrauch solcher Bilder ist völlig begründet, wenn man damit Interpunktionszeichen setzen kann – wie es Richard Fleischer in *The Boston Strangler* und Norman Jewison in *The Thomas Crown Affair* getan haben. Ansonsten zeigen diese optischen Spielereien nur an, daß der Regisseur in der Klemme sitzt oder unfähig ist, sich anderer Mittel zu bedienen.

Es ist nicht nur viel wirksamer, auch viel billiger, die Aufmerksamkeit des Publikums durch einfachere Methoden, durch angemessene Kamerabewegungen und Objektive herzustellen – als bei der Optikabteilung und beim Trickspezialisten Zuflucht zu suchen. Wenn man einen Film speziell für die Optik entwirft, dann geht man bei den ersten 6 Filmrollen halb, mit der zehnten ganz auf Krücken. Plötzlich ist das Konzept ganz in Händen der optischen Abteilungen.

Natürlich muß jede Seite des Problems besonders angegangen werden. Beim Fernsehen mit seiner 1.33 Norm kann eine Einstellung, die beim Spielfilm normalerweise halbnah gedreht gut geht, nicht produktiv oder effektiv sein, und muß in Großaufnahmen gemacht werden.

Jack Webb ist der vielleicht beste Lehrer dafür, wie man die Darsteller gut zur Geltung bringen kann. Er setzt die Kamera immer so ein, wie er es in *Dragnet* gemacht hat, weil er weiß, wie wichtig die Vergrößerung bei kleiner werdenden Bildern ist.

Der Regisseur sollte nicht nur auf das Spiel des Darstellers achten, sondern auch darauf, wie es auf der Leinwand aussehen wird. Während er die Szene aus zwei Meter Entfernung beobachtet, muß er sich dessen bewußt sein, daß der Schauspieler hundertfach vergrößert wird. Die Stärke und Dimensionen seines Ausdrucks muß er in der hundertfachen Vergrößerung der Projektion vor Augen haben.

Ich habe einige ziemlich schlechte Sachen gemacht, einfach weil ich mir nicht wirklich darüber klar war, welche Dimensionen ein Gesichtsausdruck in der Projektion erhält. Am Anfang hatte ich einige Regisseure, die wenig darauf achteten, wie übergroß eine Grimasse auf der Leinwand kommt. In zwei Meter Entfernung schaut das nicht so groß aus.

Bei seiner Arbeit fürs Fernsehen (für 17-inch- oder 21-inch-Geräte) gab Webb sich mit der Vergrößerung große Mühe – ob er mit einem oder mit drei Schauspielern arbeitete. Er brachte alles in den richtigen Größenverhältnissen auf den Schirm.

Im wesentlichen ist es eine Sache der Kamerabewegungen und des Timing, des zeitlichen Rhythmus. Hat man eine acht Sekunden dauernde Bewegung mit dem Kran oder Kamerawagen, dann einfach deshalb, weil diese Dauer dem Regisseur richtig erscheint. Es gibt kein absolutes Kriterium; man muß sich die Sache am Schneidetisch oder in der Projektion anschauen. Zuerst aber muß der Regisseur das *Gefühl* haben, daß es *so richtig ist.* Es ist ein großer Unterschied für die Kamerabewegungen und den Rhythmus, ob man fürs Fernsehen oder die große, große Leinwand dreht. Er ist durch die Größenverhältnisse bestimmt.

Kommen wir zu einem kleineren Punkt: zu den Zwischenschnitten. Das sind Einstellungen wie z. B. eine kurze Aufnahme vom Zifferblatt einer Wanduhr. Einige Regisseure wollen absolut alles selbst drehen, jedes Detail. Ich bin da anderer Ansicht und glaube, daß die Zwischenschnitte von einem extra Team gedreht werden sollten. Die Aufnahmen werden an den Chefcutter gegeben und der fügt sie in den Film ein. Außerdem sollten sie in einem anderen Studio gedreht werden, um Behinderungen der Arbeit zu vermeiden. Wenn die Zuschauer unbedingt wissen müssen, daß es 10 Minuten vor 9 ist, dann sollte dieses extra Team eine Uhr aufnehmen, während der Regisseur seinen anderen – wichtigeren oder unwichtigeren – Aufgaben nachgeht. Wenn der Regisseur die Sache selbst macht, müßte er eine große Uhr haben – wenn sie ins Dekor hineinpaßt –, den Darsteller plazieren, ihn vor der Uhr sich eine Zigarette anstecken oder sonst was tun lassen, damit die Aufmerksamkeit darauf gelenkt wird, daß es 10 Minuten vor 9 ist. Die Uhr und der Schauspieler müssen ausgeleuchtet werden. Nimmt man den Zwischenschnitt in einem anderen Studio auf, erhält man dasselbe Ergebnis für die Geschichte und hat vielleicht weniger Kosten. (Andererseits mache ich meine Zwischenschnitte gern selbst, um ganz sicher zu gehen.)

8 Die Crew

Jeder gute Regisseur hat eine Familie von Profis um sich, wenn er an einen Film herangeht. Diese Profis testen sofort, was er kann, und wollen wissen, ob er die Sache im Griff hat. Sie werden ihn vom ersten bis zum letzten Tag auf die Probe stellen – wenn er ihnen nicht zeigt, daß er weiß, was er tut.

Ich mache einen Film selbst. Aber ich weiß, daß ich diese Familie, diese Hundert-Mann-Crew um mich habe, die deshalb funktioniert, weil sie glaubt, daß ich weiß, was ich mache. Wenn ihr Zweifel kommen, dann funktioniert es nicht mehr richtig, dann wird es unmöglich, einen guten Film zu machen. Der Lohn ist das Entgelt für ihre Arbeit, hat aber wenig Einfluß auf ihre Einstellung.

Sie spüren die Ängstlichkeit eines neuen Regisseurs und werden ihm mit Sicherheit bei jeder sich bietenden Gelegenheit Angst einjagen. Gewöhnlich werden sie ihn nicht lange in diesem Zustand lassen, wenn sie wissen, daß er *wirklich* weiß, was er tut. Sie brauchen ihn bei der Überwindung ihrer eigenen Ängste und Zweifel. Wenn der Regisseur so in seinem Klappstuhl sitzt, ist er für sie – wie für die Schauspieler – Papa, Mama, Bruder, Freund und Vertrauter.

Viele Probleme mit der Crew gibt es, weil es die Veteranen gibt, die schon 25 Jahre dabei sind, aber immer noch auf einem niederen Posten. So ein Veteran wird sich immer mit den Worten einführen: »Ich bin seit 25 Jahren im Geschäft.« Mit diesen wenigen Worten beginnen die Schwierigkeiten für den Regisseur. Dieser Viertel-Jahrhundert-Veteran ist ein Kritiker, der die Arbeit des Regisseurs auch acht Stunden lang kritisieren wird. Er ist der Typ, der in etwa 10 m Entfernung steht, halb im Schatten, halb im Licht, kopfschüttelnd, und »ts, ts, ts« macht; das heißt: er glaubt, daß der Regisseur dabei ist, ziemlichen Mist zu bauen. Er glaubt das, weil er die nächste Einstellung nicht kennt, oder nicht weiß, wie diese montiert werden soll.

Es ist lebensnotwendig, den Mann psychologisch zu packen. Nach meiner Erfahrung geht es nur so, daß man einiges von seiner Arbeit versteht. Das heißt nicht, daß man das Abc der Arbeit eines Beleuchters beherrschen oder genau wissen muß, was und wie ein Oberbeleuchter zu arbeiten hat, man sollte allerdings über deren Funktion und Tätigkeit informiert sein. In jedem anderen Bereich kann es notwendig sein, einige Kenntnisse zu besitzen, beim Film aber ist es lebensnotwendig, ein wenig von der Arbeit jedes anderen zu wissen.

Die Schlüsselfiguren in der Crew: Chefkameramann, Oberbeleuchter, Kameramann, Toningenieur, Chefrequisiteur, machen wahrscheinlich keine Schwierigkeiten. Viel eher wird man von jemand auf die Probe gestellt, der selbst in seiner Arbeit unsicher ist. Oft sind es die Ersatzleute, Leute, die kurzfristig einspringen, und nicht die, die dauernd dabei sind. Die können einem den letzten Nerv rauben. Ich behalte sie selten länger als einen Tag in meiner Crew.

Und dann gibt es noch den Typ, der Angst davor hat, einen Fehler zu machen. Das kann ein guter Mann sein, aber er will nicht, daß ihm sein Abteilungsleiter Ärger macht. Es spricht sich schnell herum, was in den Studios passiert.

Dafür ein Beispiel. Du willst eine bestimmte Einstellung drehen; der Mund ist dir ganz wässrig danach. Du willst dabei einen Dolly benutzen, das ist ein kleiner, fahrbarer Kamerauntersatz, der auf Schienen oder auf ebenem Boden gefahren werden kann. Du willst damit durch einen Türeingang, die Darsteller begleiten, wie sie da hindurch und in ein Zimmer gehen.

Der oberste Bühnenarbeiter blickt auf den Türeingang, tritt einige Schritte zurück, legt die Stirn in Falten: »Der Dolly ist 90 cm breit und wird durch diese Tür nicht hindurchgehen.« Oft passiert es, daß der Regisseur so eine Begründung hinnimmt, seine Konzeption umwirft, also keine kontinuierliche Einstellung macht und schneidet. Der Bühnenarbeiter kennt sein Handwerk lange genug, um zu wissen, daß es mehrere Möglichkeiten gibt, die Einstellung doch zu machen. Er geht den bequemsten Weg. Der Türeingang ist 92 cm breit, und er will sich nicht abmühen, den Dolly da hindurchzubringen, mit nur einem Zentimeter Luft auf jeder Seite. Er könnte leicht alles verpfuschen.

Wenn der Regisseur die Breite des Dollywagens kennt, und der erste Bühnenarbeiter weiß, daß er sie kennt, dann wird vielleicht die Schwierigkeit der Einstellung erörtert, aber sie ist nicht gestorben, bevor alles versucht wurde.

Es ist sehr nützlich, ein Maßband bei sich zu haben; aber es wäre eine Katastrophe, hinüberzugehen und Wagen und Türeingang vor allen Leuten abzumessen. Und wenn man allzu hartnäckig auf der Einstellung besteht, werden sie die Breite des Türeingangs während der Mittagspause ändern; sie wird dann nur noch 90 cm betragen.

Dann gibt es den Blödmann, der glaubt, immerzu die Aufmerksamkeit auf seine Fähigkeit, Schnelligkeit und Geschicklichkeit lenken zu müssen. Einen davon gibt es in jeder Crew. Auch er ist seit einem Vierteljahrhundert dabei.

Ich hatte einen Requisiteur, der gehörte zu dieser Sorte, und ich erinnere mich an eine Geschichte mit einer Schachtel Zigaretten. Die lag auf einem Tisch, in der Szene, wo sie nichts zu suchen hatte. 60 Leute rannten durch die Gegend. Die Leute vom Make-up tupften den Schauspieler und die Schauspielerin ab; der Kameramann prüfte ein allerletztes Mal sein Licht; der Mann am Tongalgen verschob sein Mikro um fünf Zentimeter. Ich wartete darauf, daß alles zu Ende gebracht wird. Dann rief mein erster Assistent: »Jerry, wir sind fertig.«

LEWIS: »Okay, schmeiß sie raus aus der Dekoration.«

Alle, die nicht in die Szene gehörten, verschwanden schnell.

»Bist du bereit, Schätzchen?«

»Ja.«

»Wally? Carl? Fertig?«

»In Ordnung.«

»Ija!«

»Okay, es kann losgehen.«

Ich war so weit, wollte gerade »Abfahren« sagen, da sprintete dieser Requisiteur los und holte die Zigaretten. Während er wieder aus der Dekoration herausrannte, keuchte er: »Gut, daß ich sie noch gesehen habe.« Und der Schauspieler und die Schauspielerin dachten: der Mann schuftet ganz schön.

LEWIS: »Konnten Sie die Zigaretten nicht wegnehmen, als alle anderen damit beschäftigt waren, ihre Sachen zu erledigen?«

ER, verdutzt: »Seit 25 Jahren mache ich das schon so!« Man kann mit ihm nicht diskutieren. Gewöhnlich ist er ein wunderbarer Mensch, der einem kaum Ärger macht. Aber es gibt ihn, und der Regisseur hat es leichter, wenn er weiß, wie er arbeitet.

Jetzt kommt einer der wichtigeren Leute aus der Crew daher, oft der Tonmeister oder der Galgenmann, das ist der, der die Mikrophone rumbaumeln läßt. »Ich möchte es gern noch einmal machen.« Er hat nicht gesehen, daß die Kamera ihre Markierungen getroffen hat und die Schauspieler wunderbar gespielt haben. *Er* will es noch einmal machen. Wenn der Regisseur nichts vom Ton versteht, muß er die Einstellung noch einmal drehen. Wenn er es nicht noch einmal machen würde, wäre das Risiko zu groß. Kennt er sich jedoch beim Ton oder bei den Problemen mit dem Mikrogalgen aus, dann fragt er: »Warum?«

»Technisches Problem!«

»Ja, spucks schon aus. Was heißt das? Ein Kabel gerissen? Hast du überhaupt den Ton drauf? Warum hast du mich nicht bei der Aufnahme gestoppt, wenn du keinen Ton gehört hast?«

Der Mann am Galgen könnte auch sagen, daß er das Mikro nicht gedreht hat, nicht hinübergeschwenkt hat zum Dialogteil des Mädchens. Dann ist das kein Problem, weil die Szene in jeder anderen Hinsicht wunderbar geklappt hat, und den Text des Mädchens kann der Regisseur bei ihrer Großaufnahme aufnehmen.

Ton? Was bleibt vom Film ohne ihn? Also nimmt man sich den bestmöglichen Tonmann, den man sich leisten kann. Vor allem vor einer komplizierten Szene setze ich mich mit meinem Tonmann zusammen und sage ihm, welchen Ton ich will und was ich nicht will. Bei mir gibt es einen Merksatz: Verlange nie nach einer zusätzlichen Aufnahme, bis du nicht genau herausgefunden hast, was ich brauche. Der Ton verlangt oft eine weitere Aufnahme, weil draußen oder im Studio Lärm war, oder weil ein Dialog vermasselt wurde. Letzteres kann ich selbst genauso gut hören wie der Tonmann.

Es kann aber auch sein, daß ich nur den Anfangsteil der Szene, den Teil vor dem Lärm oder vor dem vermasselten Dialog, nehmen will. Ich brauche die Einstellung also nicht noch einmal zu machen.

An Außendrehorten sagt der Tonmeister meistens: »Man kann es nicht anhören. Ich höre lauter *schhhh*.«

»Hier draußen ist es halt ganz schön windig. Solange du klar verstehen kannst, was gesprochen wird, lassen wir das *schhhh* drin.«

Der Tonmeister will das *schhhh* nicht, weil sein Abteilungsleiter denken könnte, er sei ein Stümper, weil er den Windschutz nicht benutzt hat.

Meines Erachtens wird ein kluger Regisseur bei Außenaufnahmen alles vermeiden, was an Geräuschen oder Dialog später im Studio nachsynchronisiert werden müßte.

Die Nachsynchronisation wird in einem kleinen Raum gemacht, mit drei Pulten, einer Obstkiste, etwas Erde und einigen Steinen. Wenn dort die Schauspieler gerade nicht arbeiten, benutzt diesen Raum der Geräuschemacher, um Schritte oder das Klirren zerbrechenden Glases aufzunehmen. Das gibt immer einen kaputten Ton. Wenn man Michael Redgrave draußen auf dem Flughafen Orly aufnimmt und später in diesem kleinen Raum nachsynchronisiert, dann gibt es keine Atmosphäre, keinen Wind. Es klingt, als ob er in einem leeren Raum spricht.

Die Leute vom Make-up wollen die Aufnahme noch einmal machen, weil der Schauspieler transpiriert hat. Ob aber wegen des Make-up die Einstellung noch einmal gedreht wird, das muß im großen Zusammenhang der Szene entschieden werden. Vielleicht ist dieser triefende Schweiß, der Alptraum jedes Make-up-Mannes, genau das, was man in der Szene braucht. Für ihn aber, der nur an seinen Abteilungsleiter denkt, wie der bei der Ansicht der Muster am nächsten

Außenaufnahmen zu *One More Time*

Morgen zusammenzucken wird, für ihn ist das eine Katastrophe.
Im Grunde muß sich der Regisseur, denke ich, auf seine eigene Sicht
verlassen, wenn er sich mit den 25-Jahre-Veteranen auseinandersetzt.
Sein Auge sagt ihm, wann eine Schauspielerin zu viel Make-up drauf
hat, wann der Schauspieler fettig ausschaut. Der Regisseur wird nie
so viel praktische Kenntnisse besitzen, daß er weiß, wie man noch
einige Sommersprossen aufträgt oder ein Grübchen anbringt. Er
braucht das auch gar nicht. Er muß seinen eigenen Geschmack zum

Ausdruck bringen, ob es jetzt ums Make-up geht oder sonst was. Auf den meisten Gebieten ist sein instinktives Urteil genau so stichhaltig wie das der Spezialisten.

Der Mann, der an der Kamera sitzt[6], ist ein außerordentlich wichtiges Mitglied des Teams. Er muß eher geschickt als schöpferisch sein, obwohl letzteres eine Hilfe ist. Er muß – wie die Schauspieler – gut zuhören können. Ich hatte einmal einen Mann an der Kamera, der hatte seinen Finger ständig am Drücker. Wenn er dachte, daß die Einstellung im Kasten sei, schaltete er die Kamera ab, bevor ich »Cut« rufen konnte. Er war nicht länger als einen Tag bei mir.

Ein anderer Kameramann konnte nicht einmal seinen Arbeitstag beenden. Es war bei den Dreharbeiten zu *The Bellboy* in Miami. Ich machte Aufnahmen von einem Flugzeug, einer Douglas, der ersten DC-8, die an die National Airlines geliefert wurde, das ich eine Stunde lang zur Verfügung hatte. Ich drehte mit vier Kameras und überwachte die Aktion, als ich plötzlich bemerkte, daß einer der Kameramänner sich aufrichtete und seelenruhig wie ein Tourist das Geschehen betrachtete. Er war der Ansicht, ausreichend Meter belichtet zu haben und hatte abgeschaltet.

»Ich dachte, genug zu haben. Wollten Sie denn nicht nur den Start?«

Ich schrie zu meinem Assistenten hinüber: »Schaffen Sie mir den Mann aus den Augen, oder ich bring ihn um.« Du lieber Himmel, nur den Start! Und dabei hatten wir nur eine Stunde Zeit. Ich hatte schließlich doch genug Material von den anderen drei Kameras; aber das hätte leicht schiefgehen können.

Anfangs glaubte ich, daß der übliche Satz »Wenn du fertig bist...« nur ein Witz sei. Seitdem ich Regie führe, mache ich mich darüber gar nicht mehr lustig. Scheinwerfer können ausfallen, Schauspieler können Herzattacken haben, ein Jaguar kann den Beleuchter anfallen, die Kamera aber läuft so lange, bis der Regisseur »Cut« ruft. Die Anweisung, die ich meinem Kameramann gebe, ist einfach: »Frißt dir der Jaguar einen Arm ab, dann benutze deinen anderen.« Niemand außer dem Regisseur kann eine Szene stoppen.

Es gibt Situationen, in denen der Schwanz am Ende einer Szene das große Blutvergießen im Schneideraum verhindert. Ein ziemlich guter Mann brachte mir das bei: immer erst langsam die Spucke hochziehen, in Ruhe ausspucken, sagen: »Jesus Christus und wo sind die Ju-

[6] Der Unterschied zwischen Chefkameramann und Kameramann ist also der, daß der erste im wesentlichen das Licht einrichtet, während der zweite die Kamera unmittelbar bei der Aufnahme bedient. Für diesen Kameramann gibt es im Deutschen noch den Fachausdruck »Schwenker«. A. d. Ü.

den?« und dann, erst dann »Cut« rufen. Der Schauspieler kann sterben, das Bett abbrennen, die Kamera aber darf auf keinen Fall genau in dem Moment angehalten werden, in dem die Szene zu Ende ist.

Ich habe schon völlig zerschlagen im Schneideraum auf dem Boden gelegen, weil ich todsicher zu wissen glaubte, was ich wollte, wie ich es benutzen wollte, und »Cut« geschrien hatte. Einmal hätte ich 100 000 $ für drei Filmbilder gezahlt. Ohne diese drei Bilder war die ganze Szene ruiniert, und das Material in der Sequenz kostete so viel. Ohne die drei Bilder hatte die Szene keinen Abschluß; deshalb: raus mit der Szene!

Einige Regisseure haben von den Crews eine ziemlich schlechte Meinung. Ich will einen zitieren: »Die meisten laufen um sieben in der Früh im Studio ein und schwören, daß der Regisseur den Film niemals zustandebringen wird.« Ich teile diese Ansicht nicht gerade, aber man muß sich vor Feinden hüten. Zumeist liegt es gar nicht in ihrer Absicht, feindlich zu handeln; aber sie sind so in ihre eigene Arbeit vergraben, daß sie sie nicht in den Zusammenhang des Ganzen stellen können.

Es klingt phantastisch, wenn man bei der Oscar-Verleihung einen Regisseur hört, der aufsteht und sagt: »Ohne meinen Oberbeleuchter, meine 13 Beleuchter, ohne den, der die Filmkassetten einlegt, ohne die Komparsen und den Polizisten am Eingang … hätte ich es nicht geschafft.« Das klingt, als ob sich jeder den Kopf zerbrochen hätte, wie er dem Regisseur dabei helfen kann, den Oscar zu gewinnen. In diesem Sinn wäre der Ausspruch ein großer Scheißdreck.

Es klingt vielleicht hart, brutal und zynisch, aber die Mitglieder der Crew rackern sich nur dafür ab, sich selbst zu helfen. Es ist nicht angebracht, diese Philosophie groß hinauszuposaunen, aber es ist eine Tatsache und es ist gut, daß es so ist. Sind die Crewmitglieder gut, dann sind sie stolz auf ihre Arbeit und wollen für den nächsten Film engagiert werden.

Daß sich das ganze Team aus selbstloser, reiner Liebe zum Regisseur anstrengt, ist eine Einbildung. Das muß der Regisseur klar durchschauen, ohne deshalb zynisch zu werden.

Am Ende eines Tages gibt es nur einen, der seinen Hut nehmen muß, wenn das Produkt, das durch die Kamera gekurbelt wurde, schlecht ist: das ist der Regisseur. Wenn aus dem einen oder anderen Grund der Regisseur ausgewechselt wird, dann arbeitet die Crew weiter, bei diesem oder einem anderen Film. Wird sie gefeuert, findet sie sehr schnell andere Arbeit. Was für den Regisseur nicht so einfach ist.

Bei meinen Dreharbeiten bemühe ich mich um eine lockere Atmosphäre. Lustig und entkrampft soll es sein. Eine gute Crew, die den Regisseur mag, wird dessen Ton, Haltung und Energie übernehmen. Wenn er dick da ist, sind sie es auch. Ist er niedergeschlagen, werden sie es auch sein. Also versuche ich zwischen den Aufnahmen alle Leute aufzuheitern.

Bin ich in schlechter Stimmung, gehe ich hinter die Dekoration, in den Gang zum Kameraaufbau, und versuche sie abzuschütteln. Komme ich in den Rhythmus einer Szene nicht hinein, mache ich lieber eine Pause, anstatt einen aussichtslosen Kampf zu führen, bei dem ich noch dazu die Crew verliere. Ich habe sogar einmal um 9 Uhr 30 in der Frühe eine Mittagspause angesetzt, anstatt vier volle Stunden zu vergeuden.

Wegen der lockeren, lustigen Atmosphäre beim Drehen muß ich im allgemeinen wenigstens zweimal während der Dreharbeiten die Schrauben fester anziehen. So eine Atmosphäre bringt manchen in Versuchung, über die Stränge zu schlagen. Die Crew sieht sich zwei Bildern gegenüber – dem Mann, der im Regiestuhl sitzt, und der doofen Nuß, die es dauernd auf den Arsch setzt. Da können die Bilder durcheinander kommen.

Ich erinnere mich an eine meiner Reden zum Schraubenfestziehen: »Jetzt hört mal gut zu. Der nächste Hundesohn, der nicht das tut, was ihm gesagt wird, der wird sofort aus dem Studio geschmissen. Ich werde dafür sorgen, daß er keine Arbeit mehr findet. Haltet das Maul und benehmt euch wie Profis.« Kleine Pause. »Jetzt, wo ihr mich getestet habt, können wir ja wieder zum Spaß des Filmemachens übergehen.«

Vier Wochen lang waren sie wie die Lämmer, dann brauchten sie wieder eine Abreibung.

Für den Umgang mit der Crew muß der Regisseur eine bestimmte Menge Tricks und Angebereien auf Lager haben. Ich habe öffentlich behauptet, in bestimmten Bereichen solide Kenntnisse zu besitzen, dort gar Experte zu sein, und wußte dabei überhaupt nicht, wovon die Rede war. Einmal ließ ich die Bemerkung fallen: »Übrigens habe ich schon im Jahr 1947 Dekorationen entworfen.« *Wie bitte?*

Man muß dieses Spiel vorsichtig spielen. Natürlich ist es viel besser, wenn man wirklich etwas weiß. Ich habe die Erfahrung gemacht, daß die meisten Crewmitglieder das geringe Wissen, das man von ihrem Handwerk besitzt, freudig zur Kenntnis nehmen und einem dann den ganzen Tag in den Ohren liegen. Sie wollen unbedingt alles loswerden, was sie wissen. So haben sie das Gefühl, wichtig zu sein, und die Schlacht um die Beziehungen untereinander ist halb gewonnen.

Auf den ersten Blick wirft einen die Fülle der Dinge um, die man kennen, wenn nicht gar können muß: Ton, Optik, Entwicklung, Trick, Musik, Orchestrierung, Mischung, Schnitt, Kostüme, Make-up, Besetzung, Farben, Bauten und Entwürfe. Und doch gibt es auf keinem der technischen Gebiete irgendein besonderes Geheimnis; auf keinem Gebiet braucht man den Doktor, um zu verstehen, wie es funktioniert. Es wurmt die Altgedienten, wenn man erst 24 ist; dann hoffen sie, daß einen der Blitz erschlägt. Wenn man aber etwas von dem weiß, was sie wissen und zudem davor Respekt zeigt, dann hoffen sie, daß man 100 Jahre alt wird. Man sollte sich ihre Kenntnisse zunutze machen. Setzt man ihren Beitrag herab, dann werden sie einen sabotieren.

Wenn der Regisseur die Crew zusammenstellt und seine Mitarbeiter auswählt, dann tut er gut daran, sich mit Leuten zu umgeben, die genau so viel wissen wie er, wenn nicht mehr. Daran wird das Ego schwer zu verdauen haben. Das sind die Sachen, die man niemals zugeben will, sogar sich selbst gegenüber nicht. Aber man wird einen besseren Film zustande bringen. Andererseits kommt sich der Regisseur dann vielleicht ebenso schwach vor, wie das schwächste Mitglied seiner Crew.

Es geht darum, daß ein Ein-Mann-Projekt von 102 Paar Händen gemacht wird.

9 Hausaufgaben

Hausaufgaben, das sind für mich die Vorbereitungen auf das Pensum des nächsten Tages. Wie auch immer, sie beginnen lange bevor irgendeine Kamera läuft. In einer Hinsicht fangen sie mit dem Tag an, an dem die Geschichte gekauft ist, oder mit dem Tag, an dem bei mir die Idee »geklingelt« hat. Alles, was man schon vom Film weiß, geht in die Hausaufgaben ein, die für jeden Drehtag zu machen sind.

Noch einmal, jeder Regisseur hat seine eigene Methode. Ich kenne mein Drehbuch so gut, daß ich es auswendig hersagen kann. Während einer ungefähr neunwöchigen Vorbereitungszeit versehe ich mein Drehbuch auch durchschnittlich neun Mal mit Anmerkungen. Nachdem diese ersten wesentlichen Anmerkungen gemacht sind, fange ich an, die Szenen nach dem Drehplan zusammenzustellen. Kamerapositionen, Kamerabewegungen und die Inszenierung lege ich im wesentlichen erst am Tag vorher fest.

Ich zeichne jede Kamerabewegung so auf, daß sie unter Berücksichtigung des noch zu drehenden Materials visuell zum bereits gedrehten paßt. Das dauert jede Nacht ungefähr zwei Stunden, wobei ich im allgemeinen davon ausgehe, daß pro Tag vier Drehbuchseiten abgedreht werden.

Zum Beispiel: Am 10. November soll ich laut Drehplan eine Liebesszene in einem Bungalow drehen. Wenn ich am 9. November nach Hause komme, studiere ich die Szene so, als ob ich sie nie zuvor gelesen hätte (möglicherweise habe ich sie selbst geschrieben), lege jede Kamerabewegung, jeden Aufnahmewinkel fest. Dann entscheide ich, wie die Szene auf der Leinwand aussehen soll, was ich herausarbeiten muß, vor allem aber, wie sie sich in den Zusammenhang des ganzen Films einpaßt.

Vor diesem Abend habe ich ja bereits alle Dekorationen entworfen und dabei an Aufnahmewinkel und Objektive gedacht. Ich weiß, daß ich in einer 6 Meter breiten, 12 Meter tiefen Dekoration arbeite. Ich weiß, daß ich für die Anfangstotale nicht mehr als ein 5-cm-Objektiv für drei Meter brauchen werde. Mehr brauche ich nicht, um deutlich zu machen, daß es sich um einen Bungalow handelt. An diesem Abend entscheide ich, daß ich keine Kamerabewegung in der Einstellung machen werde. Ich werde groß auf das Mädchen schneiden, mit einem 7,5-cm-Objektiv; dann eine Einstellung auf sie über seine Schulter machen. Ich brauche drei Objektive: ein Siebeneinhalb, ein Fünfer und ein Hunderter. Natürlich kann ich bei Bedarf mehr verwenden. Für den Augenblick aber macht diese Auswahl einen guten

Eindruck. Ich trage die Objektive bei der jeweiligen Einstellung ein.

Durch die Hausaufgaben weiß man nicht nur, was man am nächsten Tag im Studio machen will, man spart auch viel Filmmaterial. Diese Emulsion kostet ein Heidengeld. Das meiste Filmmaterial wird vertan, weil man sich nicht klar ist, was gedreht werden soll.

Natürlich gibt es da immer wieder einen George Stevens, der auf den Ausbruch einer Dame: »Ich liebe Inzest«, den Zwischenschnitt von Raupenbeinen legt. Dann geht ein Typ die Straßen hinunter, der hinter den Elefanten saubermacht. »Also von dem nehmen wir auch eine Aufnahme mit.« Für *A Place in the Sun* verdrehte George über 300000 Meter Filmmaterial. Eines Tages fragte ich ihn bei einem Treffen im Büro: »Wie lange willst du denn noch Shelley Winters abwürgen?«

Wenn man zu viel dreht, ist man mit Filmrollen eingedeckt und kann weder optisch noch geistig übersehen, was zum Teufel man überhaupt hat. Das ist die große Gefahr dabei. Mit dem Rhythmus ist es dahin. Für eine Szene von eineinhalb Minuten nimmt man zweieinhalb Minuten Film, nur weil man so viel davon hat. Diese zusätzliche Minute macht den Rhythmus kaputt.

In jedem Fall sollte man mit dem, was man zuhause vorbereitet hat, flexibel bleiben. Es sollte als Leitfaden dienen, nicht als fixes Programm für die Dreharbeiten. Die erfinderische Phantasie muß frei bleiben, weil bei den Dreharbeiten oft wunderbare Dinge passieren. Vielleicht erfindet eine Schauspielerin etwas dazu oder ein Schauspieler bringt etwas völlig Unvorhergesehenes. Wenn die Szene nicht hinhaut, muß man seinen vorbereiteten Plan verändern oder ganz beiseitelegen. Manchmal ist der Regisseur so in einer Szene drin, daß er vergißt, was sie eigentlich sollte.

Oft macht mein Chefcutter morgens einen Spaziergang durchs Studio, um einen Blick auf meine abendlichen Vorbereitungen zu werfen. Das Datum und die Szenennummern sind notiert. Er geht das gerne durch, weil er seine Arbeit im Schneideraum danach ausrichten kann. Es kommt öfter vor, daß er auf meine Vorbereitungen schaut, dann auf das, was im Studio los ist, und schließlich ausruft: »Du lieber Himmel, was drehst du da eigentlich?«

Wenn das passiert, habe ich eine neue, bessere Lösung gefunden, für die aber die gründliche Hausarbeit die Basis abgab. Spontaneität entsteht mehr oder weniger aufgrund von Vorbereitungen; und kein professioneller Filmemacher verläßt sich darauf, daß er es mit spontanen Eingebungen bis zum Schlußtitel schafft. Grob geschätzt, sind ungefähr 70 % dessen, was ich drehe, genauestens vorbereitet.

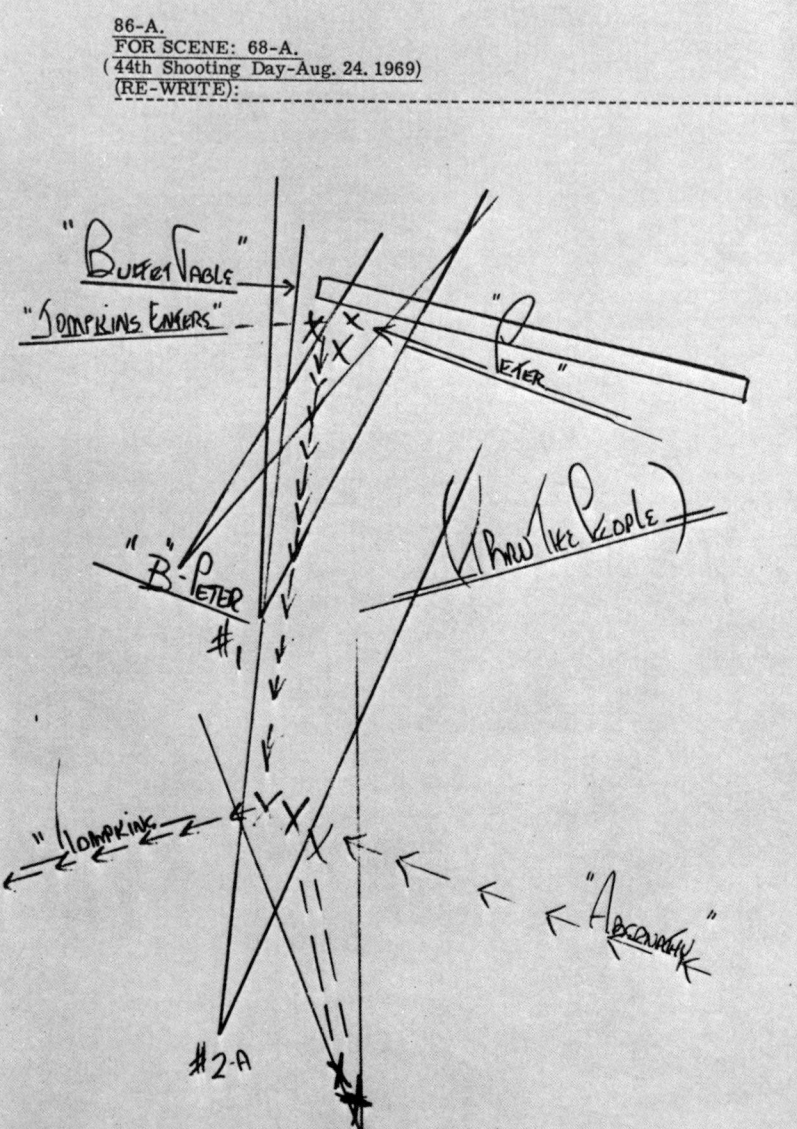

Zwei gegenüberliegende Drehbuchseiten, zu *One More Time*

68-A.   INT. GREAT HALL ⬤ *ONE SHOT* → *To LOOP!*

We Hear a Drum Roll...The bandleader steps up to the microphone and announces.....

                    TOM:
        Ladies and Gentlemen.......In answer the many
        requests...here it is...."ladies choice"....
        go get 'em ladies.....
        choose your own partners.......Hit it boys......
The dreary band strikes up the "poor" fox trot. (TEMP TRACK) *(J Voice FADER)*

CLOSE SHOT-CHRIS AT BUFFET TABLE
He is standing there with a drink in his hand...watching that no one spots
him....and he gulps one down fast....looks around, puts down the glass...
and starts out.....but is met by MISS TOMPKINS....

                    TOMPKINS:
        I choose YOU!
She takes him by the arm and leads him to the center of the dance floor
and they embrace and start dancing......... *E. I. ..TEMP TRACK.*

CLOSE SHOT-CHRIS and TOMPKINS-DANCING
They are really cookin' together....Chris really taking advantage of the
circumstances......they make one large sweep.....as a hand comes into the
shot.....as we hear, O.S.
                    ABERNATHY:
        Excuse me, please.......I'm cutting in.....
Tompkins eases out of the shot and Chris is now dancing with the lovely
blonde.......
(68-A-CON'T-TOP OF SCRIPTED PAGE:88)

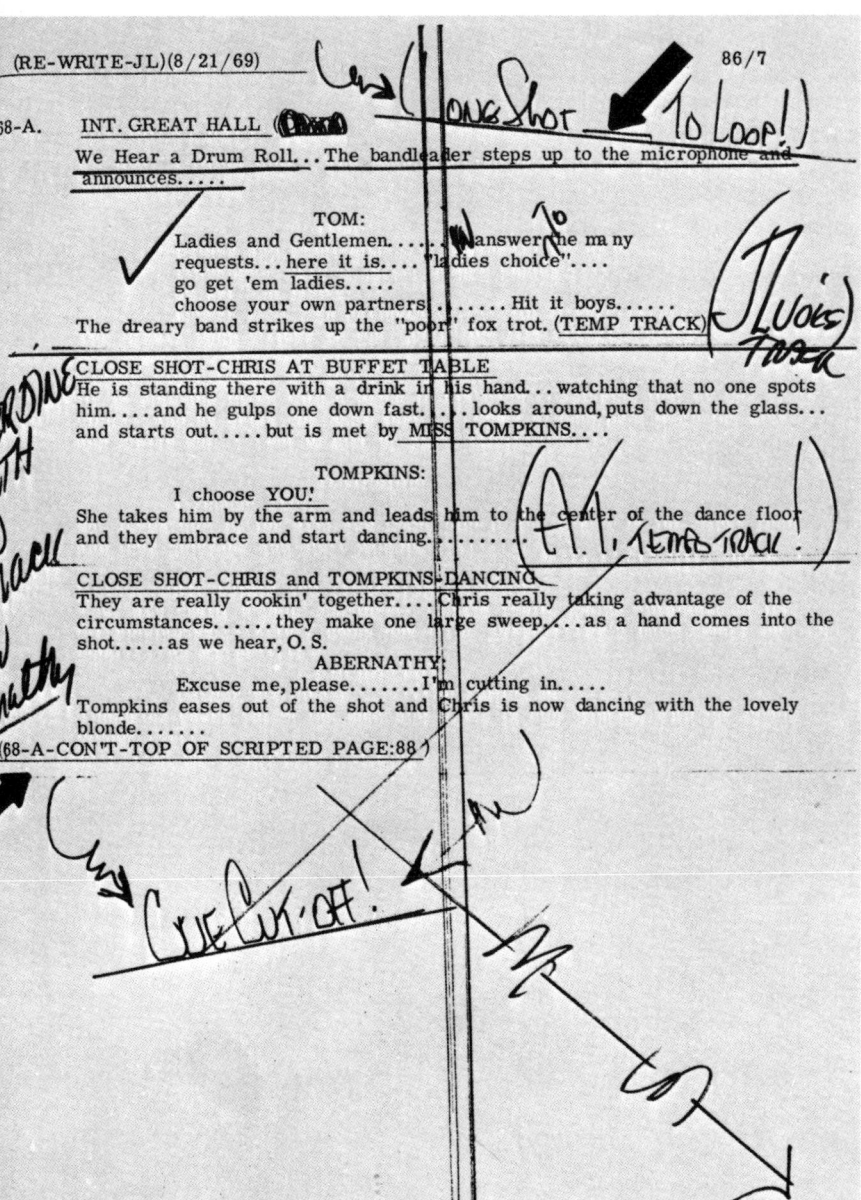

Cue Cut-off!

95

Das Chaos ist genau vorbereitet und geplant (aus *Patsy*)...

...Genaue Vorbereitungen ermöglichen erst spontane Erfindungen bei den Dreharbeiten (bei *One More Time*)

Der Rest ist spontan, ein Gedankenblitz am Drehort; aber auch ihn verdanke ich dem Schweiß vom Vorabend. Diese Vorbereitungen sind die dauernde Grundlage von Entscheidungen. Hat man eine vierseitige, dreieinhalbminütige Szene, entscheidet man sich möglicherweise gegen eine durchgehende Totale. Für eine so lange Szene wäre diese Totale Luxus. Natürlich gibt es auch Fälle, in denen die durchgehende Totale wertlos ist. Wie dem auch sei, sie gibt einem Sicherheit im Schneideraum.

Bei Fernseharbeiten, mit eineinhalb Tagen Drehzeit für 68 Seiten, kann man schon in Panik geraten: »Alles wird in der Totalen gedreht.« Das ist schlecht, weil die Panik erst recht im Schneideraum ausbrechen wird. Beim Fernsehen hat man übrigens nicht den Luxus der großen Studios, und ich staune über einige wunderbare Filme, die für den Fernsehkasten gedreht wurden. Ich werde nie verstehen, wie sie das machen, wie sie zeitlich hinkommen. Sie müssen extra dafür gebaut sein, oder sie sind technisch so versiert, haben den Dreh so raus, daß sie sich einen Dreck um die kurze Zeit scheren. Im allgemeinen sind die Cutter die Helden in diesem Geschäft. Nach Abschluß der Dreharbeiten ist der Regisseur schon beim nächsten Film. Die Cutter machen den Film zu Ende.[7] (*Meinen* Film habe ich *selbst* fertiggemacht, zusammen mit einem großen Cutter, Budd Small.)

Nur ganz wenige Filme werden völlig kontinuierlich abgedreht, das heißt, beginnend mit der Szene 1 und dann Seite für Seite hintereinander bis zum Schluß. Nur wenige Filme haben ein Budget, das es zuläßt, alle Schauspieler für die gesamte Drehzeit zu verpflichten. Gibt es das, dann ist es ein verschwenderisches Budget. Wenn ein Schauspieler für 10000 $ pro Woche für einen Film mit 10 Wochen Drehzeit verpflichtet wird, aber nur drei Wochen arbeitet, dann heißt das, Geld zum Fenster rausschmeißen. Logischerweise wird er nur für die Wochen engagiert, in denen er benötigt wird.

Das betrifft aber nicht nur die Schauspieler. Braucht man in der Eingangssequenz Statisten und muß man in der Schlußsequenz dieselben Gesichter haben, dann müssen sie für die ganze Drehzeit engagiert werden, wenn der Regisseur das Buch kontinuierlich abdrehen will. Eine Menge Geld wird verplempert. Er kann nicht damit rechnen, daß er für zwei Szenen, die 10 Wochen auseinanderliegen, dieselben Leute bekommt.

Auch die Dekorbauten müssen berücksichtigt werden. Wird die Anfangssequenz in Studio 16 gedreht und will der Regisseur neun Wo-

[7] Als dieses Buch herausgekommen ist, habe ich für N.B.C.–TV den Film »In Dreams They Run« für die Serie *The Bold Ones* gedreht.

chen später wieder rein, dann muß die Dekoration stehenbleiben und die Studiomiete so lange bezahlt werden. Die Dekoration abbauen und acht Wochen später wieder aufbauen, ist auch schwachsinnig. Wenn Anfangs- und Schlußsequenz zusammenhängen, sollten sie direkt nacheinander, außerhalb der Kontinuität gedreht werden. Für einzelne Szenen sollte jede Einstellung – zum Beispiel jede Einstellung in Marys Schlafzimmer – eine nach der anderen gedreht werden, auch wenn sie in vier verschiedenen Teilen des Films erscheinen. Kontinuität ist gewöhnlich ein überflüssiger Luxus; ihr einziger Wert wäre es, den Rhythmus, die Haltung und den Ton gut durchhalten zu können.

Die Vorbereitungsarbeit zuhause, die also in dieser Diskontinuität steht, muß in Dreierschritten vorangehen: was wurde vor zwei Wochen gedreht, was soll morgen gedreht werden, und was wird in zwei Wochen gedreht. Die Aufgliederung des Drehbuchs – die in der Vorbereitungszeit vom Regieassistenten gemacht wird und bei der auf Kosten und Verfügbarkeit der Schauspieler, Bau der Dekorationen, Verfügbarkeit von Außendrehorten und einige unbekannte Faktoren, wie das Wetter, geachtet werden muß – ist der Wegweiser für die Aufstellung der Drehfolge.

Aber Farbe, Aussehen, Tempo und Aufbau der Arbeit vom nächsten Tag kann man nur bestimmen, wenn man sich das Stück Film anschaut, das vor zwei Wochen oder gar zwei Monaten gedreht worden ist. Eine transportable Projektionskabine im Studio ruft das beiden, Regisseur und Darstellern, in die Erinnerung zurück. Kein Regisseur oder Schauspieler kann seinem Gedächtnis am Ende einer Woche vertrauen. Der Regisseur sollte versuchen, ein gutes, fast photographisch genaues Erinnerungsvermögen zu entwickeln. Er wäre jedoch ein Narr, ihm zu vertrauen, wenn er eine Szene dreht, die direkt mit einer früher gefilmten zusammenhängt oder eine Fortsetzung davon ist.

Ein gutes Erinnerungsvermögen braucht man nicht nur bei der Arbeit zu Hause, es bewahrt einen auch vor bösen Überraschungen im Vorführraum. Im Studio sagt der Regisseur zum Kameramann: »Begrenzen Sie das Bild links mit der Säule da. Gehen Sie nicht darüber hinaus, weil ich etwas Luft haben will.« Er sollte sich besser an diese Worte erinnern, wenn er bei der Mustervorführung die Luft auf der linken Seite sieht und anfängt loszubrüllen. Der Kameramann wird ihn dann mit Freuden an die Säule erinnern. Verdammt.

Im Studio sagt er zum Skriptgirl: »Aufnahme 4 wird kopiert, 5 bleibt Reserve.« Daraus wird eine Notiz in ihrem Skript. Er hätte sich das besser auch in seinem Hirn notiert. Sieht es mit den menschlichen

Beziehungen schlecht aus, haut sie ihn möglicherweise übers Ohr, läßt die Aufnahme 3 kopieren und schwört, daß er es so gesagt hat. Wie das Gegenteil beweisen? Die Notiz ist in ihrem Buch. Ich habe mir angewöhnt, mir die Einstellungen mit den dazugehörigen Nummern einzuprägen. Nach einer Einstellung schau ich mich kurz um und assoziiere etwas mit der Nummer der Aufnahme. Ist es ein Schwenk, dann drehe ich mich um 180 Grad, schaue was zu sehen ist und bringe es mit der Kopiernummer zusammen.

Wenn ich drehe, bin ich nie mehr als einige Meter von meinem Drehbuch und meinen Aufzeichnungen entfernt. Ein Requisiteur muß dafür sorgen, daß das ledergebundene Buch immer in Sichtweite ist. Ich schau da oft hinein, abgesehen von den Tagen, an denen ich meine abendlichen Eingebungen umwerfe und spontan arbeite. Sicher hält es jeder Regisseur anders damit. George Cukor kommt mit drei Drehbuchseiten ins Studio, das ist das Arbeitspensum eines Tages. Es interessiert ihn nicht, das ganze Buch mitzubringen. Jeder soll es auf seine Art machen!

Man hat mich gefragt, ob ich einen Film auch anders hätte machen können. Was heißt das? Ihn anders aufbauen oder anders drehen? Das ist wie der Journalist, der einen fragt: »Wenn Sie Ihr Leben noch einmal von vorn beginnen könnten, würden Sie dann…?«
Ich antworte: »Können Sie mir das einrichten?«
»Nein.«
»Also vergeuden Sie nicht meine Zeit. Ich muß an Dinge denken, die möglich sind, nicht an irgendwelche Hirngespinste.« Ich denke an das Projekt, das am nächsten Dienstag losgeht.

Ist ein Film erst im Kasten, dann gehört er – gut oder schlecht – der Vergangenheit an. Die Entwürfe und häuslichen Vorbereitungen, die man für den Augenblick oder für den nächsten Tag macht, sind Arbeit genug.

10 Es wird gedreht

Die meisten Regisseure benutzen die Totale, die durchgehende Einstellung von einer Szene (master shot), um die gesamte Aktion aufzunehmen. Dabei kommen sie oft in Schwierigkeiten, wenn der Rhythmus zu schnell ist. Ist der Rhythmus schleppend, dann haben sie die Sache noch in der Hand, weil sie im Schneideraum korrigiert werden kann. Das »Schleppende« rührt nicht so sehr vom Timing der Schauspieler her, als von der Struktur der gesamten Szene. Eine eingeschränkte Totale schränkt auch die verschiedenen Einzeleinstellungen der Szene ein, die noch gedreht werden. Die Szene straffen, schneller machen, das kann man am Schneidetisch.

Man sieht manchmal Filme, deren Tempo viel zu schnell ist. Den Film *One, Two, Three* drehte Billy Wilder so schnell, daß einem fast schwindelig wurde. Eine Szene nach der anderen raste vorbei. Es ging Schlag auf Schlag, Szene für Szene, immer vorwärts, ohne Halt. Das war gut und machte Spaß. Hätte er einmal abdrehen, abbremsen wollen, es wäre nicht gegangen.

Kameracutting, das heißt in der Kamera zu schneiden anstatt am Schneidetisch, ist gefährlich genug, aber eine unangemessene Rhythmisierung der Szene kann den Zusammenbruch bedeuten. Der Film entgleitet dem Regisseur und nichts kann ihm mehr helfen.

Wenn man mit mehreren Kameras dreht, hat das einige Vorteile, aber auch ebenso große Nachteile. Ich habe einmal mit mehreren Kameras gedreht. Für eine Sequenz in *Three on a Couch* hatte ich eine A-Kamera und eine B-Kamera, die von verschiedenen Winkeln aus die Sequenz gleichzeitig aufnahmen. Eine Sache mit einer Hand und ein Gag sollten aufgenommen werden. Der Schnitt hätte ein Kinderspiel sein müssen, da das Material der beiden Kameras bis auf den unterschiedlichen Aufnahmewinkel identisch war. Im Schneideraum aber fehlte mir Material für einen funktionierenden Schnitt.

Ich legte die beiden Filmstreifen auf einen Doppel-Schneidetisch. Damit die zwei Stücke aneinanderpaßten, mußte ich ein Bild asynchron machen. Es war aber nichts richtiges. Also drehte ich die Sequenz noch einmal neu, nachdem 10 Tage vertan waren.

Wenn man mit den Kameras zum Beispiel aus der gleichen Richtung schießt, dann kann man mit mehreren Kameras zugleich wunderbar arbeiten. Zwei Leute, die 30 Meter lang dahinspazieren, zuerst in einer Nahaufnahme, dann von Kopf bis Fuß, Mitschwenk, das kann ohne größere Schwierigkeiten mit zwei Kameras gedreht werden. Der Schnitt müßte hinhauen. Stellt man aber die Kameras zu weit auseinander, endet das leicht mit Alpträumen.

Wenn man eine Sequenz beginnt, nachdem sich die Schauspieler geräuspert haben und auf ihren Positionen stehen, sollte die Totale keine Fessel sein. Es können Sachen entstehen, die der ursprünglich geplanten Totale völlig entgegenlaufen. Gute Regisseure werden so etwas genau so schnell wegnehmen wie sie es benutzen. Manchmal läßt sich eine Szene gut in Einzeleinstellungen, Zweiern, über Einzelreaktionen und Gesten entwickeln. Wenn man sie vollständig aufgenommen hat, kann man sie noch einmal ganz für die Totale inszenieren, um im Schneideraum eine Sicherheit zu haben.

Für die Vorbereitung einer Sequenz ist es meines Erachtens die beste Methode, die Schauspieler auf ihre Positionen zu bringen, die Szene durchzuspielen und ihnen die Markierungen zu geben. Dabei schauen der Kameramann und die Crew zu. Dann erst wird die Kamera postiert! Manchmal habe ich die Kamera zuerst postiert und dann die Schauspieler zu ihr hin inszeniert.

Ich bezweifle, daß es eine andere Industrie oder eine andere Kunst gibt, in der so viele Regeln existieren, die man durchbrechen kann. Wie ich die Kamera aufbaue, kann richtig sein, wie es der andere Regisseur macht, falsch. Oder wir liegen beide sowohl richtig wie falsch. Wichtig ist der Stoff und das, was gezeigt werden muß. Es gibt keine Grundregeln. Keine Regel schreibt einen Schwenk vor, wenn ein Mann um einen Tisch herumgeht, keine Regel legt fest, ob sich die Kamera in diese oder jene Richtung bewegen muß. Man kann schwenken, die Hälfte des Schwenks wegschmeißen und auf eine Katze schneiden. Der Regisseur hat völlig freie Wahl.

Also machen Sie es auf Ihre Weise und ich auf meine. Ich schneide gewöhnlich von der Totalen in eine mittlere und dann in eine Großaufnahme. Oder ich mache eine Kamerabewegung von der Totalen in nähere Positionen. Ich mache es je nachdem verschieden, und meine Unterschiedlichkeiten sind genau so korrekt wie die eines anderen Regisseurs.

Einige Filmemacher glauben, daß man einen Schauspieler niemals direkt in die Kamera schauen lassen darf. Sie behaupten, daß es die Zuschauer irritiert und den Fortgang der Handlung unterbricht. Ich halte das für Unsinn. Gewöhnlich lasse ich meine Schauspieler mindestens einmal im Film in einer Einzelaufnahme direkt in die Kamera schauen, wenn das zu etwas nütze ist.

Es ist immer die Frage, wie der Regisseur eine Szene aufbauen soll: Warum werden die Leute hierhin und nicht dorthin gestellt? Möglicherweise kann die Antwort nur eine Frage sein: Warum sind sie hier? Oder: Worüber unterhalten sie sich? Es hängt also alles von der Geschichte und besonders von der benötigten Wirkung ab.

Manchmal will der Regisseur, daß die Szene einen statischen Eindruck macht. Für eine Innenaufnahme von *The Patsy* versuchte ich diesen Eindruck dadurch zu erreichen, daß ich die Schauspieler einfach drauflosspielen ließ. Die Sequenz war auf keine der Figuren zugeschnitten, und ich hoffte, daß sie linkisch, unsicher, unschön ausschauen würde. Es wurde ein jämmerlicher Reinfall.

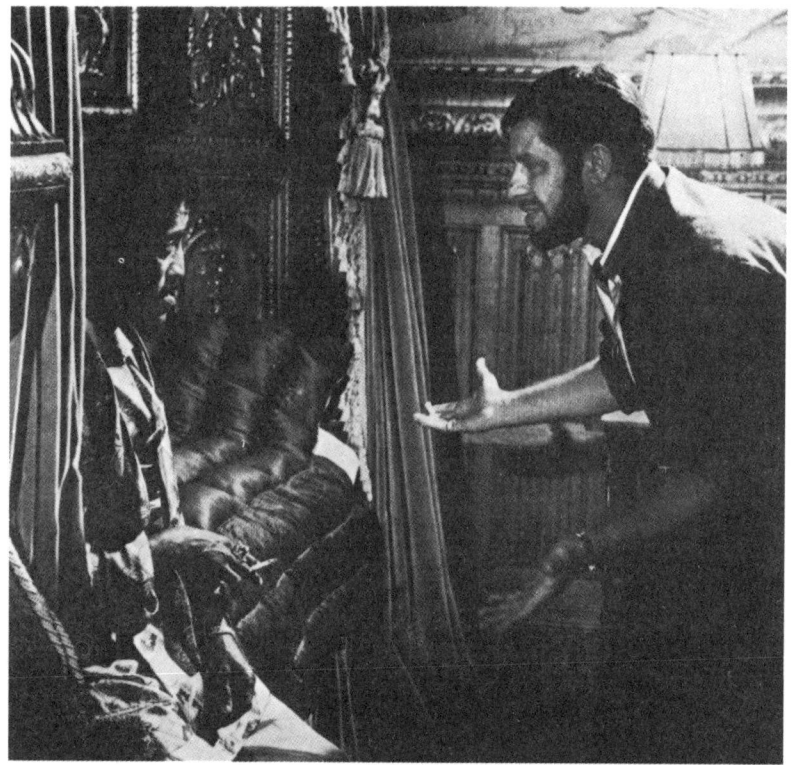

J. L. inszeniert Sammy Davis Jr., bei *One More Time*

Die Schauspieler einfach machen zu lassen, sie nicht zu inszenieren, das funktionierte nicht. Meine Schauspieler haben es verhindert. Sie waren alle schwergewichtige Leute und bereit, einander sofort, wenn man ihnen die Freiheit dazu gab, zu verschlingen. Einer von ihnen war der verstorbene Peter Lorre, ein Szenendieb ohnegleichen. Ein kurzer Blick zum Objektiv, zwei Schritte in die eine Richtung, Wende, drei zurück. Die anderen ließen ihn jedoch das Spiel nicht weitermachen. So wurde aus meiner statischen Szene etwas ganz anderes und ich änderte meine Taktik.

Von wenigen Fällen abgesehen müssen die Szenen ganz durchinszeniert sein – die Positionen und Dialoge der Schauspieler müssen festliegen. Sie müssen ihrer Wichtigkeit nach angeordnet werden. Das Geschäft des Regisseurs ist es, etwas darzustellen; er muß genau darlegen, wen und was die Schauspieler darstellen.

Beim Ansehen des Films *The Odd Couple* hatte ich das Gefühl, er schreit geradezu danach, daß endlich etwas passiert. Es ging nicht darum, anstelle der Totale zwei Einstellungen zu bringen, sondern um die gesamte Anlage bestimmter Szenen. Ich bezweifle, daß ich irgendetwas wahrgenommen hätte, wenn mich nicht der Regisseur dauernd belästigt und angestoßen hätte:»He, schau dir das mal an.« Walter Matthau sitzt mit drei anderen Typen zusammen am Tisch, sie spielen Karten. Jack Lemmon kommt rein:»Helen hat mich verlassen!« Dann spielen sich 65 Sekunden einer 1 Minute 40 Sekunden langen Szene in der Totale ab; einer bohrt sich in der Nase rum, ein anderer mischt Karten, der dritte zermalmt Kartoffelchips. Ich kann mir bis heute nicht vorstellen, was Lemmon dem Matthau sagen wollte. Es war der Augenblick, in dem zwischen den beiden Figuren eine Beziehung hergestellt werden sollte, die sich dann durch die neun Filmrollen hindurchzieht. Aber das Kartenmischen und Zerkrachen der Kartoffelchips hat alles kaputt gemacht.

Ich vermute, die Totale sollte etwas besonderes bedeuten; aber der ganze Aufbau der Szene brach zusammen, weil sie nicht aus der Totale herausging, sich in Einzelaufnahmen und Zweier von Lemmon und Matthau auflöste. Ich wußte am Schluß gar nicht mehr, wer und was sie waren. Und ich saß im Kino als normales Publikum, nicht als Filmprofi.

Über harte Schnitte, diese hektischen Schnipseleien der Avantgarde, wird manchmal geredet, als ob Antonioni sie erfunden hätte. Die gab es aber schon, als die Autos noch Holzspeichen hatten.»Harter Schnitt auf…«, das klingt und sagt sich leicht; man braucht aber ganz besonderes Material, um hart auf irgendwas zu schneiden. Nicht alle Filme sind wie die Antonionis, und die jungen Filmemacher werden plötzlich schrecklich jung dastehen, wenn sie ihr ganzes Talent nur so hart zerschneiden. Wenn sie das nächste Mal mit Papier und Kamera rummachen, täten sie gut daran, auch *Überblendung, Aufblende, Abblende* in ihr Vokabular aufzunehmen; dazu noch *Exposition, Steigerung* und *Auflösung.*

Man braucht ganz besonderes Material und ziemlich starke Ruhepunkte, um einen Film hart schneiden zu können. Cary Grant muß mit den Zähnen knirschen, wenn man hart schneiden will, weil dieses Knirschen eine automatische Auflösung der Szene ist; wenn sich

John Wayne die Nase am Ärmel abputzt, ist das ein automatischer Bruch und man ist woanders.

Man kann nur hart schneiden, wenn man eine starke Dichte im Zentrum der Leinwand hat. Sonst fragen die Zuschauer: »Wo sind wir denn jetzt? Ich versteh das nicht.« Obwohl es den Eindruck des Episodischen macht, wenn man auf harte Schnitte hin dreht – wenn man irgendwo aus dem Film rausgeht und irgendwo wieder reingeht, dann kommt die Wahrheit im Schneideraum ans Licht: so kann man es nicht machen.

Der einzige Grund für verschiedene Schnitte in einer Szene ist die Verhinderung jeglicher Stagnation auf der Leinwand. Auf den Schnitt hin zu drehen, kann eine zeitraubende Schinderei sein. Es gibt die Tendenz, für den Schnitt zu viel zu drehen, und damit die Gefahr, am Schluß einen »zerschnittenen« Film zu erhalten. Wieviel Schnitte man in einer bestimmten Szene braucht, dafür sind die Ökonomie und die Aufgliederung des Drehbuchs die Leitlinien. Oft braucht man die Kamera gar nicht neu einzurichten. Zum Beispiel kann die Kamera für vier verschiedene Schnitte leicht versetzt werden, auf vier verschiedene Positionen gebracht werden, ohne die Einrichtung verändern zu müssen. Mit interessanten Aufnahmewinkeln wird das Ergebnis nicht langweilig sein.

Junge Filmemacher haben manchmal fürchterlich Angst davor, zu wenig zu drehen und nehmen deshalb alles und jedes auf. Ein Beispiel: eine Mutter soll ihren Jungen in der Stadt treffen. Ein unerfahrener Regisseur macht das so: sie geht die Treppen hinunter, ans Telephon, ruft ein Taxi, steigt ins Taxi ein, Abfahrt, das Taxi hält an, der Fahrer wird bezahlt, das Taxi fährt ab, und 270 Meter Film später steht sie an einer Straßenecke in der Stadt und sagt: »Da bist du ja, mein lieber Sohn.« Man hätte das mit einem Dialogsatz sagen können: »Ich muß meinen Sohn treffen«, und dann ein Schnitt zum Treffpunkt. 260 Meter Film gespart.

In den gegenwärtig kursierenden intellektuellen Konzeptionen des Filmemachens scheint es eine Furcht vor der Einfachheit zu geben. Wenn es nicht besonders kompliziert ist, sagt die Avantgardeclique, hat es auch keinen großen Wert. Du lieber Himmel! Viele junge Filmemacher kommen aber drauf, daß ein Film nicht gut zu sein braucht, weil er kompliziert ist. Sie entdecken, daß es kein Verbrechen ist, eine Mitchel-Kamera auf ein Stativ zu stellen, und die Schauspieler auf sie zu arbeiten zu lassen. Einstellungen von Nasenlöchern sind nicht avantgardistischer als lange Einstellungen. Aus der Einfachheit entstehen bessere Filme: Totale, mittlere Einstellung, Großaufnahme. Zumindest Leute wie Chaplin und David Lean glau-

Es ist vorgekommen, daß während der Dreharbeiten Schauspieler oder Schauspielerinnen gestorben oder ernsthaft erkrankt sind. Geschickte Regisseure haben den Film zu Ende gedreht, ohne daß den Zuschauern das Fehlen einer der Stars besonders aufgefallen wäre. Mit Doubles, ähnlich aussehender Personen in weiten Einstellungen, und geschickter Arbeit im Schneideraum hat man bei dieser Art von Problemen die Filme gerettet. Man braucht viel Erfindungsgabe – die Doubles nur von der Schulter abwärts zu filmen oder leicht den Vordergrund zu verwischen –, aber es geht.

Ein anderer Irrtum, der den Schnitt betrifft, eine andere Regel, die nicht beachtet werden muß, heißt: der Regisseur muß eine Einzelaufnahme vom Mann machen, wenn er eine von der Frau gemacht hat. Jeder soll es auf seine Art machen; ich mache gern eine Einzelaufnahme der Frau und setze sie mit einer Über-die-Schulter-Aufnahme zum Mann in Beziehung, also über ihre Schulter auf ihn, bleibe dann aber auf ihr in der Einzelaufnahme. Mit zwei Einzelaufnahmen gibt es kein direktes Band zwischen den beiden Figuren. Bei einer längeren Szene nimmt man beide einzeln, geht hin und her, von der einen Einstellung zur anderen, und Über-Schulter-Einstellungen halten die Einzeleinstellungen zusammen.

Es ist genau so falsch zu sagen, daß eine Über-Schulter-Einstellung von einer entsprechenden ergänzt werden muß. Das war 1910 vielleicht so.

Solange er funktioniert, sich einpaßt, den Zuschauer nicht verwirrt, kann *jeder Schnitt* gemacht werden, egal wie ungewöhnlich er ist. Oft verteidigt ein Regisseur einen bestimmten Schnitt, behauptet, daß er ihn bewußt so gemacht habe, findet ein Dutzend Erklärungen. Meistens aber hat er einen Fehler gemacht, den er zu verdecken versucht.

Charlie Chaplin war der erste große absolute Filmemacher, aber in den letzten 30 Sekunden von *Modern Times,* einem seiner schönsten Filme, hat er eine genau umgekehrte Gegeneinstellung gemacht. Das hat die Zuschauer mit einem Mal völlig verwirrt. Ich weiß nicht, warum er das gemacht hat, nehme aber an, daß es einfach ein Fehler war. Ein direkter Gegenschuß: von einer Einstellung mit dem Mann und der Frau, bei die die Kamera rechts steht, zu einer, bei der die Kamera links steht, wobei Mann und Frau ihre Position in einem direkten Schnitt austauschen, das kann auf der Leinwand nicht funktionieren, – es sei denn, der Film ist auf dem Mist von Andy Warhol gewachsen. Das bringt nicht nur eine totale Verwirrung mit sich, es verlangt nach einem richtigen Schnitt. Das ganze Geheimnis besteht darin, den Film vorwärtszubringen, ohne daß den Zuschauern ein Schnitt, irgendein Schnitt, bewußt würde.

Zu viele Regieanfänger spielen mit der Kamera. Sie bewegen sie, um den Zuschauern zu zeigen, daß sie sich bewegt. Sie sollten sich ihre Knochen brechen, man sollte sie mit der Kamera erschlagen. Da ist wieder das Kind, das ruft: »He, schaut mich an!« Kinder und ihr Spielzeug.

Ich glaube übrigens, daß jeder Regisseur davon träumt, einmal eine 360-Grad-Einstellung zu drehen, einen Schwenk, der einem den Atem stocken läßt, der den ganzen Drehort zeigt. Notieren wir: die superklugen Filmfachleute behaupten, daß in der gesamten Filmgeschichte nur sieben oder acht solcher Schwenks gemacht wurden. Ich habe einen gemacht. Niemand außer meinem Cutter und mir hat ihn je gesehen, weil ich ihn weggeschmissen habe.

Er war wunderschön. Niemand hätte sagen können, wer die Darsteller waren oder wovon der Dialog handelte, aber es war eine gewaltige Einstellung. Es war eine Szene mit Everett Sloane, Phil Harris, Keenan Wynn, Ina Balin, Peter Lorre und John Carradine. Viereinhalb Stunden haben wir dafür gebraucht. Bis ich die Einstellung auf der Leinwand sah, dachte ich, daß ich einer der größten Regisseure Amerikas wäre. In der Vorführung merkte ich, daß sie alle wie Hubert Humphrey aussahen, was nun überhaupt nicht in meinen Film paßte! In eineinhalb Stunden habe ich die Szene noch einmal und richtig gedreht. Ich war am Boden zerstört. Mein ganzes Selbstbewußtsein war hin; es gab keinen vertretbaren Grund für den 360-Grad-Schwenk, er war reine Selbstbefriedigung.

Chaplin hat selten – wenn überhaupt – seine Extravaganzen mit der Kamera befriedigt. Jede Einstellung von *Modern Times* hatte in ihrem Zentrum das, worum es ging. Die einzigen Abweichungen gibt es nur im Text, nie bei der Komposition.

Wenn wir zum Beispiel den Krankenwagen vor dem Warenhaus sehen, mit dem Zwischentitel: »Im Warenhaus ist ein Unfall passiert«, dann fängt er mit dem Krankenwagen genau im Zentrum des Bildes an. Die Menge ist zu gleichen Teilen links und rechts davon. Ein Mann wird herausgetragen, und Chaplin schwenkt nach links auf Haare, damit er Paulette Goddard sagen lassen kann: »Was ist denn hier passiert?« Die Aktion aber bleibt genau im Zentrum.

Chaplin machte nie großartige Bilder, aber er hatte viel Kamerabewegungen, für die es immer einen Grund gab. Er ging mit der Aktion mit, brachte die Aktion zur Kamera und führte dann die Bewegung weiter. Und doch nehmen die Zuschauer nie die Kamera wahr, nur die Leute und die Aktionen werden wahrgenommen.

Regieanfänger bewegen ihre Kamera oft, um eine banale Sache interessanter, stärker zu machen. Das geht immer nach hinten los. Banales soll banal bleiben, ödes Zeug soll öde aufgenommen werden. Einfallsreichtum und Erfindungsgabe sollte man bei wichtigen Szenen zur Anwendung bringen. Mehr als notwendig soll man nur bei wichtigen Sachen drehen, nicht bei Abfall.

Einige Anfänger bevorzugen Filme, bei denen der Inspiration freier Lauf gelassen ist. Wunderbar, wenn etwas dabei rauskommt! Der freie Lauf geht meist daneben. Man muß schon Fachmann sein, damit er ins Ziel führt.

Ich habe einmal einigen jungen Filmemachern zugehört: »Wir können noch was drehen. Nehmen wir doch das und das auf. Wir schneiden es dann rein. Warum sollen wir das denn nicht aufnehmen? Das ist stark.«

»He, wir haben noch 240 Meter übrig.«

»Okay, wir nehmen seine große Zehe auf.«

Es wäre besser, den Film in der Kassette verrotten zu lassen, als ihn so drauflos zu verkurbeln. Er wird dann zwangsläufig auf die eine oder andere Weise in den Film reingeschnitten. Freiheit wird amtlich genehmigt, und daraus wird in diesem Fall ein Filmexzess.

Ich verdrehe ziemlich viel Material, gewöhnlich komme ich auf 33000 Meter, ein Verhältnis von fast 10:1, das heißt 10 Meter Filmmaterial für jeden Meter des fertigen Films. Bei den 17 Filmen, bei denen ich Regie geführt habe, habe ich diesen Durchschnitt konstant gehalten. Ich zähle aber nicht bewußt nach, wieviel Meter ich pro Tag verdrehe. Nur das zählt, was auf dem Film ist.

Jedem guten Chefkameramann, Kameramann und Regisseur ist es zutiefst zuwider, eine Kamerabewegung nur um ihrer selbst willen zu machen. Dasselbe gilt für die Darstellungsweise, eines der wichtigsten Mittel, die der Regisseur zur Verfügung hat. In meinem Fall gibt es 30 verschiedene Arten, einen Gag zu bringen: ihn einschieben, draufschneiden, ihn kurz andeuten oder forcieren, zurücknehmen oder zwei Schnitte machen! Aber warum und wie soll man es machen?

In *Hook, Line and Sinker* machten George Marshall und ich einen Gag. Es ging um eine Folge von Szenen, in denen ein armer, verheirateter Mann sich mit dem ganzen Haushaltskram abplagt – Unkraut jäten, Autowaschen, Kleben eines zerbrochenen Abfallkübels. Bei dieser Plackerei sehen wir den Idioten (The Idiot), den Ehemann, wie er auf einer Leiter steht und streicht. Das obere Ende der Leiter ist aber nicht mehr im Bild. Die Kleinen und der Hund rennen durch den Gang und schmeißen alles über den Haufen. George wollte auf den Idioten schneiden, wie er auf dem Arsch sitzt, über und über mit Farbe beschmiert.

Das ging mir gegen den Strich. Ich sagte: »George, wenn die Kinder vorbeirennen und man sieht wie die Leiter umfällt, dann nimmt man an, daß sie sie umgeschmissen haben. Okay. Machen wir eine andere Einstellung von den Kindern: sie rennen mit dem Hund weiter, dann machen sie eine Drehung von 180 Grad und rennen dorthin zurück, wo sie das Durcheinander verursacht haben. Sie springen über die Leiter, wir ziehen die Einstellung etwas auf und sehen, was auf der Leiter war.«

Mir wurde ganz schlecht beim Gedanken, daß das Ding umgeschmissen wird, und wir dann auf etwas schneiden, das visuell sagt: »Oh, ich war auf der Leiter und sie haben mich runtergeschmissen.« Es hätte sicher mit dem Schnitt funktioniert. Aber mit dem Schwenk war es besser; mit der Kamerabewegung kam die Sache besser zum Ausdruck.

In den Anfängen des Films hatten die Zuschauer Schwierigkeiten mit der Orientierung. Sie verstanden nicht den Fortgang oder die Bewegungen auf der Leinwand: wo ist links, rechts, der Ausgang. So entstanden die ausdrücklichen Fahrten oder Bewegungen, und lange Zeit gab es die Tendenz, jeden Schritt zu übertreiben. Heute, mit Zuschauern, die die Leinwandtechnologie verstehen, reicht es zu zeigen, wie die Frau davongeht und dann kann man zurück auf den Mann schneiden. Man muß nicht zeigen, wie sie tatsächlich hinausgeht, um erst dann auf den Mann zurückzukommen.

Auf der Bühne und im Studio ist rechts dasselbe; von der Kamera aus gesehen ist es aber links. Der Regisseur ist hinter der Kamera, für ihn ist es links. Bei Diskussionen in der Crew sollte man sagen: *von der Kamera aus links* und *von der Kamera aus rechts,* aber für Anweisungen an die Schauspieler ist es die sicherste Methode zu sagen, *in der Szene rechts* und *in der Szene links*, so vermeidet man ein Durcheinander.

Früher oder später hat man einen Kameramann, der nach rechts schwenkt, wenn man einem Schauspieler gesagt hat, er solle rechts aus der Szene abgehen. Tatsächlich ist es für die Kamera ein Abgang nach links. Diese beiden Ausdrucksweisen im Studio, die auf die Kameraposition und die spätere Projektion des Films eingehen, verursachen manchmal ein ziemliches Durcheinander. Meine Probleme sind sogar noch größer, weil ich gewöhnlich spiele und Regie führe. Um die Sache für die Schauspieler einfacher zu machen, bringe ich Farbmarkierungen an der Kamera an. »Schau zur Kamera und gehe zur grünen Seite hin ab, nicht zur roten.« Der Schauspieler muß mit diesen Dingen nicht belastet werden.

Es ist gar nicht ungewöhnlich, Schauspieler, Regisseure, Cutter und Kameraleute, die schon 30 Jahre dabei sind, darüber streiten zu sehen, ob die Auf- und Abgänge rechts oder links sein müssen.

Zweiter Teil   Nach der Produktion

11   Schnitt

Ich trat einmal um 4 Uhr 30 am Morgen in einen kalten, schläfrigen Schneideraum und entfernte ein Miststück von Einstellung aus einem Film. Die Einstellung war 70 cm lang und ich haßte sie aus ganzem Herzen. Sie paßte in den Film, paßte in die Szene, aber ich hatte sie nicht richtig gedreht. Obwohl es funktionierte, wäre es nicht ehrlich gewesen. Ich riß sie raus.

Der Filmemacher muß lernen zu schneiden, ohne dabei Herzblut über dem Schneidetisch zu vergießen. Er muß seine eigene Arbeit gnadenlos anpacken und seine Lieblingsszenen mit kühler Gelassenheit zerfetzen können. Der Film wird am Schneidetisch gemacht. Gedreht wird nur, damit der Film über den Schneidetisch laufen kann. Der Filmemacher muß lernen, wie man den Film auf dieser Apparatur zusammensetzt: vorwärts, rückwärts, halt, mit dem Fettstift wird eine Markierung auf den Film eingezeichnet, Schnitt! Muß man schon im Studio hart sein, dann muß man sich im Schneideraum noch härter durchsetzen können.

Gewöhnlich darf der Regisseur den *ersten Schnitt* seines Films selbst machen, das heißt er hat die Möglichkeit, den Film so zu montieren, wie er ihn sieht, wie er ihn gedreht hat. Wenn der Cutter gut ist, hilft er dem Regisseur bei der Entscheidung, wieviel auf der Leinwand erscheinen und wieviel auf dem berühmten Boden des Schneideraums landen soll. Der Regisseur sollte den Schnitt selber machen, also der Chefcutter sein, und der Cutter oder die Cutterin sollten den Film nur technisch zusammenhängen. Wenn der Film zusammengehängt ist, sollte sich der Cutter zum Regisseur umdrehen und sagen: »So, und jetzt schneiden Sie Ihren Film.«

Es geht um die Betonung, um einzelne Bilder! Um drei Bilder, sechs Bilder! Besonders bei Komödien. Zwei Einzelbilder zu viel und der Gag ist kaputt. Ein Gag kann in 30 Bildern gut rauskommen, aber man kann das Gefühl haben, daß er mit 29 Bildern noch besser ist. Man sagt dann übrigens nicht: »Rusty, mach 29 Bilder daraus.« Man stoppt den Film einfach genau an dem Punkt, an dem der Schnitt sitzen soll, und markiert ihn. Das haut dann hin, am Schneidetisch, auf der großen Leinwand aber ist es Mist. Also zurück an den Tisch und vier Bilder dazu; sechs weg, drei dazu. Neuer Versuch!

In *The Bellboy,* wo der Kleine (The Kid) das Flugzeug klaut, haben wir eine Szene dreißig Mal geschnitten, bevor wir uns endgültig entschieden haben, zwei Bilder wegzulassen. Es war die Sequenz im Büro des Hotelmanagers. Die Kamera stand ungefähr drei Meter von ihm entfernt und hatte noch den Schreibtisch und eine Sekretärin im Bild. Das Telephon läutet. »Ja, hallo. Stanley, der Page? Ja, der arbeitet für mich. Ja.« Die Kamera fährt langsam auf den Schreibtisch zu, groß auf den Manager. Im Moment, in dem sie anhält, sagt er: »Er macht *was*?« Bevor er noch das »s« rausgebracht hatte, schnitten wir hart auf die Douglas DC-8, die gerade abhebt. *Brrrrmmmmmmh!* Ein paar Bilder waren zuviel. »Er macht *was*?« Dann vier Bilder und dann das Aufheulen der Düsenmaschine. Zwei Bilder raus, und dann war das *brrrrmmmmh* auf dem »s« vom Manager. So knifflig war das.

Was die gestalterischen Sachen angeht, respektiere ich meinen Cutter genau so wie meinen Kameramann. Wenn er besser ist als ich, wenn er meinen Film so behandelt, daß er besser als geplant wird, bin ich so klug, ihn machen zu lassen. Er hat mir schon ein Dutzendmal das Leben gerettet.

Wenn ich jedoch recht habe, oder wenn ich es – ob richtig oder falsch – so und nicht anders haben will, sage ich zu ihm: »Da ist der Schnitt, Rusty, zeichne es ein.« Da gibt es keine Diskussion. Er macht die Markierung und ich schaue zu, wie er den Schnitt am Schneidetisch ausführt. »Jetzt schauen wir uns das an und gehen weiter zum nächsten Schnitt.« Habe ich mich geirrt, setze ich mich an den Schneidetisch und versuche so lange, den wunden Punkt zu finden, bis ich meine Hände nicht mehr spüre.

Am Schluß sagt er ganz ruhig zu mir: »Willst du, daß ich es mache?«
»Machs, Hundesohn, es ist halbzwölf Uhr nachts.«

Cutter kriegen ihre Jobs nicht, weil sie zu den Parties bei Zanuck gehen, sondern weil sie neben ihren technischen Kenntnissen noch ein Gespür für den Handlungsablauf eines Films haben und weil sie einen Regisseur zufriedenstellen können. Ein junger Filmemacher erweist sich einen großen Dienst, wenn er sich mit einem guten Cutter zusammentut.

Rusty war mein Cutterassistent, als ich 1960 mit *Bellboy* zum ersten Mal Regie führte. Seine Karriere entwickelte sich parallel zu meiner, und schließlich machte ich ihn zum Chefcutter. Diese Art der Zusammenarbeit, die zugleich auf Freundschaft und professionellem Respekt beruht, gibt es nicht häufig in der Branche; es ist die produktivste. Nur wenige Chefcutter sind bei einem bestimmten Regisseur, einer Gesellschaft oder einem Studio unter Vertrag. Sie wechseln die Regisseure wie ihre Engagements.

Bei meinem System beginnt Rustys Arbeit oft bereits während der ersten Vorbereitungen zu einem Film. Sie geht bis zu dem Tag, an dem wir die Kopie der Verleihorganisation übergeben. Während der Dreharbeiten sind seine Besuche am Drehort um 7 Uhr 30 in der Frühe der Beginn eines langen Tages, an dem er schneidet, neue oder Spezialkopien anfordert und die Muster zusammenstellt. Der Tag endet – nachdem die Mannschaft schon abgezogen ist – mit der Vorführung der Muster. Bei dieser Vorführung, an der auch der Chefkameramann und die Verantwortlichen für Kostüm und Maske teilnehmen, könnte er vorschlagen: »Mach doch noch eine Einstellung vom Mädchen; damit kriegen wir die Sache besser in Gang.« Manchmal bezieht sich so ein Vorschlag auf ein Stück Dialog, das man rauslassen könnte, wodurch es vielleicht nicht mehr nötig ist, die Sicherheitseinstellung zu drehen. Das kann auf dem Skriptblatt eingetragen und praktisch in der Kamera geschnitten werden.

Während der Dreharbeiten versucht er den Film so zusammenzustellen, wie er glaubt, daß ich es haben will. Er macht Notizen und spricht auf Tonband: »Er (Lewis) will die Kamera A oder den Aufnahmewinkel ›A‹ nehmen. Ich bin damit nicht einverstanden; wenn er es aber so haben will...« Der Schneidetisch oder die Leinwand selbst werden schließlich sagen, wer recht hatte.

Wenn Rusty die Sachen durchgeht, macht er eine Liste von dem, was er Ausschuß nennt. Wenn ich den Film dann schneide und den Abfall rausschmeiße, hakt er seine Liste ab. Nach neun, zehn oder elf Wochen kommt er auf seine Liste zurück: »Da ist noch ein Stück Ausschuß übrig.« Ich laß es drinnen oder schmeiß es raus. Wichtiger aber ist, daß man mir gesagt hat: da ist noch was. Wenn ich die roh montierten Sequenzen anschaue, finde ich vielleicht, daß er zu lange in der Totalen geblieben oder nicht am richtigen Punkt in die Großaufnahme gegangen ist. Er macht die Veränderungen und in ein oder zwei Tagen schauen wir uns die Sache noch einmal an. Wenn er während der ganzen Drehzeit die täglich anfallenden Sachen zusammenhängt, hat er nach Beendigung der Dreharbeiten den Rohschnitt fertig, manchmal fast den Feinschnitt.

Wenn der Regisseur gut ist, kommt der Schnitt, den er macht, oft dem sehr nahe, was ein talentierter Chefcutter abliefern würde, wenn er völlig freie Hand hätte. Der Chefcutter will nichts lieber, als daß der Regisseur ihm einen so gut montierten Film übergibt. Er kommt dann eher nach Hause. Ist dieser erste Schnitt aber schlecht und wird der Film dem Regisseur vom Studio weggenommen, dann diktiert der Produzent möglicherweise die neuen Veränderungen. Schließlich kommt der Produktionsleiter mit seinen Ideen daher. Am Schluß geben der Studioausschuß und sämtliche Direktoren ihren Senf dazu. Bis das rum ist, hat der arme Cutter vier oder fünf Versionen geschnitten, die alle von der ersten verschieden sind. Er und der Film leiden darunter.

Der Schnitt des Regisseurs sollte genau sitzen. Das kann ihm keiner abnehmen, weil keiner wirklich wissen kann, was er im Kopf hat. Wenn er nicht weiß, wie er den Schnitt machen soll, weiß er in Wirklichkeit auch nicht, wie der Film aussehen soll. Wenn nicht alles auf den Schneidetisch kommt: Totalen, Einzelaufnahmen, Über-Schulter-Einstellungen, der Charakter der Szenen und die Haltungen der Schauspieler, dann gibt es keinen Grund, ihn zu engagieren. Wenn ein Studio einem Regisseur den Film wegnimmt, ist das gewöhnlich ein Zeichen dafür, daß sie ihn gar nicht erst hätten engagieren sollen.

Erfindungsreiche, große Regisseure wie Joe Mankiewicz lesen immer noch Bücher über die Montage. Sie lesen sie, lesen sie nochmal und schmeißen sie dann ins Eck, weil zu viel Unsinn drinsteht. Nur im Schneideraum kann man das Schneiden lernen: wenn man am Schneidetisch sitzt oder hinter dem hohen Drehstuhl des Cutters und zuschaut, wie der Film vorbeiflitzt.

Unglücklicherweise unterdrückt ein starker Regisseur, der seine Sache fest in der Hand hat, möglicherweise zugleich die Kreativität des Chefcutters. Es ist möglich, daß er ihn zum einfachen Mechaniker reduziert, der wenig mehr ist als einer, der Filmstreifen aneinanderhängt. Ist der Cutter talentiert und schöpferisch, schadet eine solche Behandlung letztlich dem Film; sie schadet der Ausgewogenheit und Objektivität.

In gewissem Ausmaß sollte der Regisseur über die technische Seite von Trickverfahren Bescheid wissen. Er sollte etwas von Überblenden, Verkettungen und Blenden verstehen. Aber sein eigenes Urteil für das Timing nützt ihm genau so viel wie breite technische Kenntnisse. Wenn er einen schnellen Übergang zwischen den Szenen haben will, dann wird er keine Überblendung verlangen, die auf 2,50 Meter Länge einblendet und auf weiteren 2,50 Meter ausblendet. Er wird einen Meter lang ein- und einen Meter lang ausblenden. Bei vielen technischen Problemen reicht gerade der gesunde Menschenverstand aus.

Manchmal steht der Regisseur seiner Arbeit überkritisch gegenüber. Gelegentlich ist das auch bei mir so. Wenn ich in diese selbstgelegte Falle getreten bin, wende ich mich immer an meinen Cutter. Der schlägt mir dann gewöhnlich vor, daß ich die Schnitte so lassen und sie mir eine Woche später wieder anschauen soll.

Ich glaube, daß der wirkliche Objektivitätstest im Schneideraum stattfindet. Und es ist natürlich noch schwieriger, objektiv zu bleiben, wenn man sich selbst im Studio ruminszeniert hat. Dann heißt es: »Rusty, schmeiß ihn raus. Ich habe mit ihm irgendwas falsch gemacht.« Ich glaube, ich habe mehr von Jerry Lewis als von jedem anderen Schauspieler rausgeschmissen. Er ist ziemlich traurig, wenn er nicht lustig ist. Es ist aber auch vorgekommen, daß ich ihn drinbehalten mußte, lustig oder nicht, weil ich beim Drehen Fehler gemacht hatte.

Dann kommt schließlich der Augenblick, an dem man im Schneideraum einen Schlußstrich ziehen muß. Man kann nicht endlos weiterschneiden. Dieser letzte Akt ist wunderbar, auch wenn man dabei verrückt wird. Gewöhnlich wünscht sich der Regisseur das verdammte Ding zurück und will es noch einmal schneiden. Da geht nichts! Es ist schon in den Kinos.

Wie viele andere Regisseure habe ich noch Jahre später Filme neu geschnitten. Das habe ich nur zur persönlichen Befriedigung getan.

Am Mischpult

12 Musik und Mischung

Nachdem der Film die Torturen im Schneideraum überstanden hat, wobei der Regisseur immer ein Stück seines Herzens, seines Blutes und seiner Träume unter den Schnipseln am Boden lassen muß, findet ein Zeremoniell statt, das »Cueing« genannt wird. Die endgültige Rohschnittfassung wird Rolle für Rolle in einem Projektionsraum vorgeführt, dessen Ausrüstung es gestattet, den Film vorwärts und rückwärts laufen zu lassen. Oft muß eine Sequenz wiederholt werden; man will sie sich ein zweites Mal ansehen. Ein großes, beleuchtetes Zählwerk zeigt die Meterzahl an, der Film wird bis zum gewünschten Punkt zurückgefahren und dann wieder vorgeführt.

Bei dieser Sitzung kommen die Leute zusammen, die wichtige Funktionen in der Nachbearbeitung haben. Das sind: der Regisseur, sein Cutter, der Komponist, die Musikcutter, das Team für die Geräuscheffekte und manchmal auch Spezialisten für photographische Effekte. In einem großen Studio werden auch die Leiter der Nachbearbeitungsabteilungen teilnehmen. Es gibt kaum wichtigere Sitzungen als dieses »Cueing«. Es ist einer der letzten Schritte auf dem Weg zur Fertigstellung des Films.

An diesem Punkt ist es wahrscheinlich, daß die optischen Effekte, wie Ab- und Überblendungen, noch nicht eingeschnitten sind, aber die Fettstiftmarkierungen des Regisseurs, die auf der Leinwand zu sehen sind, zeigen die Längen an. Das ermöglicht dem Komponisten und den Cuttern der Geräusche, die für sie notwendigen Zeiten zu notieren.

Als absoluter Filmemacher gebe ich persönlich die Zeiten an. Ich bestimme, wo Musik sein soll und welcher Art sie sein soll. Und was noch wichtiger ist: ich gebe die Stellen an, die nicht untermalt sein sollen. Das ist natürlich eine flexible Sache. Oft entscheidet man sich, eine Szene zu untermalen, die ursprünglich ohne Musik laufen sollte. Während dieser Sitzung spreche ich in ein Tonbandgerät; so hat der Komponist verbale Richtlinien, die später übertragen werden. Zur selben Zeit notiert sich der Cutter für die Toneffekte die Geräusche, die bei einer bestimmten Meterzahl gebraucht werden. Vielleicht muß das Aufheulen eines Motors verstärkt werden, vielleicht muß ein realistisch klingender Gewehrschuß auf sein Geräuschband gelegt werden. Wettergeräusche, wie Wind, das Krachen eines Blitzes oder Regen müssen vielleicht hinzugefügt werden. Und vielleicht müssen andere Geräusche, die mit dem Originalton aufgenommen wurden, abgemildert oder verstärkt werden. Auch für den Toncutter wird als Richtlinie ein Tonband besprochen, das später übertragen wird und den Ablauf seiner Arbeiten entsprechend dem Meterzähler festlegt. Für jeden Film wird Rolle für Rolle eine Reihe von Bändern mit Geräuscheffekten »gebaut«, und mit den Dialog- und Musikbändern synchron zum Bild zusammengemischt. Diesen Prozeß nennt man *Mischung*. Dabei werden die verschiedenen Bänder zu einem Hauptband zusammengemischt, das also eine Kombination von Dialog, Geräuschen und Musik ist.

Der Regisseur muß wissen, was er als Untermalung hören will; und der kürzeste Weg, zur gewünschten Musik zu kommen, ist der Gebrauch von vorfabrizierten Musikstücken. Ich schaue oft bei Music City, einem riesigen Musikgeschäft in Hollywood, vorbei, um Musikstücke mitzunehmen, die ich schon einmal gehört habe, und die ich für einen Film benutzen will. Sie haben eine Stimmung, von der ich glaube, daß ich sie für bestimmte Teile der Untermalung später brauchen werde.

Ich habe zum Beispiel eine bestimmte Vorstellung von der Musik, die zum Titelvorspann gespielt werden soll. Also kaufe ich ein provisorisches Stück Musik, das meiner Vorstellung sehr nahe kommt. In manchen Fällen hole ich es mir aus dem Musikarchiv des Studios. Ich lasse es kopieren, und nehme es dann schon beim Drehen des Titelvorspanns zu Hilfe. Wenn die Orchestrierung dann fertig ist, wird das neue und endgültige Musikstück, das dieselbe Stimmung hat wie das provisorische, hineingeschnitten. Als Variation dieser Methode hat es sich auch bewährt, die Untermalung bereits im Lauf der Dreharbeiten aufzunehmen. Das provisorische Material ist ein Anhaltspunkt für den Rhythmus und die Stimmung einer Szene.

Bei einer Pantomime kann eine vorläufige Musikfassung bei den Dreharbeiten Wunder wirken. Kamera, Bewegung und Schauspieler werden von der Musik geleitet. Die Synchronität ist da, die Stimmung ist da, die Athmosphäre ist da. Genau wie beim Titelvorspann wird die provisorische Musik dann herausgenommen, der Komponist macht seine eigene Version daraus und setzt sie ein. Das ist ein anderes Beispiel für Kopieren.

In nicht-pantomimischen Szenen kann die Musik dazu dienen, dem Schauspieler eine bestimmte Stimmung vorzugeben. Ein Tonbandgerät für neunzig Dollar, soweit heruntergedreht, daß der Schauspieler es gerade noch hören kann, das Hauptmikrophon aber nichts davon aufnimmt, genügt zu diesem Zweck. Natürlich kann das den Schauspieler völlig aus dem Konzept bringen, weil es ihm fremd ist. In diesem Fall, weg mit der Musik! Es lohnt sich nicht, die Szene zu ruinieren.

Lange bevor der Komponist engagiert wird, sollte sich der Regisseur zu Hause und bei den Dreharbeiten Gedanken über die Musik für seinen Film machen – Ideen sammeln für Sequenzen, von denen er glaubt, daß sie untermalt werden müssen. Er sollte sich auch überlegen, welcher Typ von Komponist für seinen Film am besten sein wird.

Auf die eine oder andere Weise muß der Komponist *hören,* was der Regisseur will. Es ist schwer, das anders als musikalisch zu erklären. So werde ich zum Beispiel eine provisorische Musik zu einer Szene vorspielen, in der Leute in eine Busstation gehen, und dann dem Komponisten sagen: »Schreiben Sie mir diese Musik!«

»Aber wir dürfen diese Musik nicht benutzen!«

»Also schreiben Sie Ihre eigene, aber verändern Sie nichts.«

Er wird einige Dinge verändern, aber er hat die Musik *gehört.* Worte reichen da nicht aus.

Ein junger Filmemacher sollte vor der Musik keine Angst haben. Es ist nicht so furchtbar kompliziert. Ich bin kein professioneller Musiker, aber ich habe mit Walter Scharf einen Song für *The Bellboy* geschrieben, bei dem wir die ersten fünf Noten von »The Star-Spangled Banner« benutzt haben. Es wurde das Thema für den ganzen Film. Natürlich ist diese Art, mit Musik zu arbeiten, die Ausnahme und nicht die Regel. Trotzdem ist sie produktiv und ein zusätzliches Mittel.

Die Entscheidung, wann Musik dazukommt und wann nicht, liegt beim Regisseur und nicht beim Komponisten. Jeder Film kennt unterschiedliche Anwendungen von Musik. Die Hinweise und Richtlinien dafür sind in den Szenen selbst enthalten. Entweder schreit eine Szene nach musikalischer Behandlung, oder sie fleht den Regisseur regelrecht an, keine Musik zu nehmen. Wenn Zweifel darüber bestehen, ob eine Szene untermalt werden soll oder nicht, ist es immer das sicherste, sie zu untermalen. Bei der Mischung kann die Musik dann immer noch ausgeblendet werden.

Eine der schwierigsten Dinge beim Umgang mit der Musik sind die Überlappungen. Der Regisseur muß immer die nächste Szene im Kopf haben, damit er ein Dreiminutenstück zum Beispiel nicht bis zum Höhepunkt der nächsten Szene hinüberzieht. Wieder ist eine provisorische Musik die beste Lösung.

Wenn ein Regisseur mit einem erfahrenen, professionellen Komponisten zusammenarbeitet, wird er in neun von zehn Fällen das bekommen, was er will. Eine Verfolgungsjagd muß auf eine bestimmte Weise unterlegt werden; eine Komikszene in einer bestimmten Sequenz sollte untermalt werden, in einer anderen Sequenz nicht.

Mickey-Mouse-Musik – hoher Ton, tiefer Ton, höherer Ton – kann man einsetzen, wenn ein Mann eine Zigarette aufhebt und sie dann wieder fallen läßt. Bei bestimmten Gelegenheiten sollte die Untermalung in Komödien der lustigen Aktion eher entgegenlaufen, als sie unterstützen.

Möglicherweise kapiert der Komponist bei jeder Rolle, was der Regisseur will, und zieht sich dann für sechs bis acht Wochen zurück, um die Musik zu schreiben. Die einzelnen Stücke mögen nur einige Sekunden lang sein; oder drei, vier Minuten. Dann wird das Orchester engagiert und er dirigiert seine neue Untermalung zu den einzelnen Szenen, die auf eine Leinwand im Tonstudio projiziert werden. Er sieht den Film und paßt sich den Zeiten an, obwohl er sie schon vorher vom Meterzähler abgelesen hatte, Rolle für Rolle.

Für *Hook, Line and Sinker* hatte ich mehr als sechzig Minuten Musik, gespielt von einem komplett besetzten Orchester. An einem Tag haben wir allein 26 Minuten Musik aufgenommen. Für eine Komödie war das von der Musik her ein »schwerer« Film. Bei anderen Filmen kann es sein, daß man inklusive Titelmusik nicht mehr als zwanzig Minuten Untermalung hat. Das ist bei jedem Film anders.

Ein Regisseur, der seinen Film durch und durch kennt, kann sich die Musik zuerst auf dem Klavier des Komponisten anhören und sein Urteil darüber abgeben, bevor noch das Orchester engagiert wird. Ich habe das dann getan, wenn der Komponist sich nicht ausreichend im klaren war, was gebraucht wurde. Ich habe ihm auch eine Idee »vorgesungen«, die er dann aufgenommen und zu einer rohen Komposition ausgearbeitet hat. Das kommt allerdings selten vor, da das Filmmaterial für sich sprechen sollte.

Nach einer »Cueing«-Sitzung, bei der der Aufbau der Tonspuren festgelegt wird, kann es sein, daß der Komponist sagt: »Ja, da ist ein Stück in der zweiten Rolle, für das würde ich gern eine Musik schreiben…«

Man kann die Idee beiseite schieben; aber es ist normalerweise klüger, ihn diese zusätzliche Musik machen zu lassen. Wenn sie nicht hineinpaßt, kann man sie bei der Mischung immer noch herausnehmen. Aber es kann auch sein, daß gerade dieses Musikstück zu einem Hit wird. Dies ist wieder so eine Gelegenheit, bei der man Kreativität durch leichtfertige Ablehnung zerstören kann. Das Verhältnis zwischen Komponist und Regisseur, eine der letzten kreativen Partnerschaften im Verlauf der Herstellung eines Films, sollte eine Fortsetzung der menschlichen Beziehungen beim Drehen sein. Lassen Sie ihn seinen eigenen Weg gehen, und Sie werden sehr oft einige großartige Sachen bekommen, an die Sie nie gedacht hätten.

Bei einer Komödie oder einem dramatischen Film, einer Liebesgeschichte oder einem Western, immer versucht man einen Hitsong zu landen. Es kann die Titelmusik sein, das Hauptthema, oder einfach ein Lied im Film. So ein Hit verkauft den Film; er bringt Tausende, ja Hunderttausende mehr an der Kinokasse ein. Wird es ein Oscar-Hit, kann er die Bruttoeinkünfte um eine Million in die Höhe treiben.

Das Thema von *Pink Panther* hat für Tausende von Dollars Eintrittskarten für den Film verkauft, und »Raindrops are Fallin'« hat dasselbe für *Butch Cassidy and The Sundance Kid* getan. Der »Colonel Bogey March« aus *River Kwai* ist ein klassisches Beispiel.

Auf einen Hitsong oder ein Hitthema soll man genauso hinarbeiten wie auf einen Hitfilm. Auf der ganzen Welt ist das Radio ein viel größeres Verkaufsmedium als das Fernsehen. Außerdem ist die Werbezeit im Fernsehen zu teuer, um sie voll für die Filmauswertung in Anspruch nehmen zu können. Ein Hit aus einem Film im Radio bedeutet so etwas wie kostenlose Werbezeit für den Verleiher. Die Discjockeys identifizieren ihn meistens mit dem Film.

Es ist ganz klar, daß die Titelmusik oder die Gestaltung der Songs im Film nicht von der Geschichte ablenken sollen, nur weil man auf einen Hit spekuliert. Wenn der Titel animiert ist und diese Animation für die Geschichte wichtig ist, sollte man ihn nicht noch mit Liedtext belasten. Für das Publikum wird es zu schwer, Ton und Bild zu verdauen, wenn zuviel passiert.

Wenn der Film so ist wie *Barefoot in the Park*, wo sich die Titelmusik auf die Story bezieht, kann man beides erreichen. Bei *Pink Panther* und der Gestaltung seines Titels wäre ein Liedtext zu verwirrend gewesen. Bei einem James-Bond-Film gibt es keine Regeln für die Gestaltung. Wie bei allen anderen Phasen des Filmemachens braucht jede Story eine andere Handhabung der Themen und der Songs.

Ich habe da eine Theorie, daß der Schlüssel zur erfolgreichen Mischung, zur Komposition der endgültigen Tonspur, das Rausschmeißen ist. Das wird natürlich im Tonstudio gemacht, einem großen, schalldichten Raum, wo ein halbes Dutzend Leute vor ganzen Batterien von Reglern sitzt. Jeder dieser Tonmixer hat verschiedene Tonspuren, Musik oder Geräusche, mit dem Dialog zu mischen, und zwar genau synchron zum Bild.

Die Geräuschemacher haben immer die Tendenz zu übertreiben. Sie machen jedes nur mögliche Geräusch in den Film rein, vom Quietschen einer Tür bis zum Vulkanausbruch, was dann häufig zu Mickey Mouse führt. Im Mischraum, wo das Filmbild auf eine Leinwand vor den Mischpulten projiziert wird, klingt ein Kratzen am Kopf manchmal wie Blitz und Donner. Oder es gibt in einer Szene eine Tür mit einem kleinen Türklopfer dran. Es knallt an die Tür. Man hört *Zack-Zack!* Was? Auf der Leinwand hat man schon längst weggeschnitten, wenn an die Tür geklopft wird. Das Publikum sieht nicht einmal den Klopfer. Ein *Zack-Zack!* muß man rauswerfen. Es dauert Stunden, bis man den Wust von überflüssigen Geräuschen losgeworden ist.

Für einen dramatischen Effekt läßt man die Musik anschwellen oder man macht sie leise; manchmal läßt man sie völlig weg oder man macht Überblendungen, läßt also zwei Musiken zusammenlaufen. Wenn eine Musik $37\frac{7}{10}$ Sekunden lang ist, und die Szene $34\frac{7}{10}$ Sekunden läuft, hat man demnach drei Sekunden für die Überblendung. Entweder blendet man sie aus, oder man läßt sie über der Überblendung liegen. Wenn man eine zwei Meter lange Überblendung hat, wird die Musik in der Mitte der Überblendung abgeblendet und die nächste Musik übernimmt. Wenn in der nächsten Szene keine Musik ist, kann die erste über die ganze Überblendung hinweg spielen.

Letztlich sind die Ohren des Filmmachers maßgeblich für seine Entscheidungen im Mischraum. Er braucht die Regler und Stecker nicht zu kennen. Er kennt seinen Film und weiß, was er hören will. Eine Münze, die in eine leere Waschschüssel fällt, macht ein ganz bestimmtes Geräusch. Wenn man Wasser hineintut, ergibt das ein vollkommen anderes Geräusch. Der Toningenieur kann sagen: »Ich stand daneben. Ich habe die Münze hier hingelegt, sie herunterfallen lassen, sie fiel in die Schüssel. Da war kein Wasser drin!«

»Scheiß drauf. Jetzt bring mir, was ich will. Geh raus und nimm eine Münze auf, die in eine Waschschüssel fällt, in der kein Tropfen Wasser drin ist.«

Mit dem natürlichen Gehör, das Gott ihm gegeben hat, muß sich der Filmemacher durch den Mischraum kämpfen und das fordern, was in seinen Ohren am besten klingt.

13 Vertrieb und Auswertung

Du hast deinen Vertrag erfüllt; du hast den Film fertig! Du hast vor einem Kino gestanden und die Schlangen vor der Kasse gesehen, und bei der Abrechnung mit dem Verleiher schreist du dann: »Wo geht bloß das Geld hin?«

Nun, zwischen der Spedition der Kinokopie nach New York und ihrem Start in den Kinos findet jener qualvolle und kostspielige Vorgang statt, den man Vertrieb nennt. Und der Vertrieb ist Teil der Aufführung des Films. Und die Abrechnung ist Teil von beidem.

»Ah, Mr. Lewis, wir dachten, Sie wollten für die Auswertung bis dreihunderttausend anlegen«, sagt der Verleih.

»Ja, aber nicht bis sechshundertundzehntausend. Wo kommen denn die Zahlen her?«

»Ja, hm, wir werden am Montag an die richtigen Zahlen kommen.«

»Nein! Jetzt! Wieso Montag? Sie haben mir dreihundertundzehntausend Dollar so flink aus der Tasche gezogen, daß ich das nicht einmal gesehen habe. Aber jetzt soll es vier Tage dauern, bis ich die Zahlen sehen kann. Warum sind Sie, wenn es darum geht, mir zu zeigen, wo mein Geld geblieben ist, nicht eben so schnell bei der Hand wie damals, als Sie es mir genommen haben? Wollen Sie mich zwingen, Sir, eine Überprüfung der Bücher anzuordnen?«

Ich habe vor kurzem eine Buchprüfung für einige meiner Filme verlangt. Ein Studio hat einen Scheck über 171 000 Dollar geschickt. Noch ehe der Briefumschlag im Papierkorb landete, hatte mein Anwalt sie schon an der Leitung: »Es fehlen einhundertundsiebenundzwanzigtausend!«

Sie sagten: »Wir werden uns der Sache annehmen.«

Nach ein paar Tagen hatten sie sich der Sache angenommen; triefend vor Freundlichkeit: »Wissen Sie was? Das ist das erste Mal, daß uns so ein gravierender Irrtum unterlaufen ist.«

Ihre Antwort ist immer »Hoppla, mal sehen«, und dann setzen sie einem die Pistole an die Schläfe. Aber ich habe meinem Anwalt gesagt: »Ich will das Geld nicht. Schicken Sie ihnen den ersten Scheck zurück, sagen Sie ihnen, daß ich jetzt aufs Ganze gehen will. Wenn sie einen solchen Fehler gemacht haben, muß da noch mehr sein.«

Jedesmal, wenn man sie angreift, haben sie eine Entschuldigung. Der Filmemacher kann doch nicht das Studio zerstören, weil sie ihm Geld gestohlen haben. Plötzlich ist das Geld ein Geschenk, gefundenes Geld. Alles Geld, was reinkommt, ist »kein Geld mehr, das dem Filmemacher gehört«. Sie sind darauf programmiert, so zu arbeiten, völlig festgelegt auf dieses Verhalten.

Trotzdem glaube ich nicht, daß sie ihr Geschäftsgebaren für unehrenhaft halten. Der ganze Apparat ist so riesenhaft, daß der Diebstahl zum Teil des Gesamtkonzepts wird. Es gibt keinen Aufsichtsratsvorsitzenden, der aufsteht und sagt: »Im letzten Jahr haben wir die Leute um 1,3 Millionen betrogen...« Das alles geschieht einfach innerhalb des Systems. Aber sie werden blaß vor Wut, wenn man gegen sie vorgeht, weil sie sich nicht bewußt sind, daß sie stehlen.

Auf den unteren Ebenen wird der Diebstahl offensichtlicher; da ist z. B. die Sache mit der Spesenrechnung beim Publicityrummel in New York: »Ich hab das Mädchen zum Essen eingeladen, 42$. Auf die Spesenerklärung werde ich 68$ schreiben.« Das ist bekannt und man kann es nicht unterbinden; aber die großen Summen – eine halbe Million Dollar pro Film, und dann nochmal sechzehn Millionen, die er beim Vertrieb einspielt – werden systematisch gestohlen. Das ist erlaubter Diebstahl.

Eine der berühmtesten Geschichten von Sam Goldwyn passierte bei *Guys and Dolls,* wo Frank Sinatra und Marlon Brando die Hauptrollen spielten. Bei den Verhandlungen über Sinatra forderte der Agent eine bestimmte Summe. Goldwyn antwortete: »Ich könnte ihm schon soviel Geld geben, weil er Frank Sinatra ist; weil mich aber die Verleiher bei diesem Film wieder beklauen werden, muß ich sparen, wo ich kann.«

Die Studios und Verleihfirmen geraten aber kaum miteinander in Streit. Sie sind in derselben Branche tätig wie die Hausbesitzer. Der Hausbesitzer wohnt umsonst in seiner Wohnung, während die Mieter 98$ im Monat bezahlen müssen. Er ist der Besitzer und kümmert sich nicht darum, was man in der Wohnung anstellt, solange man die Wände stehen läßt. Die Studios gehören zur Mietbranche; sie sind nicht kreativ.

Sie haben eine Wut auf die Verleiher? Wo sonst wollen Sie denn hingehen? Man kann nicht mit dreihundert Filmbüchsen unterm Arm durchs Land ziehen und sie jedem Kino einzeln verkaufen. Die Kinos sind der Verleih. Okay, gehen Sie doch woanders hin.

»Klar, gehen wir zu Commonwealth. Die sind neu.« Die warten schon auf Sie. Besorgen Sie sich einen Anwalt, bevor Sie in den Ring steigen. Die sind zwar neu, haben aber schon das alte System.

Es ist der alte Witz: »Er hat Sie doch gar nicht mit den Boxhandschuhen berührt?!« – »Ja, dann passen Sie auf den Ringrichter auf. Irgend jemand schlägt mich hier doch zusammen.«

Es gibt ein paar Punkte, auf die man achten sollte, in der Hauptsache auf die Verleihwerbung: Bezahlte Werbung in Radio und Fernsehen sowie in der Zeitung; Werbung ist teuer. Der Filmemacher kann sagen, wieviel er ausgeben will, und dann die Laufzeit seiner Anzeigen beobachten. Das kann er bis zu einem gewissen Grad kontrollieren.

Vor kurzem habe ich zu allgemein gehaltene Rechnungsaufstellungen für meine Gesellschaft gestoppt. Ich habe dem Verleiher geschrieben: »Schicken Sie mir keine Aufstellung, wo ›Zwölf Zeitungen‹ draufsteht. Ich will wissen, *welche* Zeitungen, dazu die Zeilenmenge.« Da sind sie durchgedreht, vollkommen ausgeflippt: »Ja, das können wir einfach nicht machen.«

Ich habe die Public Relation- und Anzeigenabteilung angerufen: »Ich sage Ihnen, was ich tun werde. Ich schicke jemanden nach New York. Er wird in Ihren Büros sitzen, von mir bezahlt. Sie schicken wie üblich die einzelnen Aufstellungen und Preislisten. Er schickt mir, was dazugehört.«

Da wurden sie zahm! Ganz schnell! Am Ende habe ich eine Rechnung über sechzehn Dollar für Briefmarken bekommen. Und sogar da haben sie mich betrogen. Tatsächlich hatten sie nur acht Dollars gekostet.

Der Filmemacher muß beim Verkauf seines Produktes mithelfen. Ein Engagement bei der Publicity ist notwendig. Und wieder gibt es nur wenige Geheimnisse. Publicity kann man instinktiv erlernen. Der Filmemacher sollte wissen, wie sein Produkt dem Publikum präsentiert werden soll; gewöhnlich wird er es bemerken, wenn der Verkaufsansatz falsch ist.

Bevor der Film in die Produktion geht, starte ich eine Publicity- und Anzeigenkampagne oder mache jedenfalls den Ansatz dazu. Im Durchschnitt liegen meine Publicity- und Anzeigenkosten auf der ganzen Welt bei etwa 290000$ für einen Zweimillionenfilm. Das ist im Verhältnis zum Produktionsetat nicht sehr viel Geld und wahrscheinlich liegt das unter dem Durchschnitt, der sonst bei einem ähnlichen Film bezahlt wird. Aber man kann da keine Prozentzahlen angeben. Der Filmemacher muß sich entscheiden, was er für seine Kampagne haben will, und wissen, wieviel er ausgeben kann.

Nachdem sie das Drehbuch gelesen haben, fangen die Publicity- und Werbeabteilungen der Studios an, über die Werbekampagne nachzudenken. Sehr oft schreibe ich, nachdem ich das Drehbuch fertiggestellt habe, einige Ideen für die Kampagne auf, die einzig und allein auf der Story, um die es geht, basieren. Dann findet ein Treffen mit den Werbeleuten in Hollywood oder New York statt. Ich breite meine Ideen aus, und man schaut, was man damit anfangen kann. Manchmal gehe ich zu einem unabhängigen Graphiker und lasse ihn Anzeigenideen für das Hauptbüro in New York erarbeiten.

Manchmal lesen die Publicity- oder Anzeigenredaktionen nur die komischen Stellen im Drehbuch und ignorieren das »Etwas«, das ich zum Ausdruck bringen will. Oder sie können mit der ganzen Geschichte überhaupt nichts anfangen. Dann muß man es nochmal gründlich erklären. »Ja, jetzt haben wir's, Jerry. Klar!«

Zwei Monate später kommen die Werbekonzeptionen aus New York an. Das sieht dann wie für einen ganz anderen Film aus, gar nicht wie für meinen.

»Wo habt ihr die dreckige Hure her, die da mit dem Hängebusen? Die kommt in meinem Film nicht vor.«

Also muß ich nach New York fliegen, mich geduldig mit den Leuten zusammensetzen oder ihnen ein Stück Film zeigen. Das ist natürlich das Ideale, den Film zu zeigen. Es gibt kaum Unterschiede zwischen den Publicity- und Werbeabteilungen der einzelnen Verleihgesellschaften. Es kommt hauptsächlich darauf an, daß der Filmemacher Geduld hat, dann Nachdruck dahintersetzt und schließlich seine Forderungen durchsetzt.

Wenn ich ein Drehbuch schreibe, habe ich immer die Möglichkeiten für die Publicity im Hinterkopf. Wenn ein Gag in einer Küche gemacht wird, mit allen Küchengeräten, kann es genauso lustig sein oder sogar lustiger, wenn alles in einer großen Gala-Küche in einem Hilton Hotel spielt. Daraus ergibt sich dann der Vorteil mit der Hilton Publicity oder gegenseitiger Werbung. Ich habe das einmal in einem Film gemacht. Im Dialog kam gar nichts vor, man sah nur: »Das ist das Hilton.« Dafür erhielt der Film Tausende von Dollar als kostenlose Werbung.

Es kann sein, daß ein Gag in einem großen, komisch aussehenden Mercedes-Benz ganz phantastisch aussieht. Aber der Herr M. Benz pfeift darauf, ob sein Auto in einem Film gezeigt wird. Er zahlt keinen Pfennig für so eine eingebaute Werbung. Also wird ein Lincoln-Continental genommen und das Geschäft ist gemacht. Fünf Jahre lang habe ich Rolls-Royce-Autos in die Drehbücher hineingeschrieben, aber ich habe nie etwas von der Firma gehört.

Bei meinem letzten Film kamen zwanzig bis dreißig Angebote von Herstellern auf meinen Schreibtisch, ihre Produkte im Film unterzubringen. Einige habe ich genommen. Dadurch kommt kein Geld rein, und die Produkte werden im Abspann nicht erwähnt, aber sie sind auf der Leinwand zu sehen, und dafür garantieren die Hersteller Anzeigenraum in Zeitschriften und Werbezeit im Fernsehen. Man kann nicht direkt für die Produkte werben, weil die Fernsehleute die betreffenden Stellen herausschneiden würden, wenn der Film an die Fernsehgesellschaft verkauft wird.

Plakate bieten eine andere Möglichkeit für die Auswertung eines Films mit gegenseitiger Werbung: »Bob Hope fliegt mit United Airlines.« Für einen Film habe ich ein Plakat für gewirkte Strümpfe gemacht. Die Firma hat siebenhunderttausend Dollar für Anzeigen ausgegeben und bei jeder Anzeige den Film erwähnt. Das war erheblich mehr, als die gesamten Werbeausgaben des Verleihs für die Auswertung des Films überhaupt betrugen. Das ist ein großer Vorteil, den man heute beim Marketing eines Films hat.

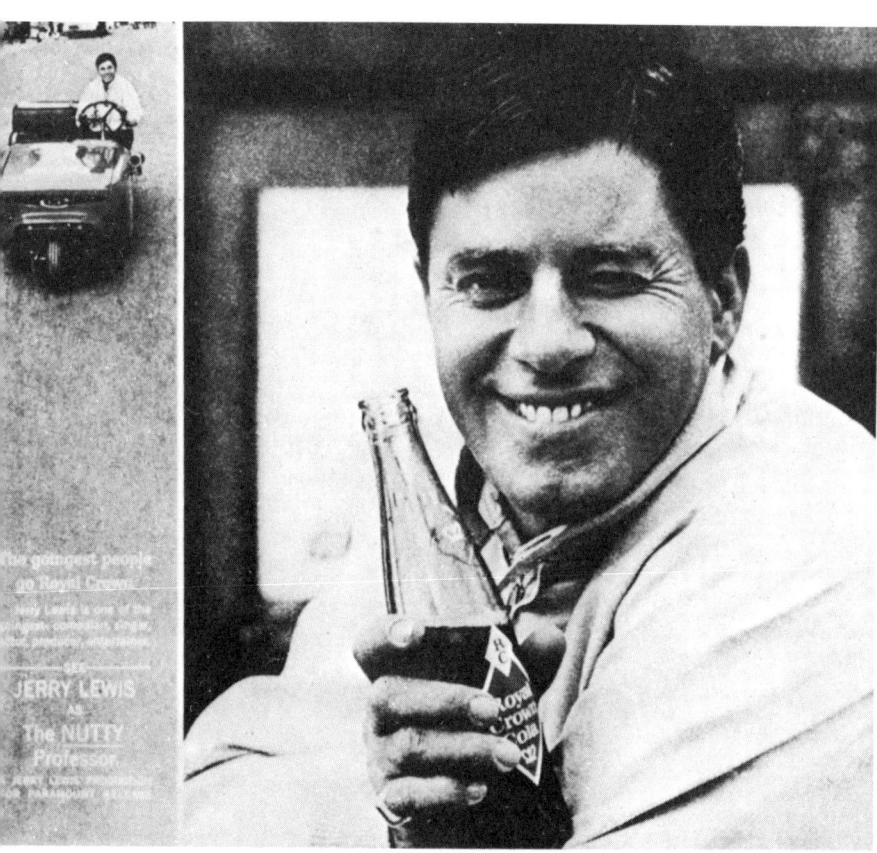

Gegenseitige Werbung. J. L. lächelt für ein Getränk, dafür wird auf seinen neuen Film, *Nutty Professor,* hingewiesen

Die Schleichwerbungsaffairen sind zu Recht gestorben. Es hat mit den Drehbuchschreibern angefangen, ich war auch daran schuld, zusammen mit vielen anderen Autoren. Es gab Zahlungen unter der Hand dafür, daß ein Produkt im Film gebraucht oder erwähnt wurde. Jetzt liegt alles offen, und es werden Verträge zwischen den Herstellern oder Verkaufsgesellschaften und den Produktionsgesellschaften geschlossen.

Vor nicht allzulanger Zeit bin ich nach Portugal geflogen, um einige Sequenzen in Lissabon zu drehen. Ich habe bei allen Szenen, die etwas mit Fliegen zu tun hatten, Trans World Airlines genommen. TWA hat dafür Geld bezahlt, im Gegensatz zu anderen Firmen, die sich für diese Art von Zusammenarbeit mit Werbeleistungen revanchieren.

Während ich mit einem Drehbuchschreiber am Skript für *Salt and Pepper* arbeitete, kam eines Morgens der Produzent auf mich zu: »Könntest du es arrangieren, daß dieser ganze Flug mit BOAC gemacht wird? Sie geben uns vierzig Flugkarten, hin und zurück!« Warum nicht? Diese Tickets sind mehr als 40 000$ wert. Wenn Mexikana Airlines mit uns ein Geschäft machen will, fliegen wir eben über Mexiko City. Warum eigentlich nicht? *Allerdings sollte keine Schleichwerbung der Geschichte schaden oder den Wert des Films mindern.* Kein noch so großer Betrag ist das wert.

Filmvorführungen in Düsenklippern, diese 16-mm-Vorführungen, bei denen man Martinis trinkt und Macademianüsse knackt, bringen zur Zeit einiges ein. Ich habe einen Film gemacht, den American Airlines kaufen wollte, um ihn in 12 000 Meter Höhe vorzuführen. Aber es war eine TWA Sequenz drin. Das war ein Geschäft über 25 000 Dollar.

Ich habe das Negativ des Films zurückbekommen, an einem Sonntag 90 Meter aus der Kopie herausgeschnitten und dann zwölf Kopien für American Airlines ziehen lassen, ohne die TWA Sequenzen. Es hat fünftausend gekostet, die Kürzungen zu machen, aber es brachte zwanzigtausend ein.

14 Andere Filmemacher, andere Filme

Fellini hat gesagt: »Es gibt keine anderen Filmemacher. Wenn ich einen Film mache, ist das der einzige Film, der für mich existiert. Ich könnte mich nicht für die Arbeit eines anderen interessieren. Es würde mich von meiner eigenen ablenken. Es würde heißen, daß ich meinem eigenen Kind die Nahrung entziehe; und ich will nicht der Arbeit eines anderen Beifall spenden.«

Als ich das gelesen hatte, fühlte ich mich weniger schuldig, weil ich viele Filme versäumt habe, die sich heute ein junger Filmemacher ansehen sollte. Wenn ich mit einem Film beschäftigt bin, was meistens der Fall ist, habe ich keine Zeit, mir die Arbeit eines anderen anzusehen. Ich habe nicht einmal das Bedürfnis danach. Allerdings müssen ein junger Regisseur, ein junger Drehbuchautor sich andere Filmarbeiten ansehen und dürfen nicht der Diät Fellinis folgen.

Ich bin davon überzeugt, daß Chaplin das beste Beispiel für einen absoluten Filmemacher war. Er hatte seine Filme in jeder Hinsicht in der Hand. Er schuf sie im weitesten Sinn des Wortes: er probierte aus, wie umfassend, wie geschickt und wie gescheit er arbeiten konnte.

Chaplin hatte auch eine Gruppe ausgezeichneter Komiker um sich, die mit ihm Film für Film zusammenarbeiteten, eine mächtige Familie. Er hat oft einen Schauspieler für drei verschiedene Rollen im selben Film eingesetzt; um einen anderen Typ zu bekommen, hat er nur Kostüm und Maske verändert. Ford Sterling hat drei vollkommen verschiedene Rollen in *City Lights* gespielt. Einmal sitzt er im Rollstuhl, dann auf einer Vogelstange und in einer dritten Sequenz in einem Briefumschlag.

Chaplin hat Schauspieler zuerst als Menschen angesehen, dann erst als dramaturgische Werkzeuge. Und so haben sie für ihn gespielt. Er hat gesagt, daß er Marlon Brando wegen seines Mangels an Humor in *Countess from Hong Kong* eingesetzt habe. Das heißt auch, daß Chaplin glaubte, er als Komiker könne Brando kontrollieren, wenn er den ernsten Typ spielt. Brandos Mangel an Talent als Komiker war ein Vorteil. Es gab Szenen, in denen sich Brando wie eine Marionette bewegte. Der Film selbst ist danebengegangen, aber Chaplins Plan war richtig. *Countess from Hong Kong,* ein Film, der eine mildere Beurteilung durch die Kritiker verdient hätte, ist aus Zeitgründen danebengegangen. Kurz nachdem ich ihn gesehen hatte, sah ich im Fernsehen einen Dokumentarfilm über Jesse Owens, den Weltklassesprinter. Da gab es Aufnahmen von seinem Lauf bei den Olympischen Spielen 1936 in Berlin und Aufnahmen, wie er 1968 geht. Es hat mich erschreckt, wie er sich da von einem Fleck zum anderen bewegt. Er war ein verbrauchter Mann.

Dasselbe ist mit Charlie Chaplin passiert. Er machte *Modern Times* 1936 und *Countess* 1967. Aus politischen Gründen, als Linker, hatte er nicht die Möglichkeit, schöpferisch lebendig zu bleiben. Einunddreißig Jahre nach *Modern Times* war Chaplin mit denselben Problemen konfrontiert, in einer vollkommen veränderten Welt, mit einer anderen Geschwindigkeit, mit anderen Leuten – mit anderen Kräften. Es gab für ihn keine Möglichkeit, seine Kreativität zu entfalten.

Sophia Loren? Entweder hat sie ihren Wagen inklusive Chauffeur in Pasadena oder sie dreht den Film nicht in Rom. Warum? »Sie will es so. Sie bekommt es!«

Also marschiert die Loren ins Studio und trifft auf einen aufgewühlten Mr. Brando. Zudem sitzt noch Chaplins Frau herum und hofft, daß er keinen Herzinfarkt bekommt und abkratzt; acht Kinder laufen herum und lassen die Bühnenarbeiter stolpern. Dieser wunderbare kleine Mann steuerte bei diesem letzten Film auf die totale Katastrophe zu.

Aber die älteren Männer wie Chaplin und Hitchcock waren Meister ihres Handwerks in ihren früheren Jahren. Sie waren große Künstler im Umgang mit den Leuten, in der Handhabung ihrer künstlerischen Mittel. George Stevens hat als Regisseur von *A Place in the Sun, Giant* und *The Greatest Story Ever Told* seine Meisterschaft in nahezu jedem Bild gezeigt. Jedes Bild ist wunderschön gebaut, alles paßt zusammen. Die Filme sind präzis konstruiert, und der Zuschauer, ob er den Film oder das Thema gut findet oder nicht, bemerkt unbewußt das feine Gefüge, das den ganzen Film auszeichnet. Sicher, Stevens dreht zuviel, aber *Giant* war keine Angelegenheit von Glück oder Zufall.

Ich respektiere Hitchcock und sein außergewöhnliches Talent; aber ich hasse einige seiner Filme. Ich habe *Psycho* gehaßt, obwohl es ein guter Film war. Er hat die Grenze des Anstands überschritten. Außerdem will ich nicht, daß ein Film mir Angst macht. Nachdem ich ihn im De Mille Kino in New York gesehen hatte, bin ich in eine Bar gegangen und habe einen Brandy runtergekippt. Ich konnte nicht in das Badezimmer des Hotels gehen, ohne zu bibbern.

Als ich Hitchcock das nächste Mal gesehen habe, sagte ich ihm, was ich von *Psycho* halte. Er stimmte mir zu. Er sagte: »Ja, das stimmt. Ich finde ihn furchtbar. Er hat mir ein Vermögen eingebracht.« Obwohl diese Äußerung etwas zynisch klingt, glaube ich, daß Hitchcock in seinem Innersten den Film nicht gemocht hat, eben weil er dabei so weit gegangen ist. Wenn Marty Balsam erstochen wird, während er die Treppe heraufkommt, geht der Schock über die eigentliche Tat hinaus; dasselbe gilt für Janet Leigh unter der Dusche.

Fred Zinnemanns Arbeit gründet sich auf sein Wissen, seine Gründlichkeit und viel Schweiß. Filme wie *High Noon, The Sundowners* und *A Man for All Seasons* sind die Produkte eines meisterlichen Handwerkers. Jeder junge Regisseur kann da eine Menge lernen, wenn er beobachtet, was er mit der Kamera gemacht hat, wie er die Schauspieler geführt hat, wie er also als Resultat von beidem das Thema behandelt hat.

Der Regisseur kann dem Schauspieler helfen, das Beste aus seinen Möglichkeiten zu machen. Kirk Douglas ist in jedem seiner Filme ein hervorragender und kraftvoller Schauspieler, aber selten wurde sein Talent voll ausgeschöpft. In *Lust for Life* hat Vincente Minelli ihn im Innersten gerührt. Natürlich bietet die Rolle van Goghs viele Möglichkeiten, aber Minelli hat eine bestimmte Saite in Douglas zum Klingen gebracht, die ihn zarter gemacht hat. Er erreichte, daß Douglas mit dem Herzen spielte.

Vor nicht allzulanger Zeit habe ich mit Paul Newman gesprochen. Er ist in den besten Mannesjahren, aber zugleich auch neun Jahre alt. Er hat eine Schreckschußpistole, Ballons und Knallfrösche. Er ist unausstehlich und launisch, selbstsüchtig und egoistisch. Er ist auch ungeheuer freundlich, warm und großzügig. Er regt sich zum Beispiel furchtbar darüber auf, daß der verstorbene Dr. Oppenheimer durch seine letzten Hinweise die Bombardierung Hiroshimas möglich machte. Er ist einfach sehr menschlich.

Wir haben über *Cold Hand Luke* gesprochen und Stuart Rosenberg, den Regisseur. Ich wollte von Newman hören, was für ihn einen guten Regisseur ausmacht. Paul sagte: »Wenn Rosenberg mit mir sprach, dann bedeutete das immer etwas Besonderes.« Newmans Spiel in *Cold Hand Luke,* das dem in *Somebody Up There Likes Me* ebenbürtig war, läßt dieses Gefühl von »etwas Besonderem« deutlich spüren.

Es ist seltsam genug, aber nur sehr wenige profilierte Schauspieler können einem erklären, warum ein bestimmter Regisseur ein guter Regisseur ist. Trotzdem, die Kandidaten für eine Liste der besten Regisseure haben eines gemein: eine starke Menschlichkeit.

Warum ist Marlon Brando so hervorragend in *The Wild Ones, Desiree* und *On the Waterfront* und so schlecht in *Mutiny on the Bounty?* Was ist mit Brando passiert? Es war derselbe Brando, mit denselben Talenten, denselben Fähigkeiten.

Mit *ihm* ist nichts passiert. Es war kein bestimmter geheimnisvoller Faktor mit im Spiel. Lewis Milestone, der Regisseur von *Munity,* konnte bei diesem verwirrten Kind einfach keinen Anknüpfungspunkt finden. Elia Kazan kannte Brando und machte ihn zu einem Giganten der Branche in *On the Waterfront.* Kazan hat es fertiggebracht, Mr. Brando klarzumachen, daß das andere Kind nicht dieselbe Behutsamkeit und Aufmerksamkeit brauchte.

Als William Wyler *Funny Girl* gedreht hat, hat er Barbra Streisand erlaubt, die Kontrolle über seinen Film zu übernehmen; ihm zu sagen, wo er die Scheinwerfer hinstellen sollte, von welcher Seite er ihr Gesicht aufnehmen sollte usw. Ich könnte das nicht tun. Ich bin bis jetzt einfach nicht so gut. Ich würde mich lieber übergeben, als daß ich einem meiner Schauspieler bei meinem Film die Regie überließe.

Wyler ist ein großer Regisseur, integer und mit einem tiefen Respekt vor seinem eigenen Talent. Bevor Barbra Streisand kam, hat ihm kein Schauspieler oder keine Schauspielerin je gesagt, was er tun soll. Als Wyler mit mir über seine Erfahrungen sprach, hat er gesagt, daß ihm die Arbeit mit Barbra viel Spaß gemacht hätte, und daß sie sich selbst besser kannte, als er sie je kennen könnte. Sie hat in der Tat enormes Talent, und sie weiß, was für sie notwendig ist; aber was am Ende als *Funny Girl* auf der Leinwand zu sehen war, war ein Film von Wyler, und ein sehr erfolgreicher Film dazu. Nicht *sie* hat ihn gemacht, *er* war der Meister aller Klassen, und er hat seine eigenen Methoden angewandt. Sie ist phantastisch, er aber auch!

Robert Wise, ein ausgezeichneter Regisseur, hat die Übersicht verloren und / oder die ganze Sache verpatzt, als er *Star* mit Julie Andrews drehte. Man kann das schon verstehen. Ich glaube nämlich, daß er sich in seinen »Star« so verliebt hat, daß sein gesamtes schöpferisches Potential beschlagnahmt war und das Resultat weit unter dem lag, was es hätte sein können.

Ich habe Wise nie so mit der Kamera umgehen sehen: starre Einstellungen, Abgang, Auftritt; links rechts, rechts links – so ein statisches Zeug in den ersten drei Rollen, daß ich nicht mal meine Kekse gegessen habe. Ich liebe Gertie Lawrence, ich mag Julie Andrews, und ich halte Wise für einen ausgezeichneten Regisseur, trotzdem endete der Abend mit einer ärgerlichen Enttäuschung. Es war alles ein Loblied, und zwar ein sehr teures, auf Julie Andrews.

Sound of Music, bei dem Wise Produzent und Regisseur war, ist ein wunderbarer Film. Man konnte sich ihn von vorne bis hinten ansehen und genießen. Nichts Statisches. Ich glaube, er ist ein gutes Beispiel dafür, wie das Gefühl und die Einstellung des Filmemachers und der Stars direkt in das Material eingehen können. Es roch nach Lilien und Rosen und Miß Andrews hat offensichtlich den Stoff respektiert. Es ist auch offensichtlich, daß Wise viel stärkere Gefühle für *Sound of Music* hatte, wenn man beide Filme vergleicht. Er hat den Liebreiz und den Charme des Bühnenmusicals rübergebracht. Man spürt in *Star,* daß der Regisseur die Kontrolle verloren hat. Das Publikum kann mit dem Film nichts anfangen. Es kann zu Julie Andrews keine Beziehung finden und auch nicht zu Gertrude Lawrence. Manchmal klang es so, als ob es noch etwas anderes gegeben hätte, aber Julie Andrews sagte leise: »Das kann man nicht sagen, das kann man nicht sagen.« Bei Produktionskosten von mehr als zehn Millionen Dollar ist der Film so in die Hose gegangen, daß 20th Century-Fox den Titel geändert und ihn neu herausgebracht hat. Er ist aber trotzdem nicht besser gelaufen. Wenn man genug Filme macht, wird man, selbst wenn man Robert Wise heißt, ab und zu baden gehen.

Es gibt viele Regisseure, die nicht in die Kategorie eines Robert Wise, William Wyler, George Stevens oder Zinnemann gehören, die aber gute Filme, eines Tages sogar auch einen Klassiker, herausbringen.

Norman Jewison, Larry Peerce, Artie Penn und Ralph Nelson gehören zu dieser Kategorie. Nelson läßt eine bestimmte Art von Spannung aufkommen, die aber über Vitalität und Energie hinausgeht. Er sucht sich einen soliden Stoff aus, dem er dann seine Vitalität injiziert. Es ist diese unfaßbare Art und Weise, in der er seine Filme macht, die sofort diese Spannung erzeugt.

John Cassavetes ist ein anderer Regisseur, bei weitem nicht so bekannt wie Nelson, der seinen Durchbruch schaffen wird. Es ist für ihn wichtiger, einen Film, als sich selbst einen Namen zu machen. Wenn man die Bedingungen bedenkt, unter denen er arbeiten mußte, war *Shadows* ein guter Film. Er hat den *Too Late Blues* bei Paramount gemacht, und er ist damit durchgefallen, obwohl einige sehr gute Sachen darin waren. Cassavetes kann Spannung herstellen; er ist ein außergewöhnlicher Filmemacher und ich glaube, *Faces* beweist das; *Husbands* ist eine andere Geschichte.

Viele hoffnungsvolle junge Filmemacher machen einen gewaltigen Fehler. Sie zwingen sich eine Diät von Filmen auf, die gerade in Mode sind. Sie sehen Fellini und Godard. Sie sehen *Easy Rider, The Graduate, In Cold Blood,* und manchmal, wenn auch zögernd, einen Film wie *Guess Who's Coming to Dinner.* Man wird sie nicht mal verkleidet im El Ray in Wilshire erwischen, wo *Holiday in Bermuda* läuft. Aber es ist genauso wichtig, sich eine Karte im El Ray zu kaufen oder sich *Flicka Goes to Sweden* anzusehen (wenn Universal je so einen Film gemacht hat), wie es wichtig ist, sich *Midnight Cowboy* anzuschauen. Jeder von diesen Filmen bietet etwas. Wenn ein Filmstudent seine Müdigkeit bekämpfen und auf den mitternächtlichen Autowerbespot mit dem irren Hund warten kann, wird er einige wunderbare Sachen entdecken. Er kann einiges davon klauen. Und was wichtiger ist – er wird sehen, was er vermeiden muß: die Abgänge nach rechts und die Schnitte, die mit der Sägezahnstanzmaschine gemacht sind. Es gibt eine Menge mieser Filme, die voller unbezahlbarer Hinweise sind. Das schlimmste »B«-Picture ist eine Lektion im Filmemachen.

Neunzig Prozent der Avantgardeclique, die proklamiert:»Sehen Sie nur die Größe seines Films!« schämen sich zuzugeben, daß sie keine Ahnung haben, was damit eigentlich gemeint ist. Sie können es kaum erwarten, ins Kaffeehaus zu rennen und zu hauchen:»War das nicht großartig?«

Gott behüte, daß jemand fragt:»Was hat der Film sagen wollen?« Langes Schweigen. Dann sagt irgendein Scheißer mit Bart und dicker Brille:»Wen kümmert das schon?«

Fellini kann wunderbare anderthalb Stunden Unterhaltung bieten, aber man kann sehr wenig dabei lernen. Die einzige Möglichkeit, wirklich von Fellini zu lernen, wäre mit ihm zu schlafen, ihn denken zu hören und dann sein Produkt zu sehen. Im Gegensatz dazu ist die alte Schule des Filmemachens in hohem Maß instruktiv, weil nichts hinter Anspielungen versteckt wird. Es gibt da keine Debatten über innere Gefühle. Man weiß, daß der Typ auf eine Hure scharf ist, von dem Moment an, wo beide in Großaufnahmen zu sehen sind.

Die Kritiker sind über die Schnitte in *The Pawnbroker,* die man kaum mitkriegt, in Verzückung geraten. Sie waren einzigartig. Sie haben den Film gemacht, im etwas Besonderes gegeben. Allerdings haben viele Leute sie nicht verstanden. Ich habe einige Leute im Publikum beobachtet, wie sie krampfhaft versuchten herauszubekommen, was sie bedeuten sollten. Obwohl es ein in jeder Hinsicht guter Film war, hat *The Pawnbroker* einen gewissen Prozentsatz seines Publikums mit den Sekundenschnitten verwirrt.

Sollte sich ein Neuling entschließen, die Schnittmethode von *The Pawnbroker* zu imitieren (falls er sich den Luxus der Vorbereitung, der Zeit und des Arbeitsaufwands, der dazu nötig ist, leisten kann), sollte er sich bewußt sein, daß das breite Publikum das möglicherweise nicht akzeptiert. Sidney Lumet hat seinen Film für ein begrenztes Publikum gemacht.

A Mand and a Woman ist in Fort Wayne, Indiana, nie gelaufen, aus denselben Gründen, aus denen *Blow Up* dort nicht gelaufen ist. *A Man and a Woman* ist in weiten Teilen der USA in den Kinos nicht gelaufen, einfach weil er nicht verstanden oder akzeptiert worden wäre. Er konnte, zerstückelt, ins Fernsehen kommen, aber eine Serie wie *Beverly Hillbillies* hätte ihm die Zuschauer entzogen.

Wenn ein junger Filmemacher ein größtmögliches Publikum sucht, sollte er sich *Sound of Music* als Leitfaden hernehmen; sucht er nur ein ausgewähltes Publikum, dann *The Pawnbroker*. Beide Arten von Filmen sollten gemacht werden, aber man ist selten in der Lage, vom einen zum anderen zu wechseln. Bitterer aber ist die Tatsache, daß die Studios und Verleiher nur abschätzige Bemerkungen über anspruchsvolle, nur einem begrenzten Publikum zugängliche Filme übrig haben, und sie ablehnen. Was einen acht Stunden langen Andy Warhol-Film angeht, so werfe ich die Avantgarde- und Undergroundfilmer eher zusammen in die Kategorie der *Filmverbraucher,* als daß ich sie Filmemacher nennen würde. Oft verbrauchen sie hemmungslos Filmmaterial zu keinem anderen Zweck, als Kontroversen vom Zaun zu brechen. Einige werden in wenigen Kunstkinos ihre Bewunderer finden, aber nur einzelne werden darüber hinaus ein Publikum haben.

Wenn Sie die Avantgarde sein wollen, dann müssen Sie 10,1 Zoomfahrten aus der Hand machen, mit einem Fischauge eine Dame aufnehmen und sie so verzerren, daß sie aussieht wie der Arsch von Lon Chaney; die Dimensionen verlieren, Unschärfen machen und wie François Truffaut sein? Klar, auf alle Fälle, machen Sie das! Aber zuerst sollten Sie herausfinden, was es mit der Belichtung vom 35-mm-Film auf sich hat, und was mit einem Crab-Dolly und dem Mann am Mikrophongalgen. Truffaut hat sich alle Grundkenntnisse angeeignet und sie dann über den Haufen geworfen, um Filme zu machen.

Einige junge Filmemacher sagen, daß sic das Abenteuer wagen und über den großen Teich gehen wollen, um ihre Geschichten mit den Europäern zu machen. Es wie die Godards und Fellinis machen. Vielleicht wird der Glanz abbröckeln; vielleicht wird ein Hauch von Godard ins Filmmaterial einsickern. Die Chancen dafür stehen schlecht. Sie werden am Ende einfach billige amerikanische Filme in Europa machen. Wenn man sich Filme wie *The Pawnbroker* und *Guess Who's Coming to Dinner* ansieht, wenn man die Arbeit Sidney Lumets und die Stanley Kramers genau betrachtet, dann besinnt man sich besser darauf, einfach anzufangen. Und es spricht viel dafür, sich an Unterhaltungsfilmen für die Familie zu trainieren, an Filmen, die ganz einfach an das ABC der Kamera und ihres Einsatzes herangehen.

Es ist aufregend und nützlich, den rhetorischen Eskapaden der Cinéasten und Intellektuellen zu lauschen; aber wenn es an die Arbeit geht, ist nur sehr wenig davon zu gebrauchen.

Dritter Teil · Komödie

15 Das Lachen ist unsere Sache

735 junge Leute wollten mit mir bei einem Komödien-Workshop mitmachen. Die Auswahl war sehr einfach. Ich fragte sie, warum sie Komödien machen wollten.

Zuerst einige negative Antworten:

»Ja, ich will lustige Sachen machen, weil ich der Welt etwas geben möchte, das…«

»Ich möchte der Welt etwas geben. Es gibt viele Leute, die nicht gehen können; sie sollten viel zum Lachen haben.«

Die, die dann mitmachen konnten, sagten:

»Ich möchte Komiker werden, weil irgendwas hier drin an mir nagt.«

»Ich möchte mitmachen, weil ich nicht weiß warum.«

Wenn wir einmal von dem ganzen Gefasel absehen, dann ist vielleicht für einige von uns die Komödie deshalb unser Fach, weil sie in uns drin sitzt. Wir haben keine Wahl. Es gibt Lachen oder Weinen; unsere Sache ist das Lachen. Man kann nicht hassen, wenn man lacht.

Ein guter Komiker, glaube ich, stammt aus mageren Verhältnissen, wenn nicht aus einer Minderheit. Mager in emotionaler oder finanzieller Hinsicht, oft beides. Keiner, der als Kind mit silbernen Löffeln gegessen hat, ist je in dieser Branche ganz nach oben gekommen. Einige haben das versucht, habens aber nicht geschafft.

Komödie, Humor, nennen Sie es wie Sie wollen, ist oft der Unterschied zwischen normal und verrückt, Überleben und Katastrophe, sogar Tod. Das ist das emotionale Sicherheitsventil des Menschen. Gäbe es den Humor nicht, könnten die Menschen emotional nicht überleben. Leute, die über sich selbst lachen können, schaffen es vielleicht. Schwarze und Juden haben den meisten Humor, aus dem einfachen Grund, weil sie über ihr Sicherheitsventil soviel ablassen müssen.

Die Komik geht merkwürdige Wege, immer dicht am Puls des Lebens. Manchmal kann man ein ungläubiges Lächeln oder Lachen beobachten, wenn von einem Unglück erzählt wird. Dann bricht Hysterie durch. Oft kann man bei einem Begräbnis ein merkwürdig verrücktes Lachen hören. Das soll entweder ein Schluchzen überspielen oder ist Ausdruck der Unfähigkeit zu weinen. In einem Trauerzug sind Witzeleien über den Toten Abwehrreaktionen gegen das Tragische. Oft ist die Tragödie direkte Wurzel der Komödie.

Ich habe immer das Gefühl gehabt, daß Komödie Realität ist. Was nicht real ist, kann man nicht wiedererkennen; der Mensch lacht nur, wenn er wiedererkennt. Wenn die Komödien-Form nicht Realität im reinsten Sinn des Wortes ist, wird sie oft zu einer Karikatur der Wirklichkeit. Komödie ist nie Phantasie, obwohl Phantasien komisch sein können. Aber reine Phantasie ist selten wirklich witzig, weil sie nur für sich allein, in sich geschlossen dasteht.

Identifikation, und nur sie allein, läßt die Komödie funktionieren. Wenn die Pointe eines amerikanischen Witzes auf Schwedisch vorgetragen wird, wird man keinen Muckser hören können. Natürlich muß die Komik nicht verbal sein. Jeder kann sich mit dem dicken Mann identifizieren, dem das Eis beim ersten Lecker von der Tüte fällt. Aber wenn sie verbal ist, muß sie verstanden werden, damit eine Identifikation stattfinden kann.

Ich habe mich ganz an die Komödie hingegeben, weil sie in mir selbst drin sitzt. Ich glaube außerdem, daß es nichts Dramatischeres gibt als die Komödie. Daher habe ich auch nicht die Absicht, einen Film zu machen, der nicht komisch ist. Es gibt zu wenig Komiker in dieser geängstigten Welt, warum sollte es einer weniger werden, nur um der fragwürdigen Belohnung willen, in die verbrauchten Reihen der Filmregisseursgilde aufgenommen zu werden. Ich mache mit Hingabe komische Filme, weil mein Innerstes das braucht, und weil es das ist, was ich am besten kann.

Wenn ich von meiner eigenen Komik als Schauspieler spreche, rede ich oft von dem »Unsinn, den ich mache«. Ich tue das mit Stolz und Liebe, nicht um mich selbst herabzuwürdigen. Wenn ich als Komiker vor der Kamera stehe, bin ich neun Jahre alt. In diesem Alter kann man verletzt, aber kaum herabgewürdigt werden.

Einige Schauspieler, die unfähig sind, die Komödie zu verstehen, sehen sie als etwas Unwürdiges an. Ich habe mit diesen Leuten gearbeitet und Rollen mit ihnen besetzt. Es sind hoffnungslose Fälle, man kann ihnen nicht beibringen, zu weinen oder glücklich zu sein, weder in zehn Minuten noch in zehn Jahren. Sie wissen nicht, was sie versäumen.

Die Komödie hat den Vorteil der Universalität, und es wird ihr eine besondere Wärme entgegengebracht. Wenn Paul Newman die Straße heruntergeht, reagieren die Frauen vielleicht mit einem »Ohho!« Da spielt körperliche Anziehungskraft eine Rolle und sicherlich auch eine Art von Wärme. Aber wenn Red Skelton dieselbe Straße hinuntergeht, kann man ein »Hi, hiii« hören. Es wird eine Saite in ihrer Erinnerung angeschlagen, die sie an eine Freude denken läßt. Es mag sein, daß Newman sie glücklich gemacht hat, aber nicht auf dieselbe

Weise. Sie denken vielleicht an den Newman, den sie in seinem letzten Film gesehen haben. Bei Skelton denken sie an Lachen und Glücklichsein. Für den Darsteller ist das eine Anerkennung und Belohnung.

Vor nicht allzulanger Zeit wurde ich in Genf wegen eines Durcheinanders im Flugplan aufgehalten. Auf dem Flughafen waren auch elf oder zwölf Araber. Das sind zornige Leute. Ich bin Jude und meine Filme sind in Jordanien, Ägypten und anderen mohammedanischen Ländern verboten. Und trotzdem vergaßen sie ihren Zorn, vergaßen den Krieg für einige Minuten. Ihre Mienen hellten sich auf, Erinnerungen stiegen in ihnen auf, Filme, die sie gesehen hatten; es war eine Begegnung. Ich habe da viel über die Leute und die Komödie gelernt.

Auf derselben Reise bin ich an Wochenenden in Europa rumgekurvt. Ich habe in verschiedenen Fabriken gespielt, manchmal andere Filmstudios besucht. Ich habe die Grenze zwischen Sinn und Unsinn mehrmals überquert. Ich hörte Lachen und Zurufe wie »Comico«, oder etwas Entsprechendes in der Sprache des Landes, in dem ich mich gerade befand. So hat alles Gott sei Dank seine wunderbaren menschlichen Belohnungen.

Der Komödie wird, zumindest in Amerika, nicht die andere, manchmal zweifelhafte Belohnung zuteil – der Oscar. Die Academy of Motion Picture Arts and Sciences erkennt die Komödie als solche nicht an. Sie sehen als Institution verächtlich auf sie hinunter. So gehen die drei oder vier Komödien, die Hollywood im Jahr herausbringt, gegenüber den 150 Filmen in der allgemeinen Kategorie vollkommen unter.

Wenn die Komödie subtil angelegt ist und Peter Ustinov mitspielt, ein Schauspieler, der sich manchmal mit den Abbey Players ganz gut zu arrangieren weiß, werden sie sich den Film möglicherweise ansehen. Aber wenn der Autor von *Solid Gold Cadillac,* einer subtilen Komödie, nicht zur Ingroup gehört hätte, wäre der Film nicht nominiert worden.

In der Akademie gibt es keine Kategorie für Komödie, aber es gibt einen Preis für Takahi Sanaki von der Tokyo Soho Company, für seine technischen Leistungen bei der Konstruktion einer Toilette, die gespült werden kann, ohne die Tonleute zu stören. Es gibt eine Kategorie für den besten Song in einem Schwarz-Weiß-Musical, das in Farbe hätte sein sollen, wofür man aber nicht das Geld hatte. Es gibt auch einen Preis für eine Nebenrolle in der Fernsehfassung eines Bühnenstücks. Das Fernsehen wollte es nicht, so kam es in die Kinos und so bekam der Schauspieler seinen Oscar. Sie haben auch eine

Abteilung für Make-up. *An American in Paris* war ein ganz ordentlicher Tanzfilm. Aber die Akademie hat keine Kategorie für Tanz. Die Erlöse aus dem Benefiz gingen an die Akademie und an die Kasse für notleidende Filmkünstler, aber: »Gebt diesem verdammten Film bloß keinen Preis, das ist ja alles Tanz.«

Die Einstellung: »Komödie, um Himmels willen, das ist doch ohne jedes Niveau«, hat die Preisvergaben der Filmindustrie durchdrungen. Das heißt natürlich: der Akademie. Es gab einmal einen Film mit dem Titel *City Lights*. Er war von Mr. Chaplin gemacht worden. Einige der angesehensten Schauspieler jener Zeit sehen in seiner Darstellung eine der größten schauspielerischen Leistungen, die je vollbracht wurden. Diejenigen, die den Film gesehen haben, waren von ihm vollkommen hingerissen. Und was tat die Akademie? Nichts. Gewisse Mitglieder sorgten dafür, daß sich niemand für seine Nominierung einsetzte. Es sollte kein Aufsehen geben.

Als Stan Laurel nicht mehr lange zu leben hatte, mußte die Akademie unter Druck gesetzt werden, damit sie ihm einen Extra-Oscar verlieh. Sie hätten ihn links liegen gelassen, wie sie es auch bei anderen Meistern gemacht haben, die jetzt verstorben sind. Aber nicht so bei Takahi Sanaki! Man sagt, daß die Akademie, ihre Mitglieder und Vorsitzenden, so denken, aber dann – wer braucht schon das Lachen? (Anmerkung: mit dem Keystone Kops hat *alles* angefangen – warum gibt es keinen Oscar für Komödien?)

Aus unerfindlichen Gründen tendieren die Kritiker dazu, die Komödie und die Komiker viel schärfer zu beurteilen als andere Sparten der Unterhaltung. Mir ist vorgeworfen worden, daß ich nicht aufrecht laufe, einen Buckel habe und mit semitischem Akzent spreche. Red Skelton hat man vorgeworfen, mit »schwerer Zunge« zu sprechen.

Der Komiker muß sich an »unkritische Kritik« gewöhnen und sich da ein dickes Fell zulegen. Bei allem, was er in der Komödie macht, wird er auf sie treffen. Hört er hin, ist es aus mit ihm; er kann dann Erdnüsse verkaufen gehen.

Es gibt beim Publikum in Amerika und dem Ausland einen Unterschied in der Wertschätzung der Komödie. Vielleicht sind die Europäer ein unkomplizierteres Volk, mit einer langen Geschichte von Krieg und Tragödie, Weinen und Lachen. Wenn ich nach Europa fahre, wird mein Ich aufgetankt; ich werde wieder stark, weil die Leute da die Komödie als Grundlage für das Überleben ansehen. Sie verachten sie nicht, sehen sie nicht als niedrig an. Sie verstehen sie und kümmern sich nicht darum, ob es gerade schick ist, nur George und Martha in *Virginia Woolf* gut zu finden.

Es ist merkwürdig und gibt zu denken, daß die amerikanische Industrie nicht mehr das produzieren kann, was im wahrsten Sinne des Wortes ihr Ausgangspunkt war: Slapstick – die Keystone Kops. Die Studios runzeln die Stirn, wenn man davon spricht, natürlich. Es ist nicht schick.

Welche Richtung auch immer die Industrie in dieser Zeit der Veränderungen einschlägt, ich werde die Komödie nicht verlassen.

Es gibt eine klassische Regel im Aufbau einer Rede, die in direkter Beziehung zur Komödie steht. Sie ist bekannt als rhetorische Struktur: »Sage dem Publikum, daß du gleich etwas tun wirst, tue es, und laß sie dann wissen, daß es getan ist.« Diese Regel gilt auch für die Komödie.

Ein Komiker geht mit festem Schritt über ein Feld. Wir sehen ihn in einer amerikanischen Einstellung, er geht flott voran, aber wir lenken die Aufmerksamkeit des Publikums nicht auf die Tatsache, daß er auf ein Erdloch zusteuert. In einer totaleren Einstellung sehen wir, daß er umherschaut und daß sein linker Fuß über dem Loch ist. Dann ein Ranschnitt und er schreit: »Ooooooh-flatsch!« Die Szene ist jedoch bis zu dem Augenblick nicht aufgelöst, in dem wir ihn flach auf seinem Kreuz in der Grube liegen sehen.

Laurel und Hardy hatten die Angewohnheit zu sagen: »Pssst, guck mal hier«, ohne es je auszusprechen. Es war wunderbar.

»Ich werde klingeln, Stanley.«

Man sieht eine leere Klingelfassung, dann Oliver, der seinen Finger hineinsteckt. »Eiiiiijoooooh!« Und es dauert immer einen Augenblick, bis der Zwischenschnitt auf den Finger kommt, der in der Fassung zuckt. Der Hinweis, das »Pssst, guck mal hier!«, war das Warenzeichen von Laurel und Hardy, aber bei verschiedenen Komikern und verschiedenen Zuschauern funktioniert es unterschiedlich. Das ausländische Publikum mag es, wenn die Gags hart gebracht werden. Die Amerikaner sind da etwas anspruchsvoller. Der ausländische Zuschauer hat den Nachteil, sich untertitelte Filme ansehen zu müssen. Allerdings gibt es für einen visuellen Gag keine Untertitel.

Es ist seltsam genug, daß sich das amerikanische Publikum nie richtig bewußt war, daß Laurel und Hardy die »Witzemacher« der Welt waren. Sie schufen die Regeln für diese Art von Technik in Filmen, aber sie waren so meisterhaft, daß es nie so erschien, als gäbe es Regeln.

Die Grundlage all der unzähligen Varianten des visuellen Gags ist die Bananenschale. Wenn die Zuschauer nichts von der Bananenschale wissen, sind sie in dem Moment, in dem der Komiker reagiert, vollauf damit beschäftigt herauszubekommen, was denn jetzt eigentlich passiert ist. Man kann ihnen das nicht in dem Moment sagen, in dem sie loslachen sollten. Wenn sie gezwungen sind zu sagen oder zu denken: »Oh, da war eine Banane«, ist das Lachen verpufft. Sie müssen in dem Moment lachen, in dem das Hinterteil unsanft mit dem Bürgersteig in Berührung kommt.

So wie man eine wichtige Stelle in einem ernsten oder spannenden Film herausarbeitet, muß man auch einen Gag exakt herausarbeiten. Der Gebrauch der verschiedenen Objektive ist bei der Komödie genauso wichtig wie in einem hochkünstlerischen dramatischen Film. Die Probleme und Vorzüge von Kamerabewegungen gibt es für beide. Dramatische Sequenzen in Komödien sind so gebaut, daß sie auf das exakte Funktionieren der Komik hinarbeiten.

Es gibt eine Szene in *The Nutty Professor,* wo das Umkippen vom Drama in die Komödie ziemlich klar zu sehen ist. Ein europäischer Kritiker schien davon besonders beeindruckt zu sein und fragte: »Warum wenden Sie sich jetzt nicht den dramatischen Filmen zu?« Ich nehme an, er glaubte, daß ich dabei eine größere Erfüllung erlange. Es schien ihn zu überraschen, daß beides so gut ineinanderpaßt. Aber wenn es sich nicht gerade um Komödien à la Keystone Kops handelt, dann geht in modernen Komödien gewöhnlich beides ineinander über.

In jedem Film versuche ich irgendwo, irgendwann dem Charakter des ›Idioten‹ Substanz zu verleihen. Man kann die ernste Seite seines Charakters nicht am Anfang des Films entwickeln. Das Publikum wird das nicht akzeptieren. Aber wenn der Idiot sie einmal zum Lachen gebracht hat, wenn er einmal auf der Ebene des Lachens klar mit ihnen kommunizieren kann, dann kann er auch an Substanz gewinnen. Dann wird das Publikum das nicht nur akzeptieren, sondern es wollen. Sie wollen, daß er ein wenig mehr ist als nur ein Idiot, weil er in manchen seiner Verstrickungen ihnen gar nicht so fremd ist. Ich bin oft gefragt worden, wo ich die Figur des verrückten Professors herhabe.

Sie wurde in einem Zug von Los Angeles nach New York geboren. Es war schlechtes Wetter, die Flugzeuge konnten nicht starten, und ich mußte zu einer Show nach Manhattan. Ich saß gerade mit einigen Leuten aus meinem Stab bei einem Drink im Salonwagen, als ein kleiner Mann vorbeikam, dem die Brille vorn auf der Nase saß. Es war das erste Mal, daß ich halbierte Brillengläser gesehen habe. Er räusperte sich: »Und ah, ah-hem.«

Ich hatte einen Aktenkoffer mit Aufklebern drauf. Er sah ihn sich an. »Sind Sie Show-Leute?«

Ich sagte: »Ja, stimmt. Wir fahren nach New York und machen dort eine Show.«

»Oh, phantastisch. Ich heiße Hartmann, Gesellschaft für surrealistische Brotzeitschachteln und Sturmfenster, Pittsburgh. Ich ah, ah-hem. Macht ihr diese Tour oft für Shows, Auftritte und so?«

»Ja, wir fahren hin und her.«

»Ah, sagen Sie bloß, das ist phantastisch. Werden Sie morgen früh, äh, frühstücken? Oder viell..ah..bef, ah, ah, ah, ah... Sie werden einfach mal sehen? Ah, aussteigen?«

Ich habe ihm zwei Stunden lang die Drinks bezahlt und die ganze Zeit nie die Augen von ihm abgewandt. Viele Leute können sich mit ihm identifizieren, weil sie irgendwo, irgendwann auch so jemand getroffen haben. Er könnte zur Familie gehören...

Insofern ein Komödienregisseur sowohl mit dem Ernsten wie mit dem Lächerlichen umgehen können muß, ist er flexibler als ein Regisseur, der nur ernste Stoffe behandelt. Es kann sein, daß er nicht von derselben Tiefe und Solidität ist wie ein »ernster« Regisseur, aber er muß sich auf beiden Gebieten auskennen. Aufgrund dieser Kenntnis, kann er sowohl einen dramatischen wie einen komischen Film machen. Soweit ich weiß, gibt es in Amerika neun Komödienregisseure. Es gibt drei oder vier Komikerstars im Gegensatz zu fünftausend dramatischen Schauspielern. Es ist eine härtere Branche für den Regisseur und die Schauspieler.

Ich bin keineswegs sicher, daß gute Komiker auch gute Komödienregisseure werden würden. Wenn sie geborene Komiker sind, verfügen sie über eine gewisse Flexibilität, die ihnen dabei helfen kann. Eine Darstellerin wie Eve Arden, die nicht als Komikerin geboren wurde, aber eine phantastische Technikerin darin ist, hätte sehr wohl das Zeug zur Regisseurin. Aber bei allen ihren Erfahrungen und Fähigkeiten wird sie darüber erst dann genau Bescheid wissen, wenn sie auf dem Stuhl gesessen hat.

Es gibt gute Komödienregisseure, die nie Darsteller gewesen sind. Sie bringen ein Gefühl für Humor und für den Rhythmus bei der Komödie mit. Norman Taurog und Frank Tashlin sind nie Komiker gewesen. George Marshall und Frank Capra sind vom ernsten ins lustige Fach übergewechselt, aber nie Darsteller gewesen. Viele gute »ernste« Regisseure können mit Komödienhaftem umgehen. Hitchcocks Sinn für Humor ist unvergleichlich. Er benutzt komische Momente, um das Publikum aus einer fesselnden Spannung freizumachen. Keiner kann das besser.

Mike Nichols, das ist bekannt, wechselte von der Komödie zum Drama. Seine Übung und seine Erfahrungen als Komiker werden bei jedem Film durchscheinen. Sein flotter *Graduate* zeigte ein Timing und einen Rhythmus, die er von der Komödie her kennt, er zeigt auch den sicheren Instinkt eines Komikers für Pathos. In *Catch-22* hat er auf andere Dinge aus seiner Bühnen- und Fernseherfahrung als Darsteller zurückgegriffen.

Wie macht man eine Komödie für die Leinwand? Fragen Sie lieber, wie man den Ozean mit einer Kaffeetasse ausschöpfen kann.

In *Modern Times* wollte Chaplin etwas sagen, und er hatte eine Idee, wie er es sagen wollte. Das »Wie« waren Automation, Arbeit, Management, die menschlichen Verhältnisse – sich dafür umbringen zu müssen, daß man was zu essen auf den Tisch bekommt. Seine Idee hatte einen Anfang, eine Mitte und ein Ende. Dann mußte er sie mit Gags ausfüllen, im Kontext dessen, was er sagen wollte. Jeder Gag hatte seine Bedeutung.

Ich mache meine Filme auf ungefähr die gleiche Weise: eine Idee, ein Anfang, Mitte und Schluß, und zwischendrin verteilt die Gags. Nehmen wir einen einfachen Gag als Beispiel. Ein großer Koffer; ich stelle ihn auf den Tisch, nehme meine Schuhe und Strümpfe heraus, dann ein Paar Stiefel, dann eine Katze und schließlich ein kleines Pony, und am Schluß setze ich der Sache eine Krone auf, indem ich einen kleineren Koffer herausnehme. Die Leute lachen, weil nichts zusammenpaßt, weil es widersinnig ist.

Ich denke und handle in visuellen Begriffen, wie Chaplin, obwohl ich mich mit ihm nicht auf eine Stufe stellen möchte. Der Vorteil des visuellen Denkens bei der Komödie – im Gegensatz zum verbalen Denken – ist, daß es den Widersinnigkeiten und damit dem Lachen die Tür öffnet. Es kommt aber nicht nur auf den visuellen Gag an sich an, sondern auch darauf, wer ihn bringt, warum und wo.

Eine der genialsten Komik-Szenen in *Modern Times* spielte im Warenhaus. Chaplin lief mit verbundenen Augen Rollschuh. Mit der Grazie eines Ballettänzers steuerte er auf ein Warnschild zu. In dem Moment, in dem er die Binde abnahm und sich der Gefahr gewahr wurde, versagten ihm die Beine. Er war vor Angst gelähmt. Ich bin sicher, daß er diese riesige Rollschuhsequenz ohne den Abschluß, ohne das Versagen der Beine geschrieben hat. Bei seinem: »Oh Gott, sieh mal wo ich fast gelandet wäre!« haben die Leute gelacht. Aber dieser letzte Abschluß, die innere Blockierung, die weichen Knie, das war so nicht im Buch enthalten; das war ein hinzugefügter visueller Gedanke, eine von Chaplins Nuancen.

Für mich ist *Modern Times* ein sehr ernster Film. Er beleuchtete die Probleme einer sich ändernden Welt. Chaplin ließ ihn wie einen Dokumentarfilm aussehen, brach aber den Ernst auf, drapierte ihn mit visuellen Gags. Chaplin war ein Komik-Filme-Macher, aber in seinen Intentionen war er genauso ernsthaft wie der ernsthafteste Filmemacher, den es je gegeben hat.

Botschaften müssen in einer Komödie sehr sorgsam maskiert werden. Wenn der Rhythmus des Films gestoppt werden muß, um die Botschaft unterzubringen, können Film wie Botschaft verlorengehen. Im richtigen Bezugsrahmen, vor oder nach dem wildesten Gag oder mitten in ihm, kann eine soziale Aussage gemacht werden.

Weder in einem ernsten noch in einem lustigen Film *muß* man eine soziale Aussage machen, und sicher sind hundert Minuten Lachen und Spaß schon eine Botschaft für sich. Wenn die Zuschauer aber über das Lachen hinaus etwas mitnehmen können, das sich – ohne daß es ihnen richtig bewußt wird – in ihr Gedächtnis gräbt, dann hat die Komödie einen großen Dienst geleistet, einen größeren vielleicht als die schwergewichtigen Aussagen des Dramas. Wenn der Komiker den Angebern und Tyrannen eine Abreibung verpassen und sie dann zum Teufel schicken kann, dann hat er sich aufgeschwungen zur Erfüllung einer wirklich menschlichen Aufgabe.

16 Die visuelle Seite der Komödie

Zusammen mit Bill Richmond habe ich einige visuelle Gags geschrieben, von denen ich glaube, daß sie ziemlich verrückt sind. Ich hoffe, daß zwanzig oder fünfundzwanzig davon einmal zu den besseren Beispielen der Filmkomik dieser Epoche gezählt werden. Vielleicht sind etwas mehr als zwanzig wirklich außergewöhnliche visuelle Gags nicht sehr viel für mehr als fünfundzwanzig Jahre Arbeit. Trotzdem ist das so ungefähr die Durchschnittsleistung an Kreativität bei jedem Komiker.

Natürlich habe ich meine Favoriten. Einer kommt in *The Ladies Man* vor. Der Idiot (The Idiot) wischt Staub in der Nähe einer Vitrine mit Schmetterlingen. Sein Auge fällt auf die Schmetterlinge. Sie sind schön. Er sieht nochmal hin und öffnet die Vitrine. Die fünf wundervollen gepreßten Schmetterlinge flattern weg, man sieht nur noch die fünf Eindrücke in der Vitrine. Der Idiot sieht ihnen in äußerster Verwirrung nach. Schließlich pfeift er und alle flattern wieder an ihre alten Plätze zurück. Er schließt die Vitrine und geht weg.

Ein anderer Lieblingsgag ist der, wenn der Kleine (The Kid) den Mond bei stockfinsterer Mitternacht photographieren will. Er nimmt ein Blitzlicht, geht raus, knipst, und in der ganzen Stadt wird es hell. Zwei Leute kommen aus einem Busch hervorgerannt. »Wie spät ist es?« fragen sie.

Das waren aufgeschriebene und sorgfältig geplante Sequenzen; aber manchmal wird der Gag oder die Sequenz beim Drehen geboren. In *The Ladies Man* hatte ich ein Bild von Helen Traubel über dem Kamin; ich machte wieder die üblichen Staubwisch- und Reinigungsarbeiten. Während ich die Einstellung einrichtete, die Kamera in eine niedrigere Position brachte, damit sie mit dem Idioten mitschwenken konnte, streifte ein Licht Helens Portrait. Es sah aus, als wäre ein Fettfleck drauf. Ich rief zum Requisiteur: »Mach das sauber!« Aber dann kam mir ein Gedanke. »Nein, bring mir etwas Lippenstift!« Ich malte ihren Mund damit an.

Die Aufnahme geht los. Der Idiot staubt das Bild ab, und wie er mit seinem Tuch an die Lippen kommt, verschmiert er sie über das ganze Bild. Es war irre.

Bei den Dreharbeiten wird an den Pointen gefeilt, und manchmal kommt auch ein Geistesblitz, wie mit dem Bild von der Traubel; aber meistens ist alles detailliert aufgeschrieben und vor Drehbeginn gut vorbereitet. Wenn ich einen Gag geschrieben habe, gebe ich ihn einem Zeichner, um ihn klar vor Augen zu haben. Ich erkläre ihm, wie ich ihn aufnehmen will, beschreibe ihm die Leute, die darin vorkommen und bestimme ungefähr die Kamerabewegung bis zum Schnitt oder zur Blende. Das ist fast eine Planung Bild für Bild. Ich benutze den Ausdruck »Gag«, wenn ich von etwas Lustigem spreche, egal ob es verbal ist oder visuell, aber es besteht ein großer Unterschied zwischen einem Gag und einer Sequenz visueller Komik. Ein Witz oder ein Gag ist eine kurze, schnelle Sache. Eine Sequenz visueller Komik kann sehr lang sein.

Chaplins Fließbandsequenz in *Modern Times* gehört klar zur längeren Kategorie. Zur Mittagszeit, nachdem er den ganzen Morgen in der Fabrik gearbeitet hat, macht sein Körper noch automatisch die Bewegungen weiter, wie er sie am Fließband gemacht hat. Er geht auf die Straße und sieht eine Dame mit zwei Knöpfen auf den Brüsten. Diese Knöpfe sehen genauso aus wie die Muttern am Fließband. Er macht sich an ihnen zu schaffen. Das ist offensichtlich zu sehr ausgearbeitet, um es noch einen Gag nennen zu können.

Es gibt eine ziemlich strenge Vorgehensweise beim Schreiben visueller Komik. Die komischen Teile werden in das normale, nicht-komödienhaft Geschriebene eingefügt. Wenn es in einem Film dreißig visuelle Gags gibt, dann werden sie in einem angemessenen Rhythmus in den Fortlauf der normal erzählten Geschichte eingepaßt. Man ist immer versucht, die »Meisterstückchen« hineinzunehmen und die normale Konstruktion der Story aufzubrechen, vielleicht zu versuchen, die hundert Minuten nur mit Verrücktheiten auszufüllen. Das funktioniert nie.

Vor kurzem habe ich mit einem der besten Drehbuchkonstrukteure in der Branche zusammengearbeitet. Er ist kein Komödienschreiber im eigentlichen Sinn. Er ist ein normaler Drehbuchschreiber, hat aber mit Komödien zu tun, und schreibt einem Szenen wie für einen normalen Film. Ausgehend von diesen Szenen entsteht die Komödie. Das ist der Punkt, an dem die Erfindungsgabe des Komödienregisseurs einsetzen muß.

Zum Beispiel könnten wir in einer solchen Sitzung eine Szene haben, in der The Kid einen Bankangestellten spielt. Wir untersuchen die verschiedenen Möglichkeiten. Fürs erste wird er im Tresorraum eingeschlossen. Danach wird ihm Falschgeld untergeschoben. Er ist verrückt nach einem Mädchen, das jeden Montag genau um zwei Uhr kommt, um eine Einzahlung zu machen. Da könnte man zum Beispiel eine Liebesgeschichte reinbringen. Das Moment der Bedrohung, das man braucht, könnte der Wachmann der Bank darstellen. Er ist vierzig Jahre auf diesem Posten. Er haßt alles Junge, ganz besonders den Kleinen. Bevor die Sitzung des normalen Drehbuchschreibers mit dem Komödienmacher vorbei ist, hat man elf Möglichkeiten dafür, was man mit dem Bankangestellten machen kann, ohne dabei je die Bank zu verlassen.

Was die Erfindungen direkt beim Drehen angeht, unterscheidet sich die Komödie nicht sehr stark vom Drama. Einige der besten Momente in dramatischen Filmen standen nicht im Drehbuch, jedenfalls nicht genauso; sie waren nur in ihren Grundzügen da. Dasselbe gilt für die Komödie. Obwohl der Komödienregisseur ein vergleichsweise weiteres Feld für Erfindungen hat; er fügt am Drehort mehr hinzu. Dem würde natürlich ein Film wie *The Odd Couple* widersprechen. Aber in diesem Fall wirkte das Bühnenstück zu einengend auf die Story, und der Regisseur mußte sich mit einigen Schnitten und Akzentuierungen begnügen.

Dramatische Regisseure wie Norman Jewison erfinden bei jedem Arbeitsschritt oft Beträchtliches hinzu. Ich habe das Drehbuch von *The Cincinnati Kid* gelesen, und das war ganz gut. Jewison nahm den Stoff und machte einen außergewöhnlichen Film daraus.

Andererseits habe ich auch schon Gags oder Situationen gedreht, die auf dem Papier perfekt aussahen, aber dann, in den Film eingeschnitten, den Lauf der Geschichte vollkommen zum Stehen brachten. Auf dem Papier schienen sie zum Aufbau des Films zu gehören. Auch im Studio schienen sie noch zu funktionieren – sonst hätte ich das Material nicht verschwendet; aber im Schneideraum sind sie einem dann wirklich in die Quere gekommen. Ich habe einen Stapel von diesem Material, einige Sachen sind sogar sehr gut, funktionierten aber in den meisten Fällen nicht, weil sie nicht zu dem paßten, was vorher und nachher kam.

Im Vergleich zum Drama hat eine Komödie einen vollkommen anderen Ton, wenn auch nicht notwendigerweise eine andere Form. Sie verlangt eine völlig andere Behandlung vom Drehbuchschreiben bis zum Schneideraum. Im Drama kann man die Kameraposition fast beliebig auswählen. In der Komödie muß der Komiker immer im Mittelpunkt stehen, wobei die Kamera auf ihn festgelegt ist. Es ist zum Beispiel ziemlich schwierig, von der Ausgangstotalen auf etwas Niedliches und Kuscheliges zu schneiden, wo doch der Typ verkauft werden soll. Alle Regeln und Prinzipien des Dramas gelten auch für die Komödie, aber es gibt eine Reihe zusätzlicher Regeln nur für die Komödienform.

Es ist ganz klar, daß verschiedene Arten von Komödien auch auf verschiedene Weise geschrieben werden. Die geschickte Akzentuierung des Humors bei Cary Grant ist nicht eigentlich visuell, obwohl sein spezieller Typ es ist. Sein Humor steht schon im Skript und wird selten beim Drehen erfunden. Mit seiner Persönlichkeit und seinem Können geht er ständig über das Drehbuch hinaus, aber der visuelle Teil, seine Manierismen und sein Mienenspiel sind in Grant selbst. An wenige der Cary Grant-Komödien wird man sich wegen der Dialoge oder großer visueller Dinge erinnern. Man wird sich allein wegen der überwältigenden Präsenz Grants an sie erinnern.

Ein klassisches Beispiel für einen ausschließlich visuellen Gag ist Clifton Webbs Zertrümmerung einer Haferflockenschale auf dem Kopf eines Babys in *Sitting Pretty*. Daran wird sich das Publikum erinnern, an Webb vielleicht nicht mehr – »Wer war doch gleich der Schauspieler, der…?«

Im Gegensatz zur Entspannung durch Komik muß es auch eine Erlösung vom Lachen geben. Man darf einem Publikum nicht erlauben, in einer bestimmten Zeit zu lange oder zu intensiv zu lachen. Wenn die Leute sich in den Stuhlreihen kugeln, kommt das vom Lachen, aber es kommt auch von der Unfähigkeit, es zu handhaben. Es kann dazu führen, daß die Leute in nicht mehr kontrollierbare Hysterie ausbrechen, und damit hat der Film sein Ziel verfehlt. Wenn einer zu lange oder zu intensiv lacht, dann kann bei ihm leicht ein Rohr platzen. Manchmal ist ein kaum hörbares Lachen besser als ein Riesengelächter.

Wenn sich die Lachsalven zu lange hinziehen und es schon anfängt wehzutun, muß der Regisseur versuchen, vom Komiker wegzugehen

Das ist weder Groucho…

und zur Ausgangssituation oder zur eigentlichen Geschichte zurückzukehren. Danach kann der Komiker wiederkommen und das Publikum ist wieder an dem Punkt, an dem es vor dem Rumkugeln in den Sitzen war. Man muß den Komiker mit derselben Sorgfalt und demselben Zeitgefühl wieder von der Leinwand runternehmen, die man aufwenden mußte, um ihn witzig zu machen. Die Marx-Brothers verwendeten ihre Musiknummern als Entlastungspassagen. Ich habe auch den leisen Verdacht, daß sie sie manchmal eingeschoben haben, weil ihnen nichts mehr eingefallen ist. Aber in der Hauptsache dienten sie als Pause. Ihre Szenen waren von rasanter Schnelligkeit, besonders wenn Harpo dabei war. Sie waren so schnell, daß man dem Publikum Zeit zur Verdauung geben mußte: Harpo steht gegen ein Zehnstockwerkhaus gelehnt. Ein Polizist fragt: »Du mußt das abstützen, he?« Harpo nickt »Hm, hmh«. Der Polizist sagt: »Hau ab!« Harpo geht weg und das Gebäude bricht zusammen.
Nach so einer Szene wird man nicht eine Sache mit der Bananenschale bringen. Das Publikum braucht eine Verschnaufpause.
Eine andere Merkwürdigkeit unserer menschlichen Existenz ist es, daß Komik aus der Gewalt entsteht, die eine Schwester der Tragödie

...noch Harpo

ist. Der Zusammenbruch von Harpos Gebäude ist gewalttätig; die Sache mit dem Mann, der in das Erdloch fällt, ist gewalttätig. Für das normale Publikum fängt Gewalttätigkeit auf der Leinwand erst an, wenn ein Bauch von einem Stilett oder einer Maschinengewehrgarbe aufgeschlitzt wird. Sie scheinen sich der Gewalttätigkeit, die in der Komik steckt, nicht bewußt zu sein, bemerken zumindest nicht ihren enormen Anteil.

Wahrscheinlich ist die gewalttätigste Form der Komik der Zeichentrickfilm für Kinder. Schauen Sie sich das einmal an einem Samstagmorgen an! *Road Runner* ist schlimmer als *Bonnie and Clyde*. Wenn die lieben Kinder mit dem Nachbarjungen noch eine Abrechnung vorhaben, lassen Sie sie *Road Runner* ansehen: »Ah-duu! Hmm, ich schnapp ihn mir.«

Wenn etwas lustig ist, dann verdrängt das Publikum die Gewalttätigkeit. Wenn man einen Zirkusclown als Killer engagiert und ihn dann von Polizisten ausquetschen läßt, werden sie sich halbtot lachen, während sie das grauenhafte Protokoll aufnahmen. *Blondie* war ein gewalttätiger Film: sogar *Fibber McGee and Molly* im Radio war gewalttätig. W. C. Fields war ein Meister der Brutalität. Bei einer Szene in einer Bank erschreckte er ein Kind fast zu Tode: »Wenn dein Hals sauber wäre, würde ich ihn dir umdrehen.«

Zeitweise hatte auch Chaplin einen grausamen, erschreckenden Zug in seiner Komik. Er trat immer die fette Frau in den Arsch, nachdem er dem Hund sein letztes Stück Sandwich gegeben hatte. Er trat sie nie, bevor er sich nicht um das Hündchen gekümmert hatte. In der ersten Fassung von *The Cure,* 1917 produziert, gab es Aufnahmen, die seine Karriere als Darsteller zerstört hätten. In einer Sequenz ging er an einem Mann vorbei, der die Gicht hatte; er schaute sich um, holte mit seinem Stock wie mit einem Golfschläger aus und ließ ihn voll auf den gichtgeschwollenen Fuß niedersausen. Dann lächelte Chaplin das Opfer an, schob sich seinen Hut ins Gesicht und spazierte mit seinem unnachahmlichen Gang davon...

Im selben Film half er einem Mann, der Schwierigkeiten mit den Bremsen seines Rollstuhls hatte. Chaplin drehte den Stuhl so, daß er einen Berg herunterrollte. Die ganzen zwei Rollen waren brutal. Diese Version von *The Cure* ist nie in die Kinos gekommen.

Bonnie and Clyde war voller Humor, der sich aus der Glücklosigkeit und der Dummheit der zwei Hauptpersonen herleitete. Sie waren für einander geschaffen, und Regisseur Arthur Penn hat sie mit so viel Geschick und Geschmack inszeniert, daß das Publikum traurig war, als sie getötet wurden. Ein eigenartiger Humor, über den ganzen Film verteilt, trug zu dieser Reaktion bei. Clyde tötete, weil er dachte, das könnte ganz hübsch sein. Es war sonnig draußen.

In so einer Atmosphäre lacht das Publikum, weil es eine gewisse Angst vor den Figuren hat. Wenn dann alles vorbei ist, wenn sich die Angst gelegt hat, ist ein hohles Lachen die normale Reaktion, wenn man von einem Typ in die Ecke gedrängt wird, der einen Dolch in der Hand hält. Beides, hohles und echtes Lachen, kam in *Bonnie and Clyde* vor. Penn, der früher bei mir Aufnahmeleiter war, verstand meisterhaft, damit umzugehen.

Auch für den Schnitt eines normalen Spielfilms braucht man einen Sinn für Rhythmus und Timing, aber bei Komödien ist das eine ganz wesentliche Sache. Bei spannungsgeladenen Filmen braucht man ein präzises Timing, aber bei keiner Filmgattung ist es so kritisch wie bei Komödien. Schon bei den Aufnahmen ist das von viel größerer Bedeutung als beim normalen Drama.

Die meisten Komiker gehen instinktiv einen Schritt über den Gag hinaus – sie machen ihn, bringen den Abschluß und dann *verbeugen sie sich*. Bei Komödien dient diese Verbeugung einzig und allein dazu, daß man ohne Probleme überblenden kann.

Nur wegen der Überblendungen haben Laurel und Hardy nie das Ende einer Szene gedreht. Sie haben einfach weitergemacht. Stan Laurel bewegte sich einfach weiter, um jede Möglichkeit auszuschließen, daß während der Überblendung die Bilder stagnieren – ein bis zwei Meter Film mit zu Salzsäulen erstarrten Schauspielern. Sie hatten sicher selten Schwierigkeiten im Schneideraum.

Nochmal: es ist eine Todsünde, die Kamera zu früh auszuschalten, oder einen Schauspieler mit seinem letzten Satz aufhören und auf das Zeichen des Regisseurs warten zu lassen. Ich habe solche Schauspieler angeschrien: »Sag Ohrläppchen, Durchfall ... irgendwas. Bloß steh nicht so in der Gegend rum.«

Darsteller wie Don Rickles, der Schizo-Weltmeister aller Zeiten, spielen instinktiv weiter, bis die letzte Kamera ausgeschaltet ist. Rickles, ein sehr lustiger Mann, will wie alle Komiker unbedingt den letzten Lacher aus dem Publikum holen und das letzte Wort haben.

Timing ist alles. In *The Nutty Professor* spricht der Idiot in einer Art Trimm-dich-Folterkammer mit einem starken Mann, der mit Gewichten hantiert. Der Idiot fragt: »Sind die schwer?« Ich hatte einen Kamerawinkel gewählt, der vortäuschte, daß der Idiot und der starke Mann gleichgroß sind, obwohl der starke Mann viel größer war. Um anzudeuten, daß gleich etwas passieren würde, begann ich, mit der Kamera näher an die beiden heranzufahren.

Der Starke antwortet: »Uh-hmh.«

»Kann ich mal sehen?«

Er reicht die Gewichte dem Idioten. Ich stoppte die Kamerabewegung, um beide im Bild zu behalten. Der Idiot nimmt die Gewichte und sie fallen nach unten aus dem Bild, Schluß der Einstellung. Dann machte ich eine Einstellung von den Armen, 1,80 Meter lange Arme, die bis zum Boden reichen. Wäre die Kamerabewegung weitergegangen, wäre das eine Ablenkung gewesen. Ich mußte früh genug anhalten, um die Zuschauer auf das *Wumm* vorzubereiten, auf die langen Arme; und dann konnte ich auf die Arme schneiden.

Es war ein ungeheurer Schnitt, wie ein Blitzschlag; der Gag wurde auf der Stelle klar. Als wir uns die Szene am Schneidetisch anschauten, lag das Gewicht am Boden; mit dem Schnitt aber lag es dort, *zack,* zusammen mit den langen Armen dran. Es gab einen Aufschrei in den Kinos. Es kam nur darauf an, daß dieser Schnitt exakt stimmte.

Gewöhnlich sind es nicht die Schnitte, die man verwendet, sondern die, die man weggeschmissen hat, die den Gag ausmachen. Manchmal ist bei einem ganzen Warenhaus voller Schnitte nicht der richtige dabei. Wenn der Gag nicht hinhaut, kann er weder im Studio noch am Schneidetisch gerettet werden. Der Gag muß schon vor dem Drehen feste Formen angenommen haben; sein Rhythmus und seine Schnittfolge müssen klar sein.

In *The Bellboy* geht Stanley (The Kid) mit den anderen Pagen des Hotels zum Hunderennen. Sie kommen an den Schalter, warten auf das erste Rennen und schauen sich um. Kein Stanley!

»Wo ist Stanley?«

»Weiß nicht.«

»Hast du ihn gesehen?«

»Nein.«

Eine Stimme verkündet über Lautsprecher: »Das erste Rennen ist heute abgesetzt worden. Tut uns leid. Streichen Sie das erste Rennen.« Ich schneide von der Rennbahn weg, und da sieht man Stanley mit acht Windhunden an der Leine spazierengehen. Die Prämisse ist natürlich, daß Stanley auch immer die Hunde der Hotelgäste ausführt. Ich hätte zu den Käfigen gehen und zeigen können, wie er einen Hund nach dem anderen rausholt. Aber das wäre ein »Zeigen und Erzählen« gewesen, das den Gag zerstört hätte.

Beim Schneiden einer Komödie sollte man nicht auf die Lachdauer bei den Zuschauern achten. Es sollte genau wie bei jedem sonstigen Film geschnitten werden. Man schneidet nach dem letzten Satz im Dialog oder nach visuellen Gesichtspunkten, und nicht nach der Erwartung, daß die Zuschauer über den Gag hinaus lachen würden.

Aus *Bellboy*

(Der Filmkomödienmacher hofft, daß die Zuschauer so lachen werden, daß der nächste Gag darin untergeht. Es sollte ihm vergönnt sein!)
Es sollte auf Rhythmus geschnitten werden, da gibt es keine Möglichkeit, die Reaktion des Publikums vorauszuberechnen:
»Also, soundso viele Bilder lang werden sie lachen.«
Die Länge eines Witzes kann etwas gedehnt werden, so daß man genug Zeit für das Lachen läßt, aber selbst das ist nicht ganz ungefährlich.
Wenn das Publikum bei einer Testvorführung vor Lachen gebrüllt hat und der Filmemacher sein Material etwas auflockert, damit nichts im Lachen untergeht, muß er beachten, daß der Film auch an einem Sommersonntagnachmittag gespielt wird, wo nur dreißig Leute im Kino sind. Und dreißig Leute lachen nicht so wie viertausend. Deshalb muß er den Film auf Rhythmus schneiden und nach seinem eigenen Gefühl für Komik.
Er kann auch nicht für jedes Publikum auf der Welt schneiden. Lange Jahre hindurch kamen große Anteile der Geschäftseinnahmen aus dem Ausland. Das Problem mit der Komödie bei einem ausländischen Publikum ist die Untertitelung. Die Übersetzung unterscheidet sich immer vom Original. Sehr oft kommt dann die Komik, besonders wenn sie verbal ist, nicht rüber.
Gelegentlich bricht man in Amerika über die schöpferische Glanzleistung eines Films in Hysterie aus. Er kommt nach Europa und Asien, wo das Publikum mit den Achseln zuckt: »Er ist gut, aber so

gut auch wieder nicht.« Er wird anders interpretiert, das liegt an der Übersetzung. Aus demselben Grund sind erstklassige europäische Filme in Amerika absolute Nieten gewesen.

Es gibt im Jiddischen einen Ausdruck, der die meisten Juden zum Lachen bringen wird. Er heißt: »Hak mir nit kain tscheinik.« Das heißt etwa: »Geh' mir nicht auf die Nerven.« Aber die wörtliche Übersetzung lautet: »Schlag mir keinen Teekessel.« Wenn man das einem Juden auf Englisch sagt, wird er einen finster anschauen: »Was soll das?«

Sei es nun Untertitelung oder Synchronisation, bei der der Dialog in einer fremden Sprache zu den Lippenbewegungen des Schauspielers gesprochen wird, immer hat es mit Übersetzungen zu tun. Bei der Synchronisation besteht der Trick ja darin, eine Übersetzung zu finden, die zu den Lippenbewegungen paßt. Das bedeutet, daß man den Dialog entweder stutzt oder dehnt. Irgendwas wird immer fehlen. Das italienische Wort für »face« (Gesicht) ist »faccia«. Die Doppelsilbe macht die Sache unmöglich. »Pretty face« (schönes Gesicht) heißt »bella faccia«, vier Silben statt drei. Es gibt keine Lösung, bis auf der ganzen Welt dieselbe Sprache gesprochen wird.

Der einzig sichere und effektive Weg, für europäische und asiatische Zuschauer Komödien zu machen, besteht darin, die visuelle Seite stark auszubauen. Trotzdem kann der Filmemacher mit einem *nicht*-englischsprechenden Publikum nie hundertprozentig zusammenkommen – wenn er nicht reine Pantomime machen will.

17 Die Komiker

Ich glaube nicht, daß ich eine wohl durchdachte Theorie davon habe, was genau Leute zum Lachen bringt. Aber die Grundidee aller Komik ist der Mensch, der in Schwierigkeiten steckt, der Kleine gegen den Großen. Schneebälle werden auf den Mann mit dem schwarzen Zylinder geworfen, nicht auf den mit dem abgetragenen, alten Filzhut. Der Zylinderhutbesitzer ist immer der Bankdirektor, der die Hand auf den Hypotheken für das Haus hat, – wenn er nicht ein Leichenbestatter sein soll.

Als ich in meinen ersten Jahren in Nachtclubs auftrat, habe ich gelernt, daß man nur wenig Lacher erntet, wenn man sich auf den Arsch setzt und dabei einen grauen Anzug anhat. Ich mußte immer schnell wieder aufstehen und eine andere Nummer bringen. Aber wenn ich denselben Sturz in einem 400-Dollar-Smoking machte, konnte ich eine ganze Minute am Boden bleiben. Die Leute brachten sich um vor Lachen, wenn der reiche Typ hinfiel.

Oder es ist der Tramp, oder der ewige Verlierer (underdog), der den Reichen bzw. den Großen auf den Arsch fallen läßt. In dieser Hinsicht sind die Quellen der Komik eine einfache Sache des: »Wer tut wem was an?« Das beinhaltet natürlich, was der Komiker sich selbst antut…

Chaplin war beides, sowohl *Shlemiel* als auch *Shlimazel.* Er war derjenige, der die Gläser verschüttete – der *Shlemiel –*, wie auch derjenige, auf den die Gläser verschüttet werden – der *Shlimazel.* In seinen Abstufungen der Komik, von denen es so viele gab, wie es Farbtöne in einem Regenbogen gibt, fand sich auch die Verbindung von beidem, von Shlemiel und Shlimazel. Wenn er in *Modern Times* in zehn Zentimeter tiefes Wasser springt, nachdem er die Hintertür geöffnet hat, ist das einer der größten visuellen Gags in der Geschichte der Filmkomödie; und er tut es sich selbst an.

Meine Figur des Idioten spielt die Rolle des Shlemiel wie des Shlimazel, manchmal eine Mischung aus beiden. Wenn ich ihn spiele, bin ich mir immer der drei Faktoren bewußt: etwas erleiden, sich selbst etwas antun, einem anderen etwas antun, zufällig oder mit Absicht; aber ich sehe diese Faktoren nie ganz scharf. Sie tauchen unregelmäßig auf, je nachdem.

Wenn man Chaplins Filme genau studiert – wo er manchmal einen aggressiven Charakter darstellt, einen hilfreichen, einen sich verteidigenden, aber dabei immer im Mittelpunkt steht –, kommt eine ziemlich unregelmäßige Struktur zum Vorschein. Ich glaube, das liegt an seinen vielen Nuancierungen. In *Modern Times* spielt er sowohl den Tramp wie den ewigen Verlierer. Obwohl beide aggressiv sind, sind sie doch vollkommen unterschiedliche Charaktere.

Der Typ, der die Tür aufgemacht hat und in den Schlamm gehechtet ist, war nicht derselbe wie der, der mit einem »He, lassen Sie das!« reagiert, wie er von einem Polizisten angerempelt wird. Dieser zweite Typ wäre nicht so doof gewesen, in zehn Zentimeter tiefes Wasser zu springen. Oft steht diese Art der Nuancierung nicht im Drehbuch. Sie wird instinktiv vom Komiker eingebracht.

Was Abstufungen und Nuancierungen angeht, so sieht sich der Komiker vor viel höhere Ansprüche gestellt als ein gewöhnlicher dramatischer Schauspieler. Obwohl Komiker selten normale dramatische Rollen spielen – wenn sie es tun, dann nur, weil sie es mal machen sollen –, haben sie es doch leichter, sich in sie einzufühlen, als ein dramatischer Schauspieler, der plötzlich vor der Aufgabe steht, eine Komödie zu spielen. Vielen der besten dramatischen Schauspieler fehlt ein echter Sinn für das Handwerk der Komödie.

In den alten Zeiten im Palace in New York sagte, wenn Eddie Cantor auf die Bühne kam, seine süße jüdische Tante immer: »Schau dir meinen Eddie an. Er *spielt,* als wäre er eine Marionette.« Und Eddie spielte tatsächlich. Milton Berle hat einige wunderbare Charakterrollen gespielt. Jack Lemmon ist ein außergewöhnlicher dramatischer Schauspieler – *The Days of Wine and Roses* –, aber er ist auch ein verdammt guter Komiker.

Das Machen von Komödien ist ein sehr ernstes Geschäft innerhalb der gesamten Unterhaltung. Wenn man Kömodie und Drama einmal nur hinsichtlich des Spielens vergleicht, glaube ich, daß die Komödie vom Schauspieler viel mehr fordert. Ein normaler dramatischer Schauspieler hat wie der Komiker seine Fertigkeiten und sein emotionales Handwerkszeug. Aber wenn er an einem nebligen, versmogten Morgen aufwacht, mit flauem Magen und einem Kopf wie Blei, ist es für ihn nicht allzu schwierig, zu Tode zu ersticken, wenn er wenig später den Hamlet spielt. Für den Komiker ist es etwas schwieriger, Lachen zu erzeugen, wenn die Welt deprimierend und trübe ist.

Stan Laurel war wahrscheinlich fast ein Genie als Komiker und als Autorität im Bereich dessen, was die Leute zum Lachen bringt. Er war auch ein absoluter Filmemacher. Gegen Ende seiner Karriere, nachdem er sich enorm geschult hatte, war er einer der brillantesten Techniker in Hollywood, in der Komödie und im Drama. Ich habe sehr viel von ihm gelernt, besonders in den letzten drei oder vier Jahren seines Lebens. Er war ein Schneidetischfanatiker, ein Kamerafanatiker.

Bei den Dreharbeiten zu *Bellboy;* Stan Laurel wird dargestellt von Bill Richmond, der viele Drehbücher zusammen mit Jerry Lewis geschrieben hat

Die Regisseure, die mit Laurel und Hardy gearbeitet haben, mußten sich deren Grundregeln anpassen, besonders denen von Stan Laurel. Stan war der Kopf des Ganzen. Olie konnte die Sachen phantastisch umsetzen, höchstens Harold Lloyd kam ihm gleich. Mit Stan zusammen konnte er alles machen, wenn man ihm den entsprechenden Stoff gab. Sie waren ein fast perfektes Komikerpaar.

Stan erzählte mir, daß Olie anfing in die Kamera zu schauen, mit dem Publikum direkt zu kommunizieren, weil er nie genau wußte, was sein nächstes Stichwort sein würde. Er bekam die Stichworte vom Skriptüberwacher, der immer dicht rechts oder links an der Kamera stand. Olie drehte sich einfach um, erhielt sein Stichwort und machte dann weiter. Es funktionierte und sie blieben dabei. Eigentlich ist das ausdrücklich verboten, wurde aber eines ihrer Markenzeichen.

Obwohl sie ihre Drehbuchautoren hatten, die Hal Roach-Studios in den dreißiger Jahren waren von Drehbuchautoren überlaufen, hat Stan sehr viel selbst geschrieben. Es war ein Stück komödiantischer Genialität in jedem ihrer Filme, und Stan hat viel dazu beigetragen. Seine kleinen Dinge, wie der Hut, der hochgeht, wenn er an eine Mauer gelehnt in seinen Daumen pustet, kann man in jedem ihrer Filme sehen.

In *Saps at Sea* hat er eine klassische Szene gemacht. Olie dreht jedesmal durch, wenn er Blasmusik hört. Die Plazierung der vier oder fünf Bilder von Posaunen, das Timing seines Laufes um das Schiff herum, das Olie genau im richtigen Moment in Gefahr bringt, war eine nahezu perfekte Arbeit, was den Rhythmus der Komik und den Filmschnitt angeht.

Stan wußte über die Kamera Bescheid, und er wußte, was sie beide als Team visuell für die Kamera brachten. Ein großer Teil ihrer Sachen funktionierte in der Ausgangstotalen so gut, daß sie nie auch nur davon träumten, es mit näheren Einstellungen zu unterschneiden. Szenen wurden nur bei normalen Dialogen geschnitten; da konnten sie einen Schnitt-Gegenschnitt oder Über-Schulter-Aufnahmen machen.

Bei Slapsticknummern haben sie immer mit totalen Einstellungen gearbeitet, weil es oft unmöglich gewesen wäre, die Anschlüsse hinzubekommen. Sie gingen von der Ausgangstotalen, einer großzügigen Kopf-bis-Fuß-Totalen, in manchen Szenen nicht näher als bis zu einer amerikanischen Einstellung. Sie wollten nicht das Risiko einer Einschränkung eingehen, bei der möglicherweise die Spontaneität verlorengegangen wäre.

Keine wichtigen Sachen fanden bei ihnen außerhalb des Bildes statt. Bei den meisten ihrer Einstellungen ließen sie oben, rechts und links viel Platz. Das gab ihnen Raum für spontane Komik, obwohl sie alles geschrieben und gut vorbereitet hatten.

Sie haben ihre Karriere fast ohne einen Pfennig in der Tasche beendet. Sie waren keine guten Geschäftsleute und waren am Geschäft nicht beteiligt. Wenige Schauspieler haben sich in jenen Tagen, als es mit den Steuern noch nicht schlimm war, um geschäftliche Dinge gekümmert. Und Hal Roach hatte sie sowieso fest an der Kandare. Laurel und Hardy haben eine Menge Geld verdient, aber wenig davon übrigbehalten. Stan war siebenmal verheiratet und hatte immer ein weiches Herz. Olie ließ seine Dollars an der Theke und auf den Golfplätzen.

Hardy starb 1954. Stan hat das so hart getroffen, daß er am selben Tag einen Schlaganfall bekam. Nach diesem Tag war er gelähmt und ging nur noch selten außer Haus. Er konnte den Gedanken nicht ertragen, daß jemand ihn gelähmt sähe. Er sagte mir: »Es ist besser, wenn sie die Erinnerung an Spaß haben.« Er blieb in seiner Wohnung in Santa Monica von 1955 bis zu seinem Tod 1965.

Anerkennung durch die Kritiker erfuhren Laurel und Hardy erst sehr spät. Das ist eine der grausamen Geschichten aus dieser Welt der Illusionen, in der wir leben. Die Kritiker und der »jet set« erkennen selten etwas an, das sich in Bewegung befindet. Sie warten, bis etwas zum Stillstand gekommen oder schon begraben ist, ehe sie langsam in der Nacht aus ihren Löchern kommen und entdecken, daß da vor langer Zeit etwas war, woran die Massen ihren Spaß hatten. Wenn eine solche Anerkennung kommt, haben die Massen schon wieder an einer neuen, aktiven Sache ihren Spaß.

Ich muß gestehen, daß ich neugierig darauf bin, was man über mich sagen wird, nachdem ich abgekratzt sein werde. Da ich ja ein Teil dieser Welt der Illusionen bin, gebe ich auch zu, daß ich gern Mäuschen spielen und schon jetzt hören wollte, was sie sagen.

Jack Benny ist in dem, was er macht, unerreicht, und trotzdem ist er kein Filmkomiker. Seine Art von Komik ist nicht für das visuelle Medium der Filmtheater gemacht, auch nicht für den Weltmarkt. Er kann Fernsehsendungen machen, die für ein englisch sprechendes Publikum sehr lustig sind, aber Benny in Rom: unmöglich. Dort versteht man nicht, was es heißt, eine Gallone Texaco zu kaufen.

Und jeder Ausländer hätte Schwierigkeiten, Bob Hope voll genießen zu können, wenn er in Hochform ist. Hope ist fast ohne Konkurrenz in seinem Bereich. Er macht kein Geheimnis daraus, daß die Sachen, die er bringt, für ihn geschrieben werden, aber niemand könnte sie so bringen wie Hope. Das Schöne bei ihm ist, daß er seine Grenzen kennt. Seine große Nummer ist der Monolog und er bleibt dabei. Im Fernsehen kann er keinen 60 Minuten langen Monolog vortragen, also macht er ihn 12 Minuten lang und geht dann zu einem Sketch über. Hope macht auch Filme; er stützt sich dabei aber eher auf seine Rolle als auf seine visuelle Komik.

Lenny Bruce war von allen Leuten, die ich je kennengelernt habe, derjenige, der mich am meisten zornig machte, weil er es vorzog, sich mit Flüchen und Grobheiten seinen Weg zu bahnen. Er war brillant, aber er hat es nie geschafft, ein richtiger Komiker zu werden. Also lenkte er seine Brillanz in eine Kneipe, vor 58 Leute. Er hätte mit den Besten konkurrieren können, wenn er geradeaus weitergegangen wäre. Ich bin Lenny Bruce nicht feindlich gesinnt, Gott sei seiner armen Seele gnädig, und ich bin auch kein Feind von Mort Sahl. Meine Wut ist für sie, nicht gegen sie. Aus demselben Grund habe ich eine Wut auf Andy Warhol, der sein Talent an so wenige verschwendet, anstatt für das breite Publikum zu arbeiten.

Harold Lloyd hat mich eigentlich nie wirklich berührt, weil ihn selbst nichts zu rühren schien, und ich konnte ihn nie zu den großen Komikern zählen. Er war ein großer Techniker der Komik. Die ganz Großen, die Giganten, sind Chaplin, Stan Laurel und Jackie Gleason — in dieser Reihenfolge.

Eine Art Schlußwort

Ich stehe jetzt häufiger hinter der Kamera. 37 Jahre lang habe ich mich auf den Arsch gesetzt, er ist ganz wund davon. Auf die andere Seite überzuwechseln, gibt mir eine Genugtuung, die ich vor der Kamera nie kennengelernt habe; trotz all der schönen Sachen, die passiert sind. Ungeduldig habe ich auf den Moment gewartet, an dem ich – vom Regiestuhl aus – meine Kenntnisse an aufgeweckte, junge Talente würde weitergeben können.

Hollywood produziert zur Zeit weniger als hundert Spielfilme im Jahr, und auf der ganzen Welt sind es jährlich nicht mehr als tausend. Das Angebot ist gering und die Nachfrage ist groß. In den nächsten fünf Jahren wird das Fernsehen 4500 Filme aufkaufen. Das Fernsehen ist der Ort, an dem die neuen, jungen Filmemacher ihre Chance haben werden.

Die großen Studios besetzen zur Zeit einen Teil ihrer Kapazität mit Fernsehproduktionen. Bald werden sie ganz dazu übergehen. Es wird wenige oder gar keine Filmtheater mehr geben, und das Fernsehen wird der große Umschlagplatz sein[8]. Diese neuorganisierte Industrie wird in den Filmschulen und unter den Filmstudenten ihre Talente suchen müssen.

Zur Zeit sind mehr als fünftausend Regisseure und Regieassistenten in der Gilde der Filmregisseure. Es ist nur eine Frage der Zeit, bis sich beide Industrien vereinigt und etabliert haben und Kassettensysteme die Vorführmöglichkeiten revolutioniert haben; und dann werden nicht mehr genug Filmemacher zur Verfügung stehen, um den Bedarf in Hollywood zu decken, von New York und anderen Teilen des Landes gar nicht erst zu sprechen. Die Industrie steht am Anfang eines Wachstums und einer aufregenden Zeit.

Daran kann ein junger Filmemacher aber nur dann teilhaben, wenn seine kreative Energie in ein solides Fundament von Kenntnissen eingebettet ist. Phantasie und Talent allein reichen nicht aus. Glück spielt eine untergeordnete Rolle.

Antonioni hat in einem Artikel für die *Cahiers du Cinema* über *Blow-up* geschrieben, daß er bei dreißig Minuten seines Filmes reines Glück gehabt hat. Er war vorher Photograph. Antonioni hat nie das Filmhandwerk erlernt. Aber er nutzte seine umfassenden Kenntnisse als Photograph für die Konstruktion der Szenen in *Blow-up*. Er hat es ehrlich bedauert, daß er nicht genauer Bescheid wußte; sein Film

---

[1] Die Jerry-Lewis-Cinemas werden in den nächsten fünf Jahren annähernd 3500 neue Kinos aufmachen.

wäre dann besser geworden. Aber es war nicht der Glückszufall, der *Blow-up* geschaffen hat.

Stanley Kubrick verfügte über so viel Kenntnisse, daß er bei seinem *2001: A Space Odyssey* aus dummen Kopierwerksfehlern Tugenden machen konnte. Sein letzter Akt steckte voller Fehler in der Farbgradation. Er hätte den Aussagen der Berater bei Technicolor Glauben schenken können, aber seine eigenen Kenntnisse sagten ihm, daß die Experten falsch lagen.

Er saß in den Kopierwerken und machte die letzten drei, vier Minuten des Films. Er hat nicht herumgerätselt und nicht gefragt. Er hat ihnen gesagt:»Nehmt die Matrix, kopiert sie dreimal und nicht zusammen. Separat. Und dann belaßt sie als Negativ, ich will sie als Negativ projizieren. Ich will das Blau, das Gelb und das Rot. Ich will, daß die Spektralbereiche eingeengt werden. In dieser rohen Form will ich die Farbe projizieren. Kopiert sie nicht zusammen.« Kubrick hat fünf Jahre gebraucht, um *Space Odyssey* zu machen, und er hat das nur aufgrund seines enormen Wissens geschafft. Es war ein phantastischer Film.

Ein junger Filmemacher wird seine Chancen haben; aber wenn er nicht zumindest über rudimentäres Wissen verfügt, werden sie ihm wenig nützen. Vor kurzem habe ich einen Film von einem Einundzwanzigjährigen gesehen, Steven Spielberg. Er war 24 Minuten lang und hieß *Amblin,* produziert für etwa 17000 Dollar. Er hat mich vom Stuhl geworfen. Er zeigte eine erstaunliche Kenntnis vom Filmemachen und ein enormes schöpferisches Talent. Universal nahm ihn als Regisseur unter Vertrag. Er war bereit, als er seine Chance hatte, schon mit einundzwanzig.

Ein junger Filmemacher muß Vertrauen in seine Fähigkeiten haben, aber er muß auch wissen, daß ihn die Angst überkommen wird. Jedesmal, wenn ich mich vor die Kamera stelle, sehen mich 99 % meiner Crew etwas neidisch an:»Schaut nur, sein Selbstvertrauen. Verdammt noch mal. Er weiß, was er machen wird, und er machts.« Sie sollten wissen, daß nur 60 % Selbstvertrauen sind. 40 % sind nur Seifenblasen. Aber die 60 % sind so solide, daß die Seifenblasen wie 99 % aussehen.

Lampenfieber ist wichtig. Angstschweiß ist schrecklich gut, wenn einen aber die Angst überwältigt, sobald man vor einer Schwierigkeit steht, dann blockiert das die eigenen Möglichkeiten und Fähigkeiten. Mit Kenntnissen muß man die Angst überwinden.

Der erste Film, bei dem ich selbst Regie geführt habe, war *The Bellboy.* Ich bin vor Angst fast gestorben. Am Ende des ersten Tages habe ich meine Frau in Miami angerufen. Ich habe gesagt:»Ich zittre am ganzen Körper. Meine Nervenstränge sind mir aus dem Kopf gewachsen. Meine Nervenenden sind zwei Meter lang, aber ich habe den Tag überstanden.«

»Wie war es?« fragte sie.

Ich antwortete: »Es war die aufregendste Sache meines Lebens, weil ich herausbekommen habe, daß ich alle Sachen, von denen ich nicht sicher war, ob ich sie wußte, tatsächlich wußte.«

Was ist mit den Kritikern? Junge Filmemacher sollten sich immer an Goldwyns Satz erinnern: »Beachten Sie die Kritiker überhaupt nicht. *Ignorieren Sie sie nicht einmal!*«

Die Welt besteht immer noch aus Träumen und Hoffnungen, Münzen, die in Brunnen geworfen werden; das Herz schlägt schneller, wenn einem ein schönes Mädchen zulächelt. Darum dreht sich immer noch alles. Die Dinge, die wichtig sind, die die Leute sich bewahren, das sind die schönen, wunderbaren, bei denen es einem einen Schauer über den Rücken jagt.

Der junge Filmemacher, den nach Wissen dürstet und der der Beste in seinem Fach werden will, sollte auch an Tierbabies, Brunnen und Schauer denken. Und an wunderschöne Happy-Ends.

Aufnahmen zwischen 1950 und 1971

Bio-Filmographie

1926   16. März. Joseph Lewis wird in Newark, New Jersey geboren. Seine Eltern, Rae Rothberg und Danny Lewis (eigentlich Levitch) treten in Varietes, Bars, Hotels und ähnlichem auf. Die Mutter spielt Klavier, der Vater macht Imitationen bekannter Sänger und Conférencen. Der kleine Joey Levitch wird in die Obhut verschiedener Tanten und Großmütter gegeben.

1931   17. September. Mit fünf debütiert Jerry im Hotel President of Swan Lake; er singt ein Lied über die Depressionszeit: »Brother can you spare a dime?«
»Ich hatte eine kreischende Stimme, sang eine Oktave über dem Orchester und immer eine Note hinterdrein. Ich hatte irre Schwierigkeiten, den Ton zu halten, und darüber mußten alle lachen. Mir hat das gefallen. Keinem Kind sonst in dem Alter hätte es gefallen, wenn sich jemand über es lustig gemacht hätte.«
Jerry, als Komödiantenkind, lebte in Hotelzimmern, nahm seine Mahlzeiten mit Hotelangestellten zusammen ein und konnte keine gleichaltrigen Freunde über eine längere Zeit hinweg haben.
Zuerst wurde er von seiner Großmutter Sarah Rothberg aufgezogen, die er sehr liebte.

1937   Sie starb, als er 11 Jahre alt war. Daraufhin schlief und aß er kaum etwas, 8 Monate lang. Eine Reihe psychisch bedingter Krankheiten befiel ihn: Erkältungen, Bronchitis, Leberbeschwerden, Anämien, Zuckungen...
In Irvington, New Jersey, wo die Eltern ihren provisorischen Wohnsitz haben, wird Jerry ins College gesteckt.
In der Schule wird er der Witzemacher; sie nennen ihn »Id« (für Idiot) oder »Ug« (für ugly – häßlich). Er ist Klassenletzter, weil er immer fehlt, wenn seine Eltern auf Tournee sind.

1941   Mit 15 wird er vom College geschmissen, weil er einem Lehrer für Werken einen Kinnhaken versetzt und dabei einige Zähne rausgeschlagen hat. Der hatte zu ihm gesagt: »Alle Juden sind dumm.«
Jerry sucht Arbeit. Er ist Verkäufer in einem Drugstore, Gemüseverkäufer, Arbeiter in einer Hutfabrik, dann ist er Hotelboy. Lilian Brown, der Leiter des Hotels: »Jerry und ein junger Kellner, der Smitty gerufen wurde, gingen regelmäßig ins Kino und kamen immer mit einer komischen Nummer zurück, die sie dem Film entnommen hatten und uns vorführten. Wir kugelten uns vor Lachen.« Der Vater, Danny Lewis, der im Hotel für die Unterhaltung zuständig war, verhinderte, daß Jerry richtig auftrat.

1942   Schließlich wird ˉJerry Kartenabreißer im New Yorker Paramount-
        kino.
        »Ich wollte dort sein, wo die Lichter angingen. Wenn das Orchester auf
        der Plattform vor der Leinwand langsam hochkam, war ich ganz weg.
        Noch heute geht es mir so.«
        Ermutigt vom Chef der Hotelboys des Hotels Brown studiert er einige
        Synchronisationsnummern ein. Das heißt, er macht Sprech- und Sing-
        bewegungen, Mimik, Gestik zu Gesangsnummern, die von Band oder
        Platte abgespielt werden. Zuerst nimmt Jerry eine Platte von Betty
        Hutton, dann »All or nothing at all« von Frank Sinatra, einige Num-
        mern von Danny Kaye und die große Arie des Figaro, gesungen von
        Igor Gorin.

1944   Mit 18 spielt er erfolgreich im ˙Showprogramm der Paramountkinos.
        Der Manager Abby Greshler macht ihn zum Conférencier.
        Wegen einer Ohrenentzündung wird ihm das Trommelfell durchbohrt;
        er wird deshalb nicht zum Militär eingezogen.
        Er lernt Esther Calonico kennen, die Tochter eines katholischen Berg-
      ⁻arbeiters aus Wyoming, die unter dem Namen Patti Palmer im Orche-
        ster von Ted Fiorito singt. Als Ted Fiorito zu ihr sagt: »Gehst du immer
        noch mit diesem dreckigen, kleinen Juden«, verläßt sie zusammen mit
        5 jüdischen Musikern das Orchester und geht zu Tommy Dorsey.

1944   3. Oktober. Gegen den Rat seiner Eltern heiratet Jerry Patti.

1946   im Juli. Jerry, 20 Jahre alt, trifft Dino Crocetti, genannt Dean Martin,
        im Glass Hat Club des Hotels Belmont Plaza. Lewis ist Conféren-
        cier und macht seine »lipsynch«-Nummern, Martin singt. Im Club 500
        in Atlantic City treffen sich beide am 25. Juli wieder; wieder treten sie
        getrennt auf. Aufgrund eines Mißverständnisses aber meint der Ge-
        schäftsführer des Clubs, Skinny d'Amato, daß beide zusammengehören.
        Jerry spielt das Spiel mit, setzt sich ans Schlagzeug, begleitet Dean, ihn
        unterbrechend, mit Sellerie schmeißend und Wasser spritzend. Sie be-
        schimpfen und prügeln sich auf der Bühne, zur großen Freude des Pu-
        blikums, es gibt Ovationen.
        Damit ist das Gespann Lewis-Martin geboren.
        Sophie Tucker: »Dieses Gespann ist eine Kombination der Keystone
        Cops, der Marx Brothers und von Abbot & Costello.«
        Im Club 500 verdienen sie 350 $ in der Woche, im Casino Latin in
        Chicago 750 $, im Havana-Madrid in New York 1500 $.
        Dann treten sie in den großen Clubs auf: Chez Paree, Capital Theater
        in Washington, Slapsy Maxie in Hollywood, Copacabana in New York,
        wo sie 6 Wochen lang für eine Wochengage von 5000 $ auftreten.

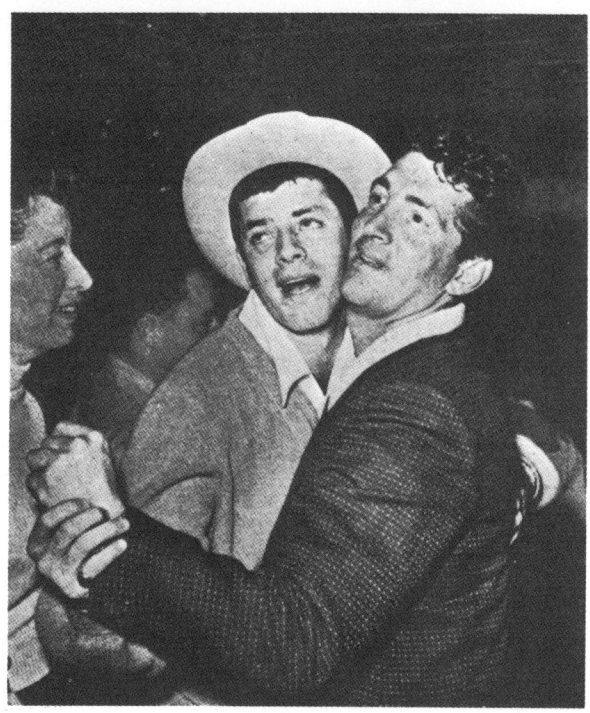

1948 (Sie machen einen Fernsehauftritt im TASTE OF THE TOWN (CBS; 20. Juni) (woraus später die berühmte »Ed Sullivan Show« wurde) und in der MILTON BERLE SHOW.
Dabei stechen sie alle anderen Künstler aus, und werden 1949 von Joseph Hazen entdeckt, der Partner von Hal B. Wallis bei der Paramount ist. Bei Hal Wallis unterzeichnen sie einen langjährigen Filmvertrag.

1949 **MY FRIEND IRMA** (in der BRD nicht herausgekommen)
103 Minuten. Paramount. Regie: George Marshall. Produzent: Hal B. Wallis. Buch: Cy Howard, Parke Levy, nach der Serie im Radio, CBS. Darsteller: John Lund (Al), Diana Lynn (Jane Stacey), Don De Fore (Richard Rhinelander), Marie Wilson (Irma Peterson), Dean Martin (Steve Laird), Jerry Lewis (Seymour).
Der Film ist völlig auf der Figur von Irma aufgebaut; Jerry Lewis hat nur eine Nebenrolle.
Bosley Crowther, Kritiker der New York Times:
»Der Film taugt nichts; nur ein neuer, verrückter Komiker namens Jerry Lewis brachte uns mehrmals zum Lachen. Dieser junge, schwäch-liche Mann hat eine authentische Qualität als Komiker. Die schnelle Exzentrik seiner Bewegungen, die gequälten Züge seines Gesichts und das Kreischen seiner Stimme zeugen von Begabung. Seine Idiotie ist

169

eine Parodie der Idiotie. Er ist das komischste Element des Films.«
(Später wurde Crowther einer der strengsten Kritiker von Jerry Lewis.)

1949 gab es noch eine MARTIN & LEWIS SHOW im Fernsehen, und
die ersten »Home Movies«. Das sind Filme verschiedener Länge, die
Jerry Lewis privat, zusammen mit Freunden (Tony Curtis, Janet Leigh,
Jeff Chandler, Mona Freeman, Shelley Winters, Wendell Corey, John
Barrymore jr., John Bromfield, Dean Martin) gedreht hat, und in denen
jeweils berühmte Filme parodiert wurden (auf 16 mm).

1950 **MY FRIEND IRMA GOES WEST** (in der BRD nicht herausgekommen)
91 Minuten. Paramount. R: Hal Walker. P: Hal B. Wallis. B: Cy
Howard, Parke Levy, nach der entsprechenden Radiosendung. D: John
Lund (Al), Corinne Calvet (Yvonne Yvonne), Diana Lynn (Jane
Stacey), Dean Martin (Steve Laird), Jerry Lewis (Seymour).
Wie beim ersten Irma-Film nur eine kleinere Rolle für Jerry Lewis.
In allen seinen Szenen tritt er mit einem Schimpansen auf, und das
macht er so gut, daß die Produzenten ihm für den nächsten Film eine
Hauptrolle geben.
Auf den Plakaten werden Martin-Lewis als »das größte Komikerpaar
des Landes« angekündigt.
Milton Schulmann schreibt aber im Evening Standard:
»Sie stellen eine Regression des humoristischen Geschmacks dar, ver-
gleichbar dem, was passieren würde, wenn man die Druckereien wieder
abschaffen würde, oder dem Einfall Attilas in Europa.«

Im Fernsehen, das sich rapide ausbreitet, treten Martin & Lewis öfter
auf, besonders in THE COLGATE COMEDY HOUR, die in den
Jahren 1950 bis 1955 ausgestrahlt wird. Sie schaffen sich ein riesiges
Fanpublikum. Jerry Lewis wird zum »vielversprechendsten männlichen
Fernsehstar 1950« gewählt.
In einer 30minütigen Sendung HOLLYWOOD PANORAMA wird die
Karriere der beiden beschrieben.

1950 **AT WAR WITH THE ARMY** (Krach mit der Kompanie)
93 Minuten. Paramount. R: Hal Walker. P: Fred F. Finklehoffe, Abner
J. Greshler für York Pictures Corporation (Jerry Lewis). B: Fred F.
Finklehoffe nach dem Stück von James B. Allardice. D: Dean Martin
(Sergeant Victor Puccinelli), Jerry Lewis (Soldat Korwin), Mike Kellin
(Sergeant McVey), Vincent Edwards, Lee Bennett.
Der erste von insgesamt 7 Militärfilmen, drei davon mit Dean Martin.
Die Komik von Martin-Lewis ist noch unentwickelt. Martin hat Wei-
bergeschichten und singt schmalzige Lieder »Tonda Wonda Hoy«, Jerry
muß Küchen- und Putzarbeiten machen, kämpft mit Spaghetti und
einem eigenwilligen Cola-Automaten; verkleidet sich als Animierdame
(der Beginn einer Reihe transvestitischer Auftritte).

Dean & Jerry sind von ihrem Debut ziemlich enttäuscht. Weil sie denken, daß ein weiterer Film von so einem Niveau sie auseinanderbringen würde, kaufen sie ihren Vertrag mit der Screen Associates für 850000 $ zurück. Was ein fataler Irrtum war; das Publikum hatte sie bereits akzeptiert und der Film brachte 4 Millionen Dollar ein.

1950/51 **THAT'S MY BOY** (in der BRD nicht herausgekommen)
98 Min. Paramount. R: Hal Walker. P: Hal B. Wallis. B: Cy Howard, nach seiner Novelle. D: Dean Martin (Bill Baker), Jerry Lewis (›Junior‹ Jackson), Ruth Hussey (Ann Jackson), Eddie Mayehoff (›Jarring Jack‹ Jackson).
Mit diesem Film beginnt – laut Robert Benayoun – eine Reihe von Mitarbeiten Jerry Lewis' an den Drehbüchern zu seinen Filmen, die in keinen Filmographien oder Vorspanntiteln vermerkt sind.
Näheres darüber im Kapitel über »Geldleute«.
Jerry spielt einen halbblinden, schwächlichen, hypochondrischen Bücherwurm, der Sohn eines Olympiasiegers im Schwimmen ist. Umgekehrt ist es bei Dean Martin: er, physisch perfekt, ist Sohn eines Asthmatikers. Benayoun meint, daß man sich kein genaues Bild von der Entwicklung der Persönlichkeit bei Jerry Lewis machen kann, wenn man diesen Film nicht kennt.

1951 **THE STOOGE** (Der Prügelknabe), kam erst 1953 in den Verleih.
100 Min. Paramount. R: Norman Taurog. P: Hal B. Wallis. B: Fred F. Finklehoffe, Martin Rackin, nach einer Geschichte von Finklehoffe und Sid Silver; unerwähnte Mitarbeit von Jerry Lewis. D: Dean Martin (Bill Miller), Jerry Lewis (Ted Rogers), Eddie Mayehoff (Leo Lyman), Marion Marshall (Frecklehead Tait), Polly Bergen (Mary Turner).

Dean Martin als Sänger in Music-halls, der mit einer Ziehharmonika auftritt. Um seine Nummern attraktiver zu machen, mietet er sich einen trotteligen Typ, der ihn bei seinen Auftritten unterbricht. Mit der Zeit hat aber der »Prügelknabe« mehr Erfolg und muß vom trunksüchtigen Dean Martin als Partner anerkannt werden.

Dieses Grundmotiv: schwächliches Muttersöhnchen, Marionette, Unterdrückter wird schließlich doch als Mensch anerkannt, zieht sich durch viele Filme, die Jerry Lewis schon konzeptionell bestimmen konnte. Interessant ist, daß die Situation des Films das genaue Spiegelbild der Wirklichkeit war, in der Dean Martin mehr und mehr zum »Prügelknaben« wurde.

1951 **SAILOR BEWARE** (Seemann paß auf)

104 Min. Paramount. R: Hal Walker. P: Hal B. Wallis. B: James Allardice, Martin Rackin, nach dem Stück von Kenyon Nicholson und Charles Robinson, adaptiert von Elwood Ullman; unerwähnte Mitarbeit von Jerry Lewis. D: Dean Martin (Al Crowthers), Jerry Lewis (Melvin Jones), Robert Strauss (Lardoski), Betty Hutton.

Jerry hat eine neue Allergie: die Frauen. In ihrer Anwesenheit kann er nicht atmen. Jerry, der als Matrose in der fernen Welt nicht mehr bei seiner Mutter Schutz suchen kann, wird Beute der Frauen. Aber unter ihnen ist immer auch eine, die es ernst meint, und ansonsten bietet Dean Martin Schutz.

In Wirklichkeit hat Jerry Lewis Frauen ganz gern, und Marilyn Monroe zählte ihn zu den 10 Männern, die den meisten Sex haben.

Zwei außerordentliche Tanznummern führt Jerry auf: einen hawaiianischen Schwertertanz und einen Boxkampf, bei dem Jerry den Gegner allein durch seine Herumhüpferei fertig macht.

Bei diesem Boxkampf spielt übrigens James Dean, damals noch unbekannt, eine kleine Nebenrolle als Ringgehilfe.

1951/52 **JUMPING JACKS** (Schrecken der Division)

96 Min. Paramount. R: Norman Taurog. P: Hal B. Wallis. B: Robert Lees, Fred Renaldo, Hubert Baker, nach einer Geschichte von Brian Marlow; unerwähnte Mitarbeit von Jerry Lewis. D: Dean Martin (Chick Allen), Jerry Lewis (Hap Smith), Mona Freeman (Betty Carter), Don De Fore (Kelsey), Robert Strauss (Sergeant Mc Cluskey).

Wieder, wie bei STOOGE, ein direkter Bezug zum Showbusiness. Jerry muß seinem Partner Dean Martin helfen, der die Truppenbetreuung mit Shows organisiert. So kommt Jerry zu den Fallschirmjägern. Der Film enthält einige ziemlich militärische Shownummern.

1952 **SCARED STIFF** (Starr vor Angst)

180 Min. Paramount. R: George Marshall. P: Hal B. Wallis. B: Herbert Baker, Walter De Leon, nach einem Stück von Paul Dickey und Charles W. Goddard. D: Dean Martin (Larry Todd), Jerry Lewis (Myron Myron Mertz), Carmen Miranda (Carmelita Castina), Dorothy Malone (Rosie).

Bei diesen Abenteuern in einem Gespensterschloß hat man sich mehr um wehende Vorhänge gekümmert, als Jerry Raum für seine Komik zu geben.

SAILOR BEWARE war ein Remake kombiniert aus zwei alten Paramountkomödien (»The fleet's in« und »Lady be careful«). SCARED STIFF ist ein Remake von »Ghost breakers«, Regie ebenfalls George Marshall, das selbst ein Remake von Paul Lenis »The cat and the canary« ist. Bob Hope und Bing Crosby treten im Film kurz auf, als Gegenleistung für den Auftritt von Martin-Lewis in ihrem ROAD TO BALI.

Im selben Jahr sind Martin-Lewis auch noch in einer Reportage über Hollywood zu sehen: HOLLYWOOD FUN FESTIVAL, von Ralph Straub. 10 Min. Columbia.

1952/53 **THE CADDY** (Der Tolpatsch)
95. Min. Paramount. R: Norman Taurog. P: Paul Jones (York Pictures Corporation). B: Edmund Hartmann, Danny Arnold, nach einer Geschichte von Danny Arnold. D: Dean Martin (er selbst und Joe Anthony), Jerry Lewis (er selbst und Harvey Miller), Donna Reed (Kathy Taylor), Barbara Bates (Lisa Anthony).

Ein Cyrano de Bergerac-Thema: Jerry ist Golffanatiker, kann aber wegen einer psychischen Sperre nicht spielen, und drängt also Dean Martin zu Wettkämpfen und Ehren.

Während der Dreharbeiten zum Film verletzt sich Jerry am Knie, das er sich schon in seiner Jugend lädiert hatte. Die Ärzte drohen ihm, daß im Wiederholungsfall das Bein steif wird.

1953 **MONEY FROM HOME** (Der tollkühne Jockey; erst 1972 in der BRD in den Verleih gekommen)

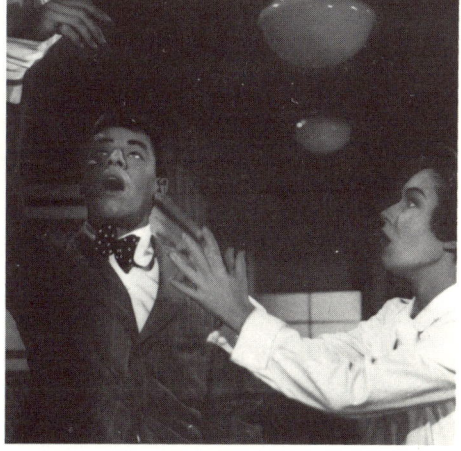

100 Min. Paramount. R: George Marshall. P: Hal B. Wallis. B: Hal Kanter, nach der Geschichte von Damon Runyon. D: Dean Martin (Honey Talk Nelson), Jerry Lewis (Virgil Yokum), Jack Kruschen (Short Boy), Robert Strauss (The Seldom Seen Kid), Richard Haydn (Bertie Searles).

Jerry, ein Veterinärassistent, wird über Dean Martin in Gangstereien mit Pferderennen verwickelt. Als Slapstick-Abschluß ein Pferderennen mit Jerry als Jockey.

Ein Film in Technicolor, der auch im 3-D-Verfahren aufgenommen wurde.

1953 **LIVING IT UP** (Patient mit Dachschaden)

94. Min. Paramount. R: Norman Taurog. P: Paul Jones (York Pictures Corp.). B: Jack Rose, Melville Shavelson, von dem Musical »Hazel Flagg« nach James Street; unerwähnte Mitarbeit von Jerry Lewis. D: Dean Martin (Dr. Steve Harris), Jerry Lewis (Homer Flagg), Janet Leigh (Wally Cook), Edward Arnold (Bürgermeister von New York), Sheree North (Jitterburg Tänzerin).

Aufgrund einer Fehldiagnose glaubt Jerry, der irgendwo in der Provinz lebt, daß er durch radioaktive Strahlungen tödlich verseucht wurde. Mit großem Pomp wird er in New York empfangen, wo man ihm die letzten Stunden seines Lebens großartig bereiten will.

Der Film ist ein Remake eines Musicals von Ben Hecht, das selbst auf dem Film NOTHING SACRED von William Wellman basiert.

Jerry hat die ursprünglich weibliche Hauptrolle übernommen. Er kann ganz nach seinem Geschmack die medizinischen Geschichten und die Situation des eingebildeten Kranken ausspielen.

Norman Taurog, der alle berühmten Kinderstars (von Jackie Cooper bis Mickey Rooney) inszeniert hat, über die Dreharbeiten mit Martin-Lewis:

»Ich habe gemerkt, daß ich die besten Ergebnisse erhalte, wenn ich sie wie kleine Kinder behandle. Das erinnert mich an die Zeit, als ich mit Jackie Cooper *Skippy* drehte.«

1954 **THREE RING CIRCUS** (Der Zirkusclown)

104 Min. Vistavision, Technicolor. Paramount. R: Joseph Pevney. P: Hal. B. Wallis. B: Don Mc Guire, nach seiner Novelle; unerwähnte Mitarbeit von Jerry Lewis. D: Dean Martin (Pete Nelson), Jerry Lewis (Jerry Hotchkiss), Joanne Dru (Jill Brent), Zsa Zsa Gabor (Saadia), Wallace Ford (Sam Morley).

Der Film wäre beinahe der Grund für die Trennung von Martin-Lewis gewesen. Dean Martin beschwerte sich darüber, daß auf über 40 Seiten des Buches Jerry Lewis allein auftreten würde. Jerry selbst, solidarisch mit seinem Partner, weigerte sich, die Sache zu drehen. Hal Wallis zwang ihn mit der Drohung, sonst alle Fernseh- und Bühnenauftritte des Paares zu verhindern, doch mitzumachen. Also arbeitete er das Drehbuch um.

Robert Benayoun meint, daß diese Hymne an Jerrys große Liebe, den Zirkus, ein wesentliches Werk hätte werden können, wenn nicht einerseits Joseph Pevney das Ganze mit soviel Larmoyanz und ohne Gespür für Komik inszeniert hätte, und auf der anderen Seite sich Jerry nicht in chaplinesken Ambitionen verloren hätte.

Von diesem Film an machten Martin-Lewis vertraglich festgelegt zwei Filme pro Jahr bei Paramount.

1954 **YOU'RE NEVER TOO YOUNG** (Der Gangsterschreck)
102 Min. Vistavision, Technicolor. Paramount. R: Norman Taurog. P: Paul Jones (York Pictures Corp.). B: Sidney Sheldon, nach einem Stück von Edward Childs Carpenter, dem eine Geschichte von Fannie Kilbourne zugrunde liegt; unerwähnte Mitarbeit von Jerry Lewis. D: Dean Martin (Bob Miles), Jerry Lewis (Wilbur Hoolick), Diana Lynn (Nancy Collins), Raymond Burr (Al Noonan).

1942 hatte Ginger Rogers in »The major and the minor« (Billy Wilder) eine Frau gespielt, die sich als 14jähriges Mädchen verkleidet. Nach dem Erfolg mit LIVING IT UP entschloß sich Paramount, ein Remake mit Lewis zu machen.

Also verkleidet sich der Friseurlehrling Wilbur auf der Flucht vor gefährlichen Gangstern als Schuljunge und landet in einem Mädchenpensionat. Diese Grundsituation bietet Jerry viele Möglichkeiten, mit den Füßen auf den Boden zu stampfen, Autoritätspersonen die Zunge rauszustrecken und sich liebevoll ins Bett bringen zu lassen. Jerry dirigiert einen Schulchor beim Lied »We like to hike« fast so gut wie in SAILOR BEWARE, wo er einen Matrosenchor dirigiert; und wie er mit einer Kompanie Mädchen exerziert, das ist ähnlich wie in SAILOR

BEWARE und erst wieder in FAMILY JEWELS so gut als Überführung von Exerzieren in Rumhampeln, also Ausdruckstanz.

1955 **ARTISTS AND MODELS** (Maler und Mädchen, oder Der Agentenschreck)
109 Min. Vistavision, Technicolor. Paramount. R: Frank Tashlin.
P: Hal B. Wallis. B: Frank Tashlin, Hal Kanter und Herbert Baker,
nach dem Stück »Rockabye Baby« von Michael Davidson und Norman
Lessing, Adaption: Don McGuire; unerwähnte Mitarbeit von Jerry
Lewis. D: Dean Martin (Rick Todd), Jerry Lewis (Eugene Fullstack),
Shirley McLaine (Bessie Sparrowbush), Dorothy Malone (Abigail
Parker), Eddie Mayehoff (Mr. Murdock), Anita Ekberg (Anita),
Kathleen Freeman.
Jerry verschlingt Comics, verwandelt sich selbst in eine Comicfigur,
Freddie Fieldmouse; und wie er einmal die Tür aufmacht, steht da
leibhaftig der Held seines Lieblingscomic: die *Bat Lady*.
Frank Tashlin, der als Regisseur einen großen Einfluß auf Jerry Lewis
haben sollte, war selbst Comiczeichner, Miterfinder von *Porky Pig* und
Bugs Bunny (bereits 1935), auch Gagman und Autor bei den Marx
Brothers, Laurel & Hardy, Bob Hope, Red Skelton, Thelma Todd,

Charlie Chase und Our Gang Comedies; seit 1950 (THE LEMON DROP KID mit Bob Hope) auch Regisseur.

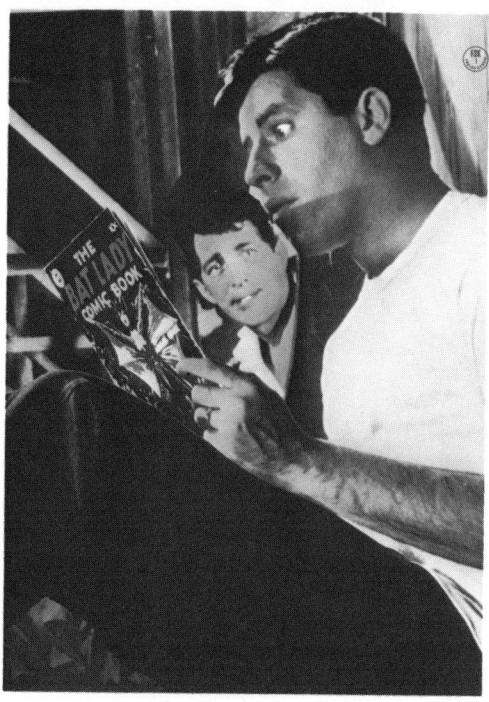

1955 ist Jerry Lewis zum ersten Mal Zeremonienmeister bei den Festlichkeiten zur Oscarverleihung. Er macht das so gut, daß man ihn 1956 und 1959 wieder holt.

1955/56 **PARDNERS** (Wo Männer noch Männer sind).
85 Min. Vistavision, Technicolor. Paramount. R: Norman Taurog. P: Paul Jones (York Pictures Corp.). B: Sidney Sheldon, nach der Geschichte von Mervin J. Hauser »Rythm on the Range«; unerwähnte Mitarbeit von Jerry Lewis. D: Dean Martin (Slim Moseley Sr. und Jr.), Jerry Lewis (Wade Kingsley Sr. und Jr.), Agnes Moorehead (Mrs. Mathilda Kingsley), Lon Chaney Jr., Lee Van Cleef.
Remake von RHYTHM ON THE RANGE 1936 mit Bing Crosby und Frances Farmer, Regie Norman Taurog.
Ähnlich wie in SCARED STIFF läßt hier eine Geschichte (in diesem Fall eine Wild-West-Geschichte) wenig Platz für die besondere Komik von Jerry. Von einigen Szenen abgesehen, z. B. am Anfang mit der tyrannischen Mutter, meint man, daß es dort richtig losgehen könnte, wo aus dem Wilden Westen die Wild-West-Show wird – aber da ist der Film schon zu Ende.

Von den Dreharbeiten macht Jerry Lewis einen 16-mm-Film.

Das Verhältnis von Jerry und Dean wird immer schlechter; aber der Film ist kommerziell sehr erfolgreich: er bringt 17 % mehr als alle vorhergehenden Einnahmen ausmachen.

1956 **HOLLYWOOD OR BUST** (Alles um Anita, oder Jerry, der Glückspilz)
95 Min. Vistavision, Technicolor. Paramount. R: Frank Tashlin. P: Hal B. Wallis. B: Erna Lazarus, Frank Tashlin; unerwähnte Mitarbeit von Jerry Lewis. D: Dean Martin (Steve Wiley), Jerry Lewis (Malcolm Smith und französischer, englischer, amerikanischer, japanischer Filmfan), Anita Ekberg (sie selbst), Pat Crowley (Terry Roberts).

Jerry als Filmnarr in den Studios von Hollywood.

Robert Benayoun: »Jerry triumphiert ohne Erfahrung, denn seine Naivität, um nicht zu sagen seine offene Dummheit, fordert das Glück heraus. Er ist in Wahrheit ein unschuldiger Don Juan. Indem er sich alle Privilegien der Kindheit erhält (das Recht mit den Füßen aufzustampfen, Launen zu haben, zu heulen), kann er sich zugleich an einem bestimmten Punkt ein Pin-up-girl packen und es mit Nachdruck küssen.«

Am 25. Juli 1956, am 10. Jahrestag ihrer Zusammenarbeit, machen Jerry Lewis und Dean Martin ihren letzten gemeinsamen Auftritt, im Copacabana in New York. Sie haben sich entschlossen, sich endgültig zu trennen.

Im April 1957 verkauft Dean Martin seinen Anteil an York Films.

Im Fernsehen sind sie das letzte Mal zusammen in einem Interview in der Sendung TODAY zu sehen (26. Juni).

Drei Wochen, nachdem die endgültige Trennung beschlossen war, im Juli 1956, kam für Jerry Lewis ein entscheidendes Ereignis. Wegen einer Kehlkopfentzündung konnte Judy Garland in Las Vegas nicht singen und bat Jerry, für sie einzuspringen. Er tat es, improvisierte eine Show und hatte einen riesigen Erfolg.
Daraufhin macht er verstärkt Plattenaufnahmen.

Ohne Dean Martin ist Jerry Lewis zum ersten Mal am 9. November in PERSON TO PERSON im Fernsehen zu sehen.
Später in YOUTH WANTS TO KNOW.

Noch im selben Jahr dreht er den ersten Film, in dem er allein auftritt.

THE DELICATE DELINQUENT (Dümmer als die Polizei erlaubt)
101 Min. Vistavision. Paramount. R: Don McGuire. P: Jerry Lewis (York Pictures Corp.). B: Don McGuire, nach seiner Geschichte »Damon and Pythias« und einer Idee von Jerry Lewis, der auch am Buch mitgearbeitet hat. D: Jerry Lewis (Sydney L. Pythias), Darren McGavin (Mike Damon), Martha Hyer (Martha Henshaw).

Jerry, ein Jugendlicher, gerät in Schlägereien von Halbstarken. Er wird festgenommen und in die Obhut eines Polizisten gegeben, der die Jugendlichen mit Verständnis behandeln will. Am Schluß wird Jerry selbst Polizist; aber er wird es so, wie man als Kind Journalist, Eisenbahner oder Astronaut wird.

Die besondere Absurdität vieler Gags entsteht aus der völligen Einsamkeit, mit der Jerry in den kalten Wohnblocks und Hinterhöfen steht. Bevor er sich ab und zu mit dem freundlichen Polizisten trifft, hat er als einzigen Bekannten einen verrückten Wissenschaftler, der unter anderem kleine Raketen baut, um Frösche im Falle einer atomaren Zerstörung der Erde auf einen anderen Planeten schießen zu können.

Jerry Lewis: »Die Gespräche mit meiner Großmutter Sarah sind zur Grundlage des Films geworden. In der wichtigsten Szene erklärt der übersensible, verwirrte, jugendliche Täter einem Polizisten: Was bin ich? Ein absolutes Nichts, und das ist das schlimmste was es gibt. Ich war nie was besonderes wert. Ich habe versucht schlecht zu sein, und war gut. Ich habe versucht gut zu sein, und war dumm. Von mir selbst weiß ich nur zwei wichtige Sachen. Erstens: ich bin nichts. Zweitens: ich will etwas werden.«

1957 **THE SAD SACK** (Jerry der Regimentstrottel)
98 Min. Vistavision. Paramount. R: George Marshall. P: Hal B. Wallis. B: Edmund Beloin und Nate Monaster, nach Comicfiguren von George Baker; unerwähnte Mitarbeit von Jerry Lewis. D: Jerry Lewis (Soldat Meredith T. Bixby), David Wayne (Corporal Larry Dolan), Phyllis Kirk (Major Shelton), Peter Lorre (Abdul).

Der schwächste der Militärfilme. George Baker hat in den Militärcomics des Zweiten Weltkriegs, auch zur moralischen Aufrüstung, den Typ des »Sad Sack«, des müden, trotteligen Soldaten geschaffen. Diese Vorlage bietet nur windige, oberflächliche Streiche für Jerry, ohne die geringste Spur des Widerstandes, der noch in den konformsten der anderen Militärfilme zu finden ist. Zudem sind die Streiche einfallslos inszeniert.

Im Fernsehen: THE JERRY LEWIS SHOW. Der erste große Auftritt im Fernsehen ohne Dean Martin (19. Januar).

1957/58 **ROCK A BYE BABY** (Fünf auf einen Streich, oder Der Babysitter) 102 Min. Vistavision, Technicolor, Paramount. R: Frank Tashlin. P: Jerry Lewis (York Pictures Corp.). B: Frank Tashlin, nach einer Geschichte von Preston Sturges; unerwähnte Mitarbeit von Jerry Lewis. D: Jerry Lewis (Clayton Poole), Marilyn Maxwell (Carla Naples), Connie Stevens (Sandy Naples), Reginald Gardiner (Harold Herman), Gary Lewis (Clayton Poole als Kind), Danny Lewis (Besitzer des Möbelgeschäfts).

Nach beruflichen Mißerfolgen als Fernsehtechniker, findet Jerry, Junggeselle, Drillinge vor seiner Tür. Er beschließt, den Babys eine perfekte Mutter zu werden. Vor Gericht, als ihm das Pflegerecht der Drillinge entzogen werden soll, sagt er: »Euer Ehren, ich habe nur das gemacht, was jede andere Frau gemacht hätte.«

Einige satirische Szenen, die man Frank Tashlin zugeschrieben hat: Dreharbeiten, Tanzszenen zu einem Hollywoodschinken, *Die Jungfrau vom Nil;* Miss Bessie, eine ältere Dame, die den Werbespots zum Opfer gefallen ist.

Und die ganze Erfahrung von Jerry geht in eine Szene ein, wo er, in einem Fernsehempfänger ohne Bildröhre gefangen, das gesamte Programm selbst machen muß.

1958 **THE GEISHA BOY** (Der Geisha-Boy)
98 Min. Vistavision, Technicolor. Paramount. R: Frank Tashlin. P: Jerry Lewis (York Pictures Corp.). B: Frank Tashlin, nach einer Geschichte von Rudy Makoul; unerwähnte Mitarbeit von Jerry Lewis. D: Jerry Lewis (Gilbert Wooley), Marie McDonald (Lola Livingston), Sessue Hayakawa (Mr. Sikita), Arton Mac Lane (Major Ridgley), Suzanne Pleshette (Sergeant Betty Pearson).

Benayoun bezeichnet den Film vor allem als das Werk Tashlins.

Jerry ist ein Zauberer, der »Große Wooley«, der so unbedeutend ist, daß er zur Truppenbetreuung nach Japan und Korea geschickt wird. Die Verwicklungen passieren aber alle in Japan. Wie er einmal an der Front abgesetzt wird, richtet er dort mehr Schaden an als der Gegner.

Es gibt viele Einzelgags, die nicht so sehr auf der Person und Leistung von Jerry Lewis, als auf dem Arrangement beruhen; die Gags sind autonomer.

Jerry schließt mit Paramount einen Vertrag über 14 Filme ab. Dafür erhält er 10 Millionen Dollar, plus 60 % des Gewinns.

Am 30. September 1958 treffen Jerry Lewis und Dean Martin im Verlauf der EDDIE FISHER SHOW zusammen. Sie machen zusammen einige Späße und alte Nummern, aber wieder zusammenarbeiten werden sie – entgegen der Hoffnung von Millionen Zuschauern – nicht mehr.

1958/59 **DON'T GIVE UP THE SHIP** (Keiner verläßt das Schiff, oder Himmel, Arsch und Zwirn ... fluchte der Leutnant)
85. Min. Paramount. R: Norman Taurog. P: Hal B. Wallis. B: Herbert Baker, Edmund Beloin und Henry Garson, nach einer Geschichte von Ellis Kadison; unerwähnte Mitarbeit am Drehbuch: Jerry Lewis. D: Jerry Lewis (St. John Paul Steckler VII), Dina Merrill (Rita Benson), Diana Spencer (Prudence Trabert).
Obwohl die Ausgangsidee ganz gut ist: einem Marineleutnant geht ein Schiff verloren, ist es ein einfallsloser Film.

1959 **VISIT TO A SMAIL PLANET** (Jerry, der Astronautenschreck)
85 Min. Paramount. R: Norman Taurog. P: Hal B. Wallis. B: Edmund Beloin und Henry Garson, nach einem Stück von Gore Vidal. D: Jerry Lewis (Kreton), Joan Blackman (Ellen Spelding), Earl Holiman (Conrad Beauregard).
R. Benayoun vermutet, daß Jerry Lewis diesen sehr schlechten Film vom Besuch eines Marsmenschen auf der Erde nur gedreht hat, um aus dem Vertrag, der ihn seit Jahren an Hal Wallis bindet, herauszukommen.

Kurzer Auftritt in dem Paramountfilm LI'L ABNER von Melvin Frank.

1959 **CINDERFELLA** (Aschenblödel, oder Der Familientrottel)
99 Min. Technicolor. Paramount. R: Frank Tashlin. P: Jerry Lewis (Jerry Lewis Pictures Corp.). B: Frank Tashlin, nach der Erzählung von Charles Perrault; unerwähnte Mitarbeit von Jerry Lewis. D: Jerry Lewis (Fella), Ed Wynn (Fairy Godfather), Judith Anderson (Emily Kingston, die böse Stiefmutter), Anna Maria Alberghetti (Princess Charming des Herzogtums Moravia), Henry Silva (Maximilian Kingstone), Count Basie mit seinem Orchester.
Zum dritten Mal übernimmt Jerry die Rolle einer in der Vorlage weiblichen Hauptfigur, diesmal die des Aschenbrödels.
Die Geschichte spielt in Amerika, wo es schon Autos und Bigbands gibt, und die Frauen, enttäuscht über den Verlust von Prinz Charming, sich an ihren Ehemännern gerächt und sie versklavt haben.
Fella, der beim großen Tanz zu Count Basies Musik zum Prinz Charming wird, ist ein armes Waisenkind, das von der Stiefmutter und den Stiefbrüdern als Diener gehalten wird. Die gute Fee ist hier ein männlicher Zauber-Kobold, der sich als gute Fee verkleiden muß. Nach dem Tanz, wenn die Prinzessin dem Prinzen folgt, um den Schuh zu probieren, muß sie ihr Kleid zerreißen, sich von allen Adelsattributen befreien, damit sie sich seiner, der jetzt Fella, der kleine unbekannte Mann von der Straße ist, würdig erweist.
Das erste Mal ist Jerry in der Rolle des Siegers. Das erste Mal findet man das in der Story ausgeführte Motiv der Verdopplung: Wirklichkeit – Idealbild, wie es später etwa in NUTTY PROFESSOR auftaucht.

CINDERFELLA wurde auf Wunsch von Lewis als Weihnachtsfilm 1960 rausgebracht. Für das Sommerprogramm drehte er THE BELL-BOY, den ersten Film in eigener Regie.

1960 **THE BELLBOY** (Hallo, Page)
72 Min. Paramount. R: Jerry Lewis. P: Jerry Lewis Pictures Corp. B: Jerry Lewis. D: Jerry Lewis (Stanley), Alex Gerry (Hoteldirektor), Bob Clayton (Chef der Hotelboys), Bill Richmond (»Stan Laurel«), Jack Kruschen (Jack Emulsion, der Produzent im Vorspann).

Der außergewöhnlichste aller Jerry-Lewis-Filme; vielleicht aller Komik-Filme überhaupt; außergewöhnlich in der Radikalität der Abwesenheit einer Handlung oder eines Sujets. Es gibt nur den Pagen in einem riesigen Luxushotel, der kein Wort spricht, es gibt seine Einsamkeit und die verzweifelten Situationen, die sich daraus ergeben.

Viele Gags erarbeiten ihr Überraschungsmoment mit dem Schnitt: Jerry kommt in einen Speisesaal, Schnitt, man sieht: alles ist leer, kein Mensch da, Schnitt, Jerry dreht sich kurz nach hinten und schaut dann wieder in den Speisesaal, stutzt, Schnitt, der Saal ist voll besetzt, Jerry kann keinen Platz mehr finden.

Für die *Abfolge* der Situationen und Gags gibt es keine Logik, mit zwei Ausnahmen:

1. wenn der Filmstar Jerry Lewis ins Hotel kommt, gibt es eine längere Folge zusammenhängender Szenen;

2. wenn am Schluß des Films, beim Streik der Hotelboys, Jerry doch noch den Mund aufmacht und etwas sagt, dann hat das zur Voraussetzung, daß er vorher stumm war. Das heißt, wir haben hier einen Gag, dessen erster Teil sich über den ganzen Film erstreckt hat.

Von den einzelnen Nummern ist besonders berühmt die, wo er ein unsichtbares Orchester dirigiert.

Im Fernsehen spielt Jerry Lewis seine bislang einzige dramatische Rolle, in THE JAZZ SINGER (14. Oktober 1959). Wird von der Kritik zerfetzt.

1960/61 **THE LADIES MAN** (Ich bin noch zu haben, oder Zu heiß gebadet)
106 Min. Technicolor. Paramount: R. Jerry Lewis, P: Jerry Lewis (York Pictures Corp.). B: Jerry Lewis und Bill Richmond. D: Jerry Lewis (Herbert H. Heebert, und Mrs. Heebert, seine Mutter), Helen Traubel (Helen Welenmelon), Kathleen Freeman (Katie), Buddy Lester (Willard C. Gainsborough) George Raft, Harry James und sein Orchester.

In diesem Farbfilm, der in Frankreich 1962 als bester ausländischer Film den Preis der *Nouvelle Critique* erhalten hat, gibt es eine Sequenz in einer schwarz-weißen Dekoration (vgl. S. 73).

Jerry, Collegeabgänger, von seiner Jugendliebe verlassen, erfüllt von tiefer Angst vor den Frauen, findet sich als einziger Mann in einer Pension für junge Damen wieder. Weil Kathleen Freeman, zugleich

Mutter und Komplice, ihn beschützt, kündigt er nicht und bleibt als Hausdiener. Im Pensionat – einer Riesendekoration, die im Filmmuseum Hollywoods aufbewahrt sein soll – gibt es eine »verbotene« Tür, hinter der in der Schwarz-Weiß-Welt die Verführung, die Dame in Schwarz, und das Orchester Harry James warten.

Jerry bleibt rein, und unter den vielen Mädchen im Pensionat findet sich doch eine, die am Schluß in einer Rede die anderen dazu auffordert, ihn als Mensch ernst zu nehmen.

1961 **THE ERRAND BOY** (Der Bürotrottel)
92 Min. Paramount. R: Jerry Lewis. P: Ernest D. Glucksman (Jerry Lewis Prod. Inc.). B: Jerry Lewis und Bill Richmond. D: Jerry Lewis (Morty S. Tashman und Plakatekleber), Brian Donlevy (Studiochef), Howard McNear (Dr. Sneak), Dick Wesson (Regieassistent).

Der Film ist wieder (wie THE BELLBOY) in Schwarz-Weiß. Nicht so aufwendig wie LADIES MAN, auch in seinen Gags, die kontrollierter, distanzierter eingesetzt werden.

Als Laufbursche in den Studios der Paramutual Pictures ist es diesmal seine naive Unschuld, die ihn überall Katastrophen auslösen läßt.

1962 **IT'S ONLY MONEY** (Geld spielt keine Rolle)
84 Min. Paramount. R: Frank Tashlin. P: Paul Jones (York Pictures-Jerry Lewis Prod.). B: John Fenton Murray und Frank Tashlin; unerwähnte Mitarbeit von Jerry Lewis. D: Jerry Lewis (Lester March), Zachary Scott (Gregory De Witt), Joan O'Brien (Wanda Paxton), Mae Questel (Cecilia Albright), Jesse White (Pete Flint), Jack Weston (Leopold).

Wieder ein Film mit einer stärkeren Geschichte. Jerry, Fernsehtechniker, eigentlich Millionenerbe, der darum betrogen werden soll.

Frank Tashlin, der an der Erarbeitung des Films nicht beteiligt war, war mit dem Sujet und der Dekoration nicht zufrieden.

Trotzdem konnte über weite Strecken die Geschichte aufgebrochen werden durch Tashlin-Lewis-Gags.

1962 **THE NUTTY PROFESSOR** (Der verrückte Professor)
107 Min. Technicolor. Paramount. R: Jerry Lewis. P: Ernest D. Glucksman (Jerry Lewis Enterprises Inc.). B: Jerry Lewis und Bill Richmond, frei nach »Doktor Jekyll und Mr. Hyde« von Robert Louis Stevenson. D: Jerry Lewis (Julius, als zweijähriges Baby, Prof. Julius Ferris Kelp, Buddy Love), Stella Stevens (Stella Purdy), Del Moore (Dr. Hamius R. Warfield), Kathleen Freeman (Millie Lemmon).

Aus Jekyll und Hyde werden Julius Kelp, ein versponnener Professor, der eine Droge erfindet, um attraktiv, jung, männlich zu werden, und das Resultat, Buddy Love, ein halbstarker Angeber.

Am Schluß aber ist der Professor durch die Liebe einer Studentin genug Buddy Love, daß er die Droge nicht mehr braucht.

Für den Zuschauer entstehen Gefühlsverwirrungen dadurch, daß die Komik nicht nur über eine – und zwar unschuldige – Figur funktioniert. Das Mitleid gegenüber Kelp und die Abscheu vor Buddy Love überlagern den Spaß an den Gags.

Kurzer Auftritt in dem Film IT'S A MAD MAD MAD MAD WORLD von Stanley Kramer.

Im Fernsehen: JERRY LEWIS SPECIAL (ABC, 29. Mai), und TONIGHT (NBC)

1963 **WHO'S MINDING THE STORE** (Der Ladenhüter)
90 Min. Technicolor. Paramount. R: Frank Tashlin. P: Paul Jones (York Pictures – Jerry Lewis Productions). B: Frank Tashlin und Harry Tugend, nach einer Geschichte von Harry Tugend; unerwähnte Mitarbeit von Jerry Lewis. D: Jerry Lewis (Norman Phiffier), Agnes Moorehead (Phoebe Tuttle), John McGiver (Mr. Tuttle), Ray Walston (Mr. Quimby).
Ein Kaufhaus mit schrecklichen zerstörerischen Apparaten. Jerry ein unfähiger Fernsehtechniker, Tierpfleger etc., auf den aber die Tochter des Hauses steht; unbegreiflich für die Mutter, die wieder so ein Tyrann ist (wie in PARDNERS), und den Mann zur Witzfigur macht. Sie will ihrer Tochter die Unfähigkeit von Jerry vor Augen führen und stellt ihn deshalb im Kaufhaus an. Aber Jerry emanzipiert den Mann und kriegt das Mädchen.
Neben vielen Tashlin-Gags, eine Nummer, die Jerry bei seinen Bühnenauftritten immer wieder bringt: zu Musikbegleitung tippt er auf einer unsichtbaren Schreibmaschine.

Bei der Fernsehgesellschaft ABC startet am 21. September THE JERRY LEWIS SHOW, eine wöchentliche, zweistündige (jeden Samstagabend um 21 Uhr 30) Liveshow.
Von den ursprünglich geplanten 40 Sendungen werden nur 13 gemacht, wegen der katastrophalen Kritiken, die die Sendung erhält.
R. Benayoun deutet an, daß die Sendung eigentlich aus politischen Gründen abgesetzt wurde. Das Publikum hätte sie mit der Zeit akzeptiert gehabt, aber Jerry Lewis hätte zu oft und zu nachdrücklich betont, daß er Jude sei, woraufhin viele Werbeträger kein Geld mehr gaben.

1964 **THE PATSY** (Die Heulboje, oder Der Wunderknabe)
101 Min. Technicolor. Paramount. R: Jerry Lewis. P: Ernest D. Glucksman (Jerry Lewis Prod. – Patti Enterprises). B: Jerry Lewis, Bill Richmond. D: Jerry Lewis (Stanley Belt und The Singing Trio), Everett Sloane (Caryl Ferguson), Ina Balin (Ellen Betz), Keenan Wynn (Harry Silver), Peter Lorre (Morgan Heywood), John Carradine (Bruce Alden), Phil Harris (Chic Wymore), Hans Conreid (Dr. Mulerrr) George Raft.

Ein berühmter Komiker stirbt bei einem Flugzeugabsturz. Seine Manager entschließen sich, nicht auseinanderzugehen, sondern einen Ersatz zu finden. Sie nehmen sich dazu den Hotelboy Stanley vor. Aber alles, was sie ihm beibringen wollen, fruchtet nichts. Erst als Stanley seinen Managern entkommt, hat er auch Erfolg.

Viel davon ist sicher autobiographisch und kann zu einem Zeitpunkt gesagt werden, an dem Jerry Lewis als sein eigener Autor, Regisseur, Produzent bereits eine beträchtliche Unabhängigkeit erlangt hat.

1964 **THE DISORDERLY ORDERLY** (Der Tölpel vom Dienst)
89 Min. Technicolor. Paramount. R: Frank Tashlin. P: Paul Jones (York Pictures – Jerry Lewis Prod.). D: Jerry Lewis (Jerome Littlefield), Susan Oliver (Susan Andrews), Everett Sloane (Mr. Tuffington), Glenda Farrell (Dr. J. Howard), Karen Sharpe (Julie Blair), Kathleen Freeman (Maggie Higgins), Del Moore (Dr. Davenport).

Einer der besten Jerry Lewis Filme, bei denen Tashlin die Regie geführt hat; weil hier die satirische stoffliche Anlage und Tashlin-Gags (Maschinen mit Eigenleben – Menschen als Maschinen) am besten mit der Komikerperson von Jerry Lewis zusammengehen. Er ist nicht nur der Anlaß der Gags wie bei vielem in GEISHA–BOY.

Daß es so gut funktioniert liegt auch am Ort: Jerry ist Pfleger in einer Nervenheilanstalt. Eigentlich will er ein großer Chirurg werden; aber er hat einen psychischen Defekt: er leidet mit seinen Patienten mit, und davon muß er erst durch die Liebe einer Frau befreit werden.

Erster Auftritt im Fernsehen nach dem Reinfall mit der eigenen Show in THE ED SULLIVAN SHOW (CBS, 6. Dez.).
Bei einer Folge der »Ben Casey«-Serie führt er auch Regie:
A LITTLE BIT OF FUN TO MATCH THE SORROW (ABC)

1965 **THE FAMILY JEWELS** (Das Familienjuwel)
98 Min. Technicolor. Paramount. R: Jerry Lewis. P: Jerry Lewis (Jerry Lewis Enterprises Inc.). B: Jerry Lewis, Bill Richmond. D: Jerry Lewis (Everett Payton, Clown, James Payton, Seemann, Bugs Payton, Gangster, Shylock Payton, Detektiv, Julius Payton, Photograph, Eddie Payton, Pilot, Willard Woodward, Chauffeur), Donna Butterworth (Donna Payton), Sebastian Cabot (Dr. Matson).
Kritiker haben diesen Film als die große Wende vom vulgären, groben zum subtilen Humor bezeichnet. Richtiger ist, wenn R. Benayoun ihn den dritten Ausflug ins Reich des »cool humor« (nach BELLBOY und ERRAND BOY) nennt und beschreibt, wie Jerry in diesem Film be-

wußt eine systematische Reduzierung seiner Gags beim Chauffeur durchführt.

Die kleine Donna, Erbin eines riesigen Vermögens, soll sich unter ihren sechs Onkels ihren neuen Papa aussuchen. Willard, der Chauffeur. bringt sie von einem zum anderen, kümmert sich um sie, so daß am Schluß die Wahl auf ihn fällt.

Der Story entsprechend ist die ganze Exzentrik der Gagerfindung in die Charakterisierung der 6 Onkel gerutscht; da bleibt für Willard, die einzige Rolle, in der Jerry keine Maske hat, wenig übrig.

1965 **BOEING – BOEING** (Boeing-Boeing)
102 Min. Technicolor. Paramount. R: John Rich. P: Hal B. Wallis. B: Edward Anhalt, nach dem Stück von Marc Camoletti. D: Tony Curtis (Bernard Lawrence), Jerry Lewis (Robert Reed).

Eine müde Verfilmung irgendsoeiner Gesellschaftsboulevardverwechselkomödie in gehobeneren Kreisen mit Toni Curtis in der Hauptrolle. In der amerikanischen Kritik wird ein neuer Jerry Lewis gefeiert, Variety: »...eine neue Dimension an Jerry Lewis, der eine solide Komödienrolle spielt, ohne Slapstick.«

Fernsehauftritte in:
THE ANDY WILLIAMS SHOW (NBC, 15. März)
OPEN END (KHJ–TV, 7. und 14. November)
A SALUTE TO STAN LAUREL

Im Mai 65 macht Jerry Lewis einen Kurzfilm für Film Industry Workshop Inc., mit Szenen aus dem Theaterstück »Sunday in New York«.

1965 **THREE ON A COUCH** (Drei auf einer Couch)
109 Min. Technicolor, Pathe Color. Columbia. R: Jerry Lewis. P: Jerry Lewis (Jerry Lewis Prod. Inc.). B: Bob Ross und Samuel A. Taylor, nach einer Geschichte von Arne Sultan und Marvin Worth; unerwähnte Mitarbeit von Jerry Lewis. D: Jerry Lewis (Christopher Pride, Warren, Rutherford, Ringo Raintree und Miß Heather), Janet Leigh (Dr. Elizabeth Accord), James Best (Dr. Ben Mizer).

Eine in der Erwachsenenwelt spielende subtilere Komödie, mit Jerry als Angestelltem, der in verschiedene imponierende Rollen schlüpft, um enttäuschte Frauen zurückzugewinnen, und damit seine eigene, die Psychologin ist.

Es ist der erste Film, den Jerry Lewis nicht mehr bei Paramount macht.

1966 verläßt Lewis offiziell Paramount, richtet sich provisorisch bei Columbia ein, und dreht zukünftig als Unabhängiger je nachdem mit Columbia, Fox, Warner, United Artists.

1966 WAY ... WAY OUT (Das Mondkalb)

105 Min. Cinemascope, De Luxe Color. Fox. R: Gordon Douglas. P: Jerry Lewis, Malcolm Stuart (Jerry Lewis Prod. – Coldwater Prod.). B: William Bowers, Laslo Vadnay. D: Jerry Lewis (Peter Matamore), Connie Stevens (Eileen Forks), Robert Morley (Harold Quonset), Dick Shawn (Igor Baklenikow), Antia Ekberg (Anna Soblowa).

Das Buch wurde ursprünglich für Jack Lemmon geschrieben. Jerry springt als Schauspieler ein. Der Film selbst ist eine Militärsatire über verrückt gewordene Astronauten auf dem Mond, und bietet Jerry eine Erwachsenenrolle, in der seine spezifische Komik nichts zu finden hat.

Im März 66 macht Jerry Lewis einen weiteren Film für Film Industry Workshop.

Fernsehauftritte in THE SAMMY DAVIS JR. SHOW (NBC, 4. Febr.), BATMAN (Centfox-TV, April), MUSCULAR DYSTROPHY TELEPHON. Das ist eine zwanzig Stunden dauernde Sendung, die seit 1951 jedes Jahr am Tag der Arbeit in den USA, am ersten Sonntag im September, aus New York gesendet wird. Das Ganze ist eine Wohltätigkeitsveranstaltung für die »Muscular Distrophy Association of America«, und »The Institute for Muscle Disease«, deren Verwaltungsratpräsident Jerry Lewis ist.

Als Gaststar noch in der NBC-Pilotsendung SHERIFF WHO.

1966/67 THE BIG MOUTH (Froschmann an der Angel)

107 Min. Technicolor, Pathecolor. Columbia. R: Jerry Lewis. P: Jerry Lewis (Jerry Lewis Prod.). B: Jerry Lewis, Bill Richmond, nach einer Geschichte von Bill Richmond. D: Jerry Lewis (Gerald Clamson, Sid Valentine), Susan Bay (Suzie Cartwright), Harold J. Stone (Thor), Buddy Lester (Studs), Del Moore (Mr. Hodges, Hoteldirektor).

Jerry gerät als harmloser Ferienangler an einen Lageplan für geschmuggelte Diamanten und wird so in Gangstergeschichten hineingezogen. Wieder ein erwachsener Jerry, eine gedämpfte Komik und eine starke Story, deren Regeln von den Gags nicht mehr ignoriert werden dürfen.

In seinen letzten Filmen ist Jerry nicht nur erwachsen geworden, er ist auch sozial aufgestiegen, jetzt Mittelständler. Seine Komik ist sozialisiert, insofern sie nicht mehr roh aus der Naivität, Infantilität, Dummheit, Neugierde und Einsamkeit des »Kid« oder des »Idiot« entsteht, sondern als Mittel im Zweck des Sicherheitsstrebens der jeweiligen Figur (Chauffeur, Zeichner, Ferienangler) eingesetzt ist. Aber immerhin bleibt in diesen Filmen die Beziehung zur früheren Komik im Untergrund und als Repertoire erhalten, was für die nächsten zwei Filme kaum noch gilt.

Im April 67 macht Lewis seinen dritten Kurzfilm für Film Industry Workshop.

1967   DON'T RAISE THE BRIDGE, LOWER THE RIVER (Der Spinner)
99 Min. Technicolor. Columbia. R: Jerry Paris. P: Walter Shenson und Jerry Lewis Prod. B: Max Wilk, nach dem gleichnamigen Roman. D: Jerry Lewis (George Lester), Terry-Thomas (H. William Homer), Jacqueline Pearce (Pamela Lester), Bernard Cribbins (Fred Davis).

Ein in England gedrehter Film mit Jerry Lewis als Ehemann, der seine Frau durch allerlei Tüchtigkeiten am Schluß doch davon abhalten kann, sich von ihm scheiden zu lassen.

Im Fernsehen wieder MUSCULAR DYSTROPHY TELETHON und Start der JERRY LEWIS SHOW.

Nachdem es 63 mit der eigenen Show schiefgegangen war, macht Lewis jetzt mit NBC einen Vertrag: jede Woche eine Stunde Show, die aufgezeichnet und jeden Dienstag 20 Uhr ausgestrahlt wird.

Die Show wird zu einer der erfolgreichsten Unterhaltungssendungen in den USA überhaupt.

6 Folgen davon hat das dritte Fernsehprogramm des Bayerischen Rundfunks 1970/71 in einer kommentierten Originalfassung ausgestrahlt. Ein müder Zusammenschnitt aus diesen 6 Folgen wurde in der ARD am 30. August 1971 gesendet. Das ZDF soll weitere Folgen der Show eingekauft haben.

1968   HOOK, LINE AND SINKER (Jerry, der Herzpatient)
92 Min. Technicolor. Columbia. R: George Marshall. P: Jerry Lewis (Jerry Lewis Prod.). B: Rod Amateau, nach einer Geschichte von Rod Amateau und David Davis; unerwähnte Mitarbeit von Jerry Lewis. D: Jerry Lewis (Peter Ingersoll alias Dobbs), Peter Lawford (Scott Carter), Anne Francis (Nancy Ingersoll).

Jerry spielt einen Mittelstandsehemann. Der Hausarzt, der es auf seine Frau abgesehen hat, redet ihm ein, unheilbar krank zu sein. So will Jerry die letzten Tage seines Lebens auf die Pauke hauen, auf Kredit. Seine Passion ist wieder das Angeln. Der Plan des Hausarztes und seiner Frau geht schief, Jerry rächt sich, am Schluß wird er von einem Schwertfisch aufgespießt.

Bis auf einige Solonummern ein fader Film, wie alle letzten, die er nicht selbst inszeniert hat.

1969   **ONE MORE TIME** (Die Pechvögel)

95 Min. De Luxe Color. United Artists. R: Jerry Lewis. P: Milton Ebbins (Chrislaw Trace Mark). B: Michael Pertwee. D: Sammy Davis Jr. (Charlie Salt), Peter Lawford (Chris Pepper, Lord Sydney Pepper).

Der erste Kinofilm, bei dem Jerry Lewis nur Regie geführt hat. Dazu gehört auch das Umarbeiten des Originaldrehbuchs und ein bestimmender Einfluß aufs Dekor. Das alles, obwohl er nur kurzfristig als Regisseur eingesprungen ist.

R. Benayoun sieht in diesem Film die Lewissche Technik auf ihrem Höhepunkt, das heißt auch, daß die Geschichte von der Verwicklung zweier bankrotter Nachtclubbesitzer in Diamantenaffairen Nebensache und die Gags wichtig werden.

Die Kinofassung des Films, mit der Jerry Lewis nicht einverstanden ist, ist beschnitten. Lawford ließ alle Szenen kürzen, in denen Davis größer als er rauskommt.

Die amerikanische Kritik hat den Film völlig verrissen, auch kommerziell wurde er ein Mißerfolg.

1969/70   **WHICH WAY TO THE FRONT** (Wo bitte geht's zur Front)

96 Min. Technicolor. Warner Bros. R: Jerry Lewis. P: Jerry Lewis (Jerry Lewis Prod. Inc.). B: Gerald Bardner, Dee Caruso, nach einer Geschichte von Gerald Gardner, Dee Caruso, Richard Miller; unerwähnte Mitarbeit von Jerry Lewis. D: Jerry Lewis (Brendan Byers III und Feldmarschall Kesselring), John Wood (Finkel), Jan Murray (Sid Hackle), Steve Franken (Peter Bland), Dack Rambo (Terry Love), Robert Middleton (Colonico), Willie Davis (Lincoln).

Der bislang letzte der Militärfilme, und eine völlige Umkehrung zu den früheren.

Brendan Byers, das ist der reichste Mann der Welt, der von der Musterungskommission als untauglich abgewiesen wird, sich eine private Armee zusammenstellt und auf eigene Faust gegen Hitler kämpft. Als Doppelgänger spielt er die Rolle von Feldmarschall Kesselring, dem ersten Strategen des Führers, und kann so dessen Bunker in die Luft jagen.

Dieser Film konstituiert seine Handlung fast nur über autonome Situationen. Die Figur Byers' ist eine Abstraktion, die klar wie das Rot in den Dekors von Jerry Lewis dem Zuschauer vor Augen steht. Dabei

ist sie weder »Kid«, noch »Id«, auch nicht das Gegenbild: der Angeber »Buddy Love«. Byers ist alles zusammen und zugleich die Absurdität des ganzen Films, die als Absurdität auch dargestellt ist:

daß das eine Extremprodukt des Kapitalismus: der reichste Mann der Welt, der die Welt als Markt braucht, mit seiner Neurotik, Findigkeit und seinem Luxus, das andere Extremprodukt des Kapitalismus: Hitler, der die Welt zum Schlachtfeld macht, überlistet.

Diejenigen, die den Film im Original sehen konnten, sagen, daß man ihn nur so auch voll verstehen könnte. Allein Byers spreche acht Sprachen: die gestelzte, autoritäre des Magnaten, die gellende, schwülstige des Superpatrioten, die Babysprache der Nervenzusammenbrüche, das auswendig gelernte Deutsch, das jiddische Deutsch und am Schluß den japanischen Akzent.

Im Fernsehen 1970 tritt Jerry Lewis auf in
THE CLOWNS (ABC, 18. November), eine Zirkus-, Revue-, Showsendung, Jerry als Clown. (Diese Sendung wurde vom Deutschen Fernsehen übernommen.) Bei einer Folge der Serie »The Bold Ones – The Doctors« (NBC, 55 Minuten) hat er Regie gemacht. Titel: IN DREAMS THEY RUN. Der erste völlig ernste Stoff, den Jerry Lewis inszeniert hat.

1971 strahlt das französische Fernsehen die GALA DE L'UNION DES ARTISTES aus (Aufzeichnung 23. April, Ausstrahlung 5. Juni), bei der Jerry Lewis als Clown mitmacht.
Auch seine Show im Pariser Olympia wird gesendet. JERRY LEWIS A L'OLYMPIA (Aufzeichnung Ende April, Ausstrahlung 27. Dezember).
(Beide Sendungen hat das Deutsche Fernsehen übernommen.)

1972 Dreharbeiten in Frankreich und Schweden zum Film THE DAY THE CLOWN CRIED.

»Der Film, in dem Lewis Mitautor, Co-Produzent, Regisseur und Titelheld in einer Person ist, spielt während des Dritten Reiches in Deutschland. Er erzählt von einem Clown, der einmal sehr berühmt war, aus unerfindlichen Gründen seine Popularität einbüßt und zu trinken anfängt. Eines Tages hat er wieder Erfolg: als er nämlich Hitler nachahmt. Doch er wird dafür in ein Lager geworfen, und die Geschichte hat ein sehr trauriges Ende.« (Anton Diffring)

1973 im April kommt Jerry Lewis in die Bundesrepublik zu Aufnahmen für die Showsendung KLIMBIM (WDR, Regie M. Pfleghar), die am 24. Juli 73 ausgestrahlt wurde.

»Oh, schau mal Fritz, Jerry Lewis ist hier«

Jerry Lewis lebt in Bel-Air bei Beverly Hills mit seiner Frau Patti und seinen 6 Söhnen (Gary, Ronnie, Chris, Joseph, Scotty, Anthony). »Wenn ich 90 bin und in einem Rollstuhl sitze, werden wir immer noch Babys im Haus haben. Ich werde sie adoptieren.«

»Wer ist Jerry Lewis?«

Die hauptsächlichste Quelle für diese Bio-Filmographie ist das ausgezeichnete Buch BONJOUR MONSIEUR LEWIS von Robert Benayoun, Ed. Losfeld, Paris 1972, wo auch alle weitergehenden Angaben zu erfahren sind. Dazu
- JERRY LEWIS, von Jean-Louis Leutrat und Paul Simonci, Premier Plan, Paris 1964;
- LE MONDE DE JERRY LEWIS, von Noel Simsolo, Ed. du Cerf., Paris 1969.
- MR LEWIS IS A PUSSYCAT, von Peter Bogdanovich, erschienen im Esquire, November 1962.
- JERRY LEWIS, von John Russell Taylor, in Sight and Sound, Frühjahr 1965.

Für die Beschaffung des Bildmaterials danken wir den Verleihfirmen (und deren deutschen Vertretungen) Cinema International Corporation, Paramount, Fox-MGM, Columbia, United Artists, Crislaw, Jerry Lewis-Productions, Warner Bros.
Die Jahreszahlen in der Filmographie geben nicht an, wann der Film in die Kinos kam, sondern wann er gedreht wurde.
Der Übersetzer bedankt sich bei Christoph Biemann für die Hilfe bei der deutschen Fassung der Kapitel 12–17.

Inhalt

Danksagungen   6
An den Leser   7
Prolog   8

Erster Teil   Produktion

1   Die menschliche Seite beim Filmemachen   11
2   Der absolute Filmemacher   21
3   Die Geldleute   29
4   Drehbuch und Autor   41
5   Schauspieler   46
6   Die Umarmung für eine Million Dollar   57
7   Die üblichen Produktionsvorbereitungen   68
8   Die Crew   83
9   Hausaufgaben   92
10   Es wird gedreht   101

Zweiter Teil   Nach der Produktion

11   Schnitt   111
12   Musik und Mischung   117
13   Vertrieb und Auswertung   123
14   Andere Filmemacher, andere Filme   129

Dritter Teil   Komödie

15   Das Lachen ist unsere Sache   137
16   Die visuelle Seite der Komödie   147
17   Die Komiker   157

Eine Art Schlußwort   162
Bio-Filmographie   167